노년철학 하기

다시 살아가고 배우기 위한 인문학

더 생각 인문학 시리즈 15

스스로 생각하고 만드는 내 삶을 위한 실천

인문학의 존재 이유는 나를 둘러싼 세상에 질문을 던지고 내 삶과 존재하는 모든 삶의 의미를 확인하며 더 깊이 이해하는 데 있습니다. '더 생각 인문학 시리즈'는 일상의 삶에 중심을 두고 자발적인 개인을 성장시키며 사람의 가치를 고민하고 가치 있는 삶의 조건을 생각하는 기회로 다가가고자 합니다.

노년철학 하기
다시 살아가고 배우기 위한 인문학

초판 1쇄 발행 2020년 11월 30일

지은이. 오하시 겐지大橋健二
옮긴이. 조추용

ISBN
978-89-6529-253-1 (03190)

이 도서의 국립중앙도서관
출판예정도서목록(CIP)은
서지정보유통지원시스템 홈페이지
(http://seoji.nl.go.kr)와 국가자료
공동목록시스템(http://www.nl.go.kr/
kolisnet)에서 이용하실 수 있습니다.
CIP제어번호: CIP2020047932

발행. 김태영
발행처. 도서출판 씽크스마트
서울특별시 마포구 토정로 222(신수동)
한국출판콘텐츠센터 401호
전화. 02-323-5609 · 070-8836-8837
팩스. 02-337-5608
메일. kty0651@hanmail.net

도서출판 사이다
사람의 가치를 밝히며 서로가 서로의
삶을 세워주는 세상을 만드는 데 필요한
사람과 사람을 이어주는 다리의 줄임말이며
씽크스마트의 임프린트입니다.

씽크스마트 · 더 큰 세상으로 통하는 길
도서출판 사이다 · 사람과 사람을 이어주는 다리

철학하기

다시 살아가고
배우기 위한
인문학

오하시 겐지 大橋健二 지음

조추용 옮김

목차

'죽으면 모든 것이 끝'이 아니다. 모든 것이 끝이라면
그것은 누구도 미래에 희망을 가질 수 없게 되어버리는 것이 아닌가?

김태창, 동양일보 〈동양포럼〉 주간

인생에는 완전한 나체의 순수한 순간은 두 번밖에 없다.
탄생과 죽음의 순간.

시몬 베유, 『중력과 은총』 중에서

인생의 정경情景 변화는 이러한 것이다.
각각의 시기에 그것을 움직이는 원동력이 있다.
그러나 인간은 항상 똑같다.
10세 때에는 과자에 움직이고,
20세 때에는 연인에 움직이고,
30세 때에는 쾌락에 움직이고,
40세 때에는 야심에 움직이고,
50세 때에는 탐욕에 움직인다.
어느 때가 되어야 인간은 오직 예지叡智,
즉 사물의 이치를 꿰뚫어 보는 지혜롭고 밝은 마음만을 추구하게 될 것인가?

장 자크 루소, 『에밀』 제5부 중에서

〈노년철학 하기〉를 옮기며

인간은 죽으면 모든 것이 끝인가? 끝이라고 생각하면 갑자기 우리들의 삶이 너무 슬퍼진다. 절대로 끝이 아니다. "인간이 죽으면 모든 것이 끝이다"라고 해버리면 현역 세대와 꿈을 가지고 노력하고 있는 젊은 세대의 앞길은 어두움으로 뒤덮여버리게 된다. 누구든지 시간이 지나고 세월이 흘러가고 나이를 먹고 언젠가 죽음을 맞이하게 된다. 죽으면 모든 것이 끝이 사회상식이 되어버리는 미래는 희망을 가질 수 없다. 그러나 정말로 죽으면 모든 것이 끝인가? 70대 이후의 노인들이 "자신은 과거, 현재, 미래를 잇는 역할을 수행해 나간다"는 사회적 역할론이 중요하다. 그러면 청·장년 세대가 노인들을 부정적, 비판적으로 보는 시선도 달라질 것이라고 믿는다. 그래서 우리는 지금도 열심히 살고, 또 잘 살기 위해서 노력하고 있다. 또 아끼고, 덜 쓰고, 소중하게 쓴다. 자연, 환경, 인간관계 등 모든 것에 대하여 신중하게 생각하고, 소중하게 대한다.

노인의 세계는 노동자(생활비 획득)와 자녀양육에서의 해방이다. 청소년기가 직면한 현실 사회는 자립적으로 〈강한 개인〉으로 나아가기 위해 "인생 어떻게 살아야 하는지"를 묻는 것이라면, 노년기는 의존적인 〈약한 개인〉의 자각, 다른 사람에게 신세를 진다는 각오로 다시 "인생을 어떻게 살 것인가"를 생각하는 시간이 아닐까? 노년기의 인간이 해야 할 일은 차세대의 직장·지위를 빼앗을 수 있는 "노동" 등이 아니다. 다시 어떻게 살 것인가를 찾아 철학을 배우고, 긴 인생에서 얻은 경험과 지식을 더해 더 잘 살기 위한 지혜를 닦고 이것을 어떤 식으로든 사회에 환원하고, 미래 세대에게 연결하는 것이다. 그리고 다른 사람들과의 관계 속에서 자신의 인간적 성장과 약간이라도 더 기쁜 사회와 미래 창조에 참여하는 것이야말로 그들에게 요구되는 가장 중요한 일이다.

그러면 젊은 시절에 바빠서, 혹은 관심이나 누군가의 권유가 없어서 철학을 포함한 많은 생각을 못했다면 90 평생시대, 또는 그보다 더 긴 남은 여생 동안에는 철학을 하면서 살아야 되겠다는 생각에 2018년부터 1년에 3회, 1회에 아침부터 저녁까지 3일간에 걸쳐서 한국과 일본에서 노년철학과 관련된 학자, 연구자, 현장실무자, 언론인 등이 모여서 포럼을 개최하였다. 한국은 청주를 중심으로, 일본은 교토京都에서 양국의 30여 명이 모여서 포럼을 진행하였다.

　그동안에 청주에 있는 동양일보("노년철학"으로 검색 가능)를 통하여 신문으로 관련 기사를 내보냈고, 책으로 엮어서 간이출판을 하기도 했다. 그러던 중 노년철학에 참석한 오하시 겐지大橋健二 씨가 이 책을 일본에서 출판하여 역자에게 번역을 요청하게 되었다. 번역을 맡아 최선을 다했지만 철학적인 내용이 다수를 차지하고, 노인복지학을 전공한 역자로서 일본어를 한글로 옮기는 작업이 완전하지 않았을 수도 있다. 그래서 저자의 의도와 다르게 번역이 되었을 수도 있다. 이 점은 저자와 독자에게 미리 양해를 구한다.

주요 독자층은 현재의 노인들, 예비 노인(베이비부머), 연구자 등이다. 우리나라에 아직 노년철학이라는 개념도 희박하고, 이런 종류의 책은 출간된 적도 없다. 노년철학은 대상으로서 노인이 아니라 주체로서의 노인이다. 즉 노인이 생각하고, 노인이 고민하고, 노인이 주체가 되는 책이다.

이 책을 통하여 노인들이 자신들이 구축하고, 가꾸어 온 현재의 세상을 다시 생각해 보고, 앞으로 살아갈 미래에 대하여 예측해 보는 것이다. 그래서 더 나은, 긍정적인, 보람된, 재미있는 미래에 대하여 고민을 해 보는 매개체가 되었으면 좋겠다.

씽크스마트 출판사에 이 책의 번역을 제안했을 때 기꺼이 응해주신 김태영 사장님께 지면을 빌어서 감사의 뜻을 전한다.

유난히 비가 많이 내린, 2020년 8월
조추용 드림.

나이가 든다는 것은 개인적인 문제인 동시에 중요하고 심각한 사회문제 중 하나로 양쪽을 분리해서 논할 수는 없다. 21세기 세계가 직면한 지구 규모의 노인문제를 철학의 관점에서 풀어보기 위해 한국과 일본 양국의 학자 및 연구자가 2018년 여름 이후 노년철학 학술대회를 한국에서 연속해서 개최함으로써 노년기에 적합한 철학을 모색하고 있다.

한적하고 맑은 공기로 둘러싸인 충청북도 보은군 속리산에 위치한 '숲 체험 휴양마을'을 회의 장소로 지정하여 2018년 8월 7일과 8일 이틀에 걸쳐 시작된 노년회의는, 보은군에서 주최하고 동양일보의 〈동양포럼〉이 후원하였다. 회의를 주재한 것은 김태창 동양일보 〈동양포럼〉 주간이다. 그는 '노년철학'이라는 말의 명명자이고, 1989년 이후 20년 이상에 걸쳐서 한·중·일을 중심으로 약 3,000여 명에 이르는 학자와 연구자의 철학대화인 "공공철학 교토 포럼"

을 주재하였으며, 편저자로서 도쿄대학출판사에서 30권에 달하는 방대한『공공철학』을 출간하여 일본 학계에 일대 선풍을 일으킨 바 있다.

1934년생인 김 주간이 노년철학의 필요성을 강하게 인식하게 된 계기는, 최근 작고한 한국 최고의 철학자(김 주간 지인)가 말년에, "죽으면 모든 것이 끝이다."라고 했던 것이었다.

이 한국 최고의 노老 철학자는 과거 박정희, 전두환 두 대통령에게 중용되어 국회의원으로도 활동했다. 국가와 민족을 위해 열심히 일했지만 정권 교체와 정치 상황의 변화로 자신이 해온 일이 모두 부정되고 말았다. 그래서였을까? 그는 "젊은 시절 열심히 철학 공부를 했지만 아무리 해도 의미가 없다. 죽으면 모든 것이 끝이다. 허망하다."라고 제자들에게 말했다고 한다. 그의 사후에 이 말을 전해들은 김 주간은 큰 충격을 받았다. "열심히 했지만 보상받지 못한다니, 그것은 허망하다. 그러니까 죽으면 모든 것이 끝이라는 생각은 이기주의적이지 않은가? 그 사람과 관련된 사람들과의 유대감과 관계가 별것 아닌 것이 되어버린다는 것인데…" 노년기를 맞이한 일본의 저명한 철학자도 자신의 저서에서, "죽으면 모든 것이 끝나버리니까 공허하다."라고 말했다. 김 주간은 그 일본 철학자의 말에도 의문을 느꼈다.

　인간이 "죽으면 모든 것이 끝이다."라고 해버리면 현역인 장년 세대와 꿈을 가지고 노력하고 있는 젊은 세대의 앞길은 어둠으로 막막해져 버린다. 누구든 나이를 먹고 언젠가 죽게 된다. "죽으면 모든 것이 끝"이라는 생각이 상식이 되어버린 사회에는 미래에 대한 희망이 없는 것이 아닐까? 그러나 정말로 "죽으면 모든 것이 끝"인가? 나는 70대, 80대, 90대 노인들이 "우리는 과거와 현재, 미래를 이어 나가는 존재다"라는 마음가짐을 단단히 갖게 되면, 청·장년 세대가 노인들을 부정적, 비판적으로 보는 시선도 달라질 것이라고 믿는다.

노년기에 접어들어 나이를 먹으면 먹을수록 가슴을 죄어오는 것은 "우리의 자손들이 지금보다 더 잘 되었으면" 하는 생각이다. 김 주간은 일본과 한국의 최고 수준의 철학자가 공유하는 "죽으면 모든 것이 끝"이라는 생사관을 단호히 거부한다. 하지만 "죽으면 모든 것이 끝"이라는 허무주의적 생사관은, 일본에서도 지식인과 유명인들 사이에서 조금은 점잖은 척하는 일종의 주문으로서 대수롭지 않게 유행하고 있다.

일본에서 개최된 '공공철학 교토 포럼'에서 김 주간이 강조한 것은, 국가와 결합된 '공'과 홀로 닫혀가는 '나'가 아니라, 개인으로서의 '나' 한 사람 한 사람을 활용하여 '공'을 열어갈 필요성이 있다는 것이었다. '공공'은 '공'과 '나'의 중간이라는 정태적인 것이 아니다. 나와 너의 '사이'의 자타 상관성에서 역동적인 것이어야 한다. 이것을 명사가 아닌 '공공하다'라는 동사로 파악하고, "활사개공活私開公(나를 활용하여 공공을 열기)"이라는 새로운 개념을 제시했다. 이 '활사개공'에 입각하여, 노년철학과 '아름답게 나이듦'을 '활로개래活用開來(나이듦을 활용하여 미래를 연다)'라고 명명했다. 그리고 이를 통해 철학 분야에 그치지 않고 종교·문학·예술 등의 폭넓은 인문학적 지식이 늘어날 것이므로, 노년철학이란 "활로개래의 인문학"이 아니면 안 된다고 하였다. "동아시아가 직면한 노년세대 인구의 극대화와 저출산 문제, 즉 인구의 역 피라미드 시대를 극복하기 위해서 절대적으로 필요한 것이 노년철학이다. 노인문제의 본질은 노인을 생산력 없는 부정적인 존재로밖에 보지 않는다는 점이다. 전 세계가 언젠가 반드시 직면하게 되는 노인문제이지만, 노년철학이 확립된다면, 역으로 여기서부터 동아시아의 새로운 시대가 시작될 것이다."

김 주간이 한국에서 노년철학회의를 개최한 것도 바로 이러한 문제의식에서 출발한다. 노년회의를 보은군에서 개최한 것은 김 주간의 취지에 열렬하게 동참한 정상혁 보은군수의 존재에 힘입은 바 크다. 1941년생인 정 군수는 한국 최고령 군수로 고학苦學으로 대학을 졸업한 뒤 20년간 농촌행정에 종사하였고, 2010년에 군수로 첫 당선되었다. 정 군수는 당시 한국에서 노인자살률이 가장 높았던 보은군을 다양한 아이디어와 뛰어난 행정 수완으로 살린 뛰어난 지도자로 알려져 있다. 또한 여성·장애인·노인이라는 사회적 약자의 행복을 우선으로 하는 정책의 일환으로, 조철호 동양일보 회장, 유성종 〈동양포럼〉 운영위원장 등과 협력하여 김 주간이 제창하는 노년철학을 적극적으로 행정 지원하기로 하였다.

일본은 세계에서 가장 빠른 '초고령사회', 이른바 노인대국, 노인 선진국이다. 하지만 표면적으로는 풍족하고 편안해 보이는 생활의 배후에는 눈에 보이지 않는 심각한 사태가 진행되고 있다. 특히 노인의 주위에 겹겹이 쌓인 문제는 고독과 고립이다. 이는 젊은 층에서도 확산되고 있다. 누구나 순식간에 고독과 고립에 빠질 수 있다는 뜻이다. 특히 노인은 그것이 고독사라고 하는 비참한 사태로 진전되기 때문에 심각하다고 할 수 있다.

고독은 "오늘 할 일이 없다", "오늘 갈 곳이 없다", "마음 둘 곳이 없다."라고 하는, 노인들이 자주 사용하는 단어들 속에 존재한다. 이러한 고독은 인류의 발자취와 함께 앞으로도 계속될 〈근대〉의 업業일 것이다. 근대란 일반적으로 서양의 근대를 의미하며, 서양의 근대는 경제사회와 강한 자아의식이라는 두 가지 특징을 가지고 있다. 이 두 가지의 공통되는 정신은 전진과 확대·합리화와 효율성을 향해 조급히 서두른다는 측면에서 어디까지나 남성적이고 청년적이다. 반면에 완만하게 쇠약해져 가는 노인의 세계와는 상반된다. 여기에 현대의 노인들이 느끼는 답답함과 고통의 근원이 있다.

여기에서 요구되고 나타난 근대적 자아 즉, 철두철미하게 자기에 의존하는 강한 개인은 타자나 주위와의 관계를 반드시 필요로 하지 않으며, 내면적 자기에 닫혀가는 'atom적 자기(원자화된 개인)'와 유연由緣관계에 있다. 인간 본래의 '상호의존적 자기interdependent self'는 전前시대적인 것이 되고, 그 끝에는 현대 일본의 노인들이 직면한 고독이 나타나고 있다. 최근 사회문제인 청소년의 등교거부, 청장년층에도 파급된 은둔형 외톨이social with drawal 현상도, 근대적 세계에 대한 소원疏遠함과 위화감에서 유래하는 바가 적지 않다고 생각한다.

1868년 메이지 유신 이후, 아시아에서 최초로 서양문명을 적극적으로 수용하여 경제발전을 이룬 일본과 함께 "동아시아 서양 근대 수용공동체"를 형성한 한국, 중국이 뒤쫓아 오고 있다. 현재 한중일 삼국이 직면한 노인문제는, 이른바 서양 근대에 의해 필연적으로 발생한 그림자를 상징하는 것에 다름없다. 현대 세계는 인생 80년을 지나 '인생 100세 시대'에 진입하고 있다. 노인문제는 한중일뿐만 아니라 현대 문명과 현대 세계가 공유하는 가장 중요한 문제가 되고 있다.

노인의 세계는 노동(생활비 획득)과 자녀양육(성인화 지원)으로부터의 해방이다. 청소년기가 당면한 현실 사회의 벽 앞에서 자립적이고 〈강한 개인〉으로 바로설 수 있도록 "인생을 어떻게 살아야 하는가?"를 묻는 시기라면, 노년기는 의존적인 〈약한 개인〉으로서의 자신을 자각하고, 다른 사람에게 신세를 진다는 각오로 다시 "인생을 어떻게 살 것인가?"를 생각하는 시간이 아닐까? 노년기의 인간이

해야 할 일은 다음 세대의 직장이나 자리를 빼앗는 노동이 아니다. 어떻게 살 것인가를 찾아서 다시 철학을 배우고, 긴 인생에서 얻은 경험과 지식을 바탕으로 더 잘 살기 위한 지혜를 닦고, 이것을 어떤 식으로든 사회에 환원하고, 미래 세대에게 연결하는 것이다. 그리고 다른 사람들과의 관계 속에서 자신의 인간적 성장을 추구하고, 조금이라도 더 기쁜 사회와 미래 창조에 참여하는 것이야말로 그들에게 요구되는 가장 중요한 일일 것이다.

현대 문명은 강한 개인을 전제로 성립하는 반면, 노인과 어린이는 타인에게 의존하지 않을 수 없는 약한 개인으로 존재한다. 강함과 공동보조를 맞추는 현대 세계에는 다양한 모순과 왜곡이 발생할 수밖에 없다. 그러한 시대에 요구되는 것은 노인과 어린이에게 모두 해당되는 약한 개인의 논리, 약함의 철학이다. 이를 위해서는 먼저 노인 개개인이 다시 태어나야만 한다. 자신의 약함을 자각하고 각오함으로써, 약한 개인이라는 주체로서 살아갈 수 있는 것은 어린이들이 아니라 노인들이기 때문이다. 이러한 의미에서 노인으로서 살기 위해 다시 배워야 하는 것이 철학이라는 것은 두말할 필요도 없다.

동어 반복이지만 노년철학은 김 주간이 강조한 '공공하다'와 같은 '철학하다'이다. 그것은 더 잘 살기 위해 현재에 만족하지 않고, 저세상으로 떠나는 그 날까지 평생 동안 쉼 없이 배우고 완성을 향해 노력하는 활동을 의미하는 것이다.

제3회 노년회의(2018년 11월 15일~17일)에 참석한 인제대학교 강신균 명예교수는, "일본은 노인 선진국이며, 노인문제는 일본이 한국을 20년 정도 앞서 있다. 우리는 빠른 속도로 일본을 뒤쫓고 있다."라고 말했다. 한국과 중국은 전 세계에서 선구적으로 초고령사회에 진입한 일본을 뒤쫓고 있다. 한·중 양국이 일본의 현실을 수수방

관할 수 없는 이유가 바로 여기에 있다.

앞으로도 노년철학회의에 참가하는 한일 학자와 연구자들은 각각의 폭넓은 식견이 뒷받침된 노년철학을 바탕으로 개진開陳해 나아갈 것이다. 본서는 제4회 회의(2019년 3월 7일~9일)까지 매회 참석한 중간보고로서, 저자 개인의 견해임을 미리 밝혀둔다. 참가자의 논문·발표 자료는 한국의 지역 신문인 동양일보가 양면의 두 페이지에 걸친 큰 지면을 할애해 소개하고 있다. 일본에서도 참가자 겸 발표자인 야마모토 쿄지山本恭司가 2012년 창간하고, 故 우메하라 타케시梅原猛가 고문을 맡은 철학대화신문〈미래공창신문未來共創新聞〉(E-mail: ykiyo127@skyblue.ocn.ne.jp)에서 각 참가자의 발표 논문과 토론의 요지를 읽을 수 있다.

노년철학 하기

다시 살아가고 배우기 위한 인문학

Ⅰ. 현대 일본의 노인문제

1. 일본 노인의 사정

세계 최고 장수국과 그 그림자

일본은 지금 전례 없는 커다란 두 개의 사회문제에 직면하고 있다.

첫째는 소산다사화少産多死化(저출산과 높은 사망률)로 특히 어린이의 감소를 동반한 인구의 급감이다. 2008년에 1억 2,800만 명(총무성 통계국 인구추계)을 정점으로 일본의 총인구는 감소세로 돌아섰다. 저출산과 높은 사망률, 생애미혼율(50세까지 한 번도 결혼한 적이 없는 사람의 비율)의 급상승이 이대로 진행될 경우 앞으로 100년 후의 인구는 절반 또는 3분의 1 정도까지 격감한다. 논농사가 시작되었다고 하는 야요이시대弥生時代(기원전 5세기 전후부터 기원 후 4세기경까지)부터 일본의 인구는 완만하게 증가하고, 전란이 멈추고 태평천하가 도래한 17세기 에도시대江戸時代의 100년 사이에 최초로 인구폭발 현상이 발생하였다. 그때까지 1,000만 명대의 인구가 약 3배 정도 급증하였다. 에도막부의 붕괴에 이은 메이지 유신에서 100년이 채 지나기도 전에 인구는 1억 명대로 늘어났다. 그러나 21세기에 들어서자마자 근대국가로 서는 세계사적으로 유례없는 인구격감국가로 전락하고 말았다. 그 러나 국토에 비해 인구밀도가 높은 일본의 현실을 감안하면 인구 3,000만 명대에서 변화한 에도시대로 돌아왔다고 말할 수는 없지 만, 국토에 맞는 적정 인구가 되었다고 긍정적으로 평가해야 할지 도 모른다. 인구감소 추세는 반드시 부정적으로 생각할 필요는 없 다. 건전한 시민사회를 형성하는 데 필수적인 성숙한 사회로 가는 길을 열 수도 있기 때문이다.

둘째는 인구급감, 저출산과 높은 사망률을 특징으로 하는 초고 령사회의 도래다. 주지하는 바와 같이 초고령사회는 노인(만 65세 이 상)이 총인구의 21%를 넘는 사회를 일컫는데, 일본은 2007년에 세 계 최초로 초고령사회에 진입했다. 세계 최고의 장수국이자 노인대 국이 된 것이다. 고도 문명사회라면 언젠가 반드시 직면할 문제를, 현대 일본이 가장 먼저 경험하고 있다. 문명화되고 성숙한 현대 사 회라면 이것을 당연한 현상으로서 미래지향적으로 수용해야 할 시 점이 된 것이다.

전 세계적으로 현재 진행 중인 장수사회는 인류가 처음 경험하는 '인생 100세 시대'의 도래를 알리는 것이다. 그러나 현대 일본에서는 일반적으로 노인이 존경받고 있다고는 말하기 어렵다. 일본의 어린이, 젊은이들은 노인을 "더럽고, 저주받았으며, 냄새나는 존재"로 간주하는 경향이 있다. 이러한 일본 사회를 "노인혐오 사회"라고 부르는 사람도 있다. 74세의 할머니가 20세의 옛 모습으로 돌아가 활약하는 내용의 한국영화 〈수상한 그녀〉(2014)의 첫 장면에서 등장하는 한국 대학생들의 반응이 좋은 예다. 이 영화는 일본에서도 화제가 되었으며, 아시아 각국에서도 리메이크된 바 있다.

한편 노인 자신도 긴 노후를 어떻게 살아갈 것인가에 대해 망설임, 당혹감, 처치 곤란의 감정을 겪고 있으며, 차세대 젊은이들의 모범이 되는 삶과 철학을 보여주지 못하고 있다. 그러나 이것은 노인혐오사회를 살아가는 현대 일본의 젊은이들 역시 나이가 들었을 때 반드시 직면할 문제이기도 하다. 한편, 추계에 따르면 65세 이상 치매노인은 2025년에는 5명 중 1명꼴로 700만 명에 달할 것으로 예상되고 있다. 노인혐오사회를 살아갈 수밖에 없는 치매노인 예비군의 미래는 결코 밝지 않다. 최근에는 '8050 문제'라는 단어도 등장했다. 80대 부모가 50대 은둔형 외톨이 자식을 케어한다는 병리적인 구도다. 노인과 미혼자녀가구의 급증이라는 심각한 사태도 현대 일본 사회가 직면한 노인문제에 포함된다.

노인문제에서 일본을 따라오는 한국은 인구 100만 명당 자살률이 OECD(경제협력개발기구) 가입 34개국 중 1위일 정도로 노인자살률이 두드러진다. 빈곤과 고독이 주요 원인이지만 병에 걸리면 가족에게 짐이 된다고 생각하여 "더 이상 가족에게 짐이 되고 싶지 않다."라고 생각하여 자살하는 노인들이 적지 않다고 한다. 한국은 일본보다 훨씬 심한 경쟁사회, 학력사회, 경제격차사회로서 비혼과 만혼화가 진행되고 있지만, 합계출산율(여성 1명이 평생 출산하는 출생아 수)은 사상 처음으로 1.0%(일본은 1.43%, 2017년)으로 하락하는 저출산이 큰 사회문제가 되고 있다. 이것은 한국에만 한정되는 것은 아니다. 어쨌든 고령화와 저출산은 표리일체의 관계에 있다고 할 수 있다.

최근 인생의 종결을 위한 사전준비 활동, 이른바 '종활終活[1]'이 붐을 이루고 있다. 초고령사회에서 노인이 인생의 마지막 단계를 어떻게 살 것인가를 생각하는 '노활老活'이라는 말도 등장했다. 인구감소와 저출산 고령화, 신자유주의에서 유래된 불평등과 분단·격차 사회로 인해 밝은 미래를 꿈꾸기 어려운 세상이 되었다. 이러한 현

---

1 일본에서는 말끝에 活을 붙여서 사회적으로 활성화를 의미한다. 예를 들면 "혼활婚活(혼인의 활성화)", "취활就活(취업 활성화)", "종활終活(죽음을 잘 마무리하자)" 등이 있다.—역자 주

실 속에서 일본 노인들은 개호Care(돌봄)노인 또는 치매노인이 되어서 가족과 주변 사람들에게 짐이 되는 것을 우려하면서 인생 100세 시대를 살 수밖에 없다.

그러나 화제가 되고 있는 정년 후 재취업, 치매예방법과 장수를 위한 건강관리법, 사람들과의 교제방법, 개호나 노인시설문제, 연금이나 노후 자산운영 및 재산관리와 증식법 등의 생생하고 구체적인 생활을 중심으로 노년기의 바람직한 세계관과 철학을 거론하는 경우는 거의 없다. 반대로 주간지 등에서는 매주 빠지지 않고 "연금만으로는 살려고 하지 말라"라든지, "60세에 저축 2,500만 엔이 있으면 안심", "저축 5,000만 엔으로도 80대에 파산한다."라고 하는 등, 노후의 경제적 불안과 건강불안을 일부러 부추기는 기사들이 파다하다.

삶을 헤매는 노인들

2017년 통계에 따르면 일본인의 평균수명은 세계 1위로 남성은 81.09세, 여성은 87.26세로 남녀 모두 "인생 80년 시대"를 달성했다. 100세 이상 장수노인도 69,785명(여성이 88%, 2018년 9월 15일 기준)이다. 통계가 시작된 1963년의 153명과 비교하면 무려 456배로 급증했다. 문부과학성(우리나라의 "교육인적자원부"에 해당)의 스포츠청이 2018년 10월에 발표한 2017년도 "체력·운동능력조사"에 따르면, 70대 남녀 모두 체력테스트에서 1964년 조사를 시작 이후 최고치를 갱신하였으며, 노인의 체력 향상이 가장 두드러졌다. 체력과 운동능력 향상이 현저한 오늘날의 노인은 외형적으로는 물론 정신적으로도 이전의 노인 범주를 초월한 존재가 되어 가고 있다. 50년 전 노인과 비교하여 오늘날 노인의 실제 나이는 7~8살 빼는 것이 타당하다는 목소리도 있다.

이스라엘 역사학자 유발 하라리는 『호모 데우스』에서 기아, 질병, 전쟁을 극복한 현생인류 호모사피엔스가 앞으로 불사, 행복, 신성의 획득에 나섬으로써, 호모 데우스(신적 인간 또는 신과 같은 인류)가 되는 것을 목표로 할 것이라고 말했다. 21세기는 불멸, 즉 죽지 않음(아모탈, amortal)이 대접받는 시대가 된다. 20세기에 40세에서 70세로 평균수명을 늘린 인류는, 21세기에는 빠르게 발달하는 생명공학(바이오 기술) 등으로 수명을 다시 증가시켜 150세의 수명을 손에 넣을 것이라고 예측된다. 150세는 어렵더라도 노인의 체력 향상과 함께 생각하면 "인생 100세 시대"는 결코 꿈같은 이야기가 아니다.

현대 일본 노인의 대부분은 적어도 표면적으로는 사회적, 경제적으로 비교적 풍족한 노후를 보내고 있다. 그러나 지금 누리고 있는 삶의 풍요로움과 편리함, 밝은 미래로 점철된 사회가 노인을 진정한 행복으로 이끌어줄지는 의문이다. 최근 고독사, 무연사, 고립사라는 말이 텔레비전이나 신문, 잡지에서 거론되지 않는 날이 없다. 특히 혼자 사는 노인이 어느 누구의 관심도 못 받고 죽어가는 사례가 눈에 띄게 증가하고 있다. 2010년 1월에 방영된 NHK 스페셜 다큐멘터리 〈무연사회: 무연사, 3만 2천 명의 충격〉은 인간관계가 희박해지고 가족과 공동체로부터 고립되어 사는 인간이 증가하고 있는 현대 일본을 "무연사회"라는 신조어로 표현했다. 일본에서는 혈연, 지연, 학연이 붕괴하고 외톨이가 급증하고 있다. 무연사는 더 이상 타인의 일이 아니다. 이러한 현상은 젊은 층으로도 확대되고 있다. 방송은 큰 반향을 불러일으켰으며, 무연사회는 그해의 유행어 대상으로도 선정되었다. 과거의 혈연, 지연, 학연이 붕괴되고 격차사회의 진행으로 인해 빈곤층이 확대되는 현실에서 가장 충격적이었던 것은, 무연사회 혹은 무연사, 고독사의 중심에는 반드시 노인들이 있다는 점이었다.

고이즈미 내각(2001~2006)에서 본격적으로 도입하고, 이후의 내각에서 더욱 가속화된 신자유주의·규제완화정책의 추진으로 인해 고용이 불안정한 대량의 비정규직(계약직, 파견사원, 프리터freeter)이 양산됨으로써 현대 세계의 경제사회화에 맞지 않는 니트NEET(독신청년무직자)나 은둔형 외톨이가 급증했다. 생애미혼율도 급상승(2030년대에 남성 30%를 예상)했다. 이대로라면 21세기 일본의 노인 고독사와 고립사는 1,000만 명이 넘을 것으로 예상된다.

노인들의 두려움은 고독사나 고립사와 같이 혼자 맞이하는 죽음에만 국한되지 않는다. NHK스페셜은 2014년 9월, "연금만으로는 살 수 없다", "연금 생활은 사소한 것을 계기로 붕괴한다"라는 내용의 〈노후파산—장수의 악몽〉을 방영해서 큰 반향을 불러일으켰다. 기나긴 노후는 행복이 아니라 생지옥이다. 건강이 망가진 노인이 집에서 쫓겨나서 병원이나 노인시설을 전전하며 죽을 곳을 찾아 표류하는 "노인표류사회"가 지금 일본의 현실이다. 과거에 축복받았던 장수는 이제 완전히 다른 모습으로 다가오고 있다.

고대의 일왕들을 제외하고 보았을 때, 역대 일왕의 최장수 재위 기간은 64년이다, 사상 최장수인 쇼와 일왕은 사망하기 2년 전인 85세에 자신의 장수를 저주했다. 교도통신이 전 시종이었던 고바야시 시노부小林忍의 일기를 입수해서 2018년 8월에 밝힌 바에 따르면, 일왕은 고바야시 시종에게 이렇게 토로했다고 한다. "일을 편하게 하고, 가늘고 길게 살아도 어쩔 수 없다. 괴로운 것을 보거나 듣거나 하는 것이 많아질 뿐이다. 형제나 친척들의 불행을 보게 되고, 전쟁의 책임만을 말한다(고바야시 시종 일기, 1987년 4월 7일)." 2007년에 공개된 전 시종 우라베 료고卜部亮吾의 일기에도 쇼와 일왕이 "장수는 변변찮은 일이다."라고 말했다는 기록이 있다. 장수는 반드시 행복한 것도 아니며, 주위에서 축복받을 일도 아니다. 일본을 상징하는 일왕조차 예외는 아니었다.

노인·노인문제에 관한 출판 급증

최근 노인문제에 관한 책들이 잇따라 출간되고 있다. 특히 극작가 우치다테 마키코内館牧子의 소설 『끝난 사람終わった人』(2015년, 한국에서는 한즈미디어에서 2017년에 출간)은 많은 미디어에서 거론되는 등 큰 화제를 모았고, 2018년 6월에 인기 배우들이 주연하여 영화로도 만들어졌다. 소설의 주인공은 도쿄대 법학부를 졸업하고 대형은행에 근무하면서 출세코스를 걸은 뒤 정년퇴직한 사람이다. 정년 후 그를 기다리고 있던 것은 회사 이외의 세계에서 인간관계도 사회관계도

제로가 되어버린 끔찍한 현실이었다. 회사 일 외에는 특별한 관심도 흥미도 취미도 없다. 매일 할 일도, 하고 싶은 일도 없다. 누구도 상대해주지 않는다. 학력사회와 기업조직의 초엘리트가 이른바 사회적으로 죽은 자, 즉 '끝난 사람'이라는 비참한 존재가 되었다. 그후의 전개는 판타지로 현실과 동떨어진 면이 있지만, 정년을 '생전 장례', 정년 직장인을 '끝난 사람'이라고 표현한 것은 현대 일본의 샐러리맨, 특히 남성들의 현실을 잘 보여주었다.

현실과 매우 유사한 소설에 지나지 않지만 노인에 관한 책은 지난 10년간 다양한 장르에서 여러 권 출판되었다. 노인문제에 대한 최근 논픽션 중 유명한 일부 몇 권의 제목과 간단한 요약을 예로 들어보고자 한다. 제3회 노년철학회의 "21세기 초고령사회에서 노인의 의미와 가치"에서 나에게 할당된 주제인 "현대 일본 노인의 빛과 그림자" 중에서 특히 부정적인 '그림자'에 초점에 맞춘 강의를 요청받았었기 때문에, 이번에도 어두운 부분을 다룬 책만 소개하게 되었다. 일본 노인들의 대부분이 그럭저럭 행복과 안정을 누리고 있어서 만족할 만한 상태에 있다는 것은 말할 필요도 없다. 그러나 다음과 같은 사례들은 남의 일이라고 말할 수 없고, 누구에게나 닥칠 수 있는 현실임을 부정할 수 없다.

『혐로사회-나이듦을 거부하는 시대嫌老社会-老いを拒絶する時代』, 나가누마 교타로長沼行太郎, 소프트북신서, 2006.

초고령사회와 함께 진행되는 '노인혐오사회'. 그것은 젊은이들이 노인을 혐오하는 '혐로嫌老'와 노인이 스스로 나이듦을 은폐하며 거절하는 '혐로'가 합체한 사회이다.

『폭주노인暴走老人！』, 후지와라 토모미藤原智美, 문예춘추, 2007.

갑자기 분노가 폭발하는 "욱하는 노인"의 증가. 늙어도 인간적인 성숙이 없는 노인들의 어리석음을 지적한 책이다.[2]

『고립사-당신은 괜찮습니까?孤立死-あなたは大丈夫ですか？』, 요시다 타이치吉田太一, 후소샤, 2010.

고립사가 문제가 아닌 고립화하는 생활방식이야말로 문제다. 고립사가 자신에게 닥칠지도 모른다는 불안과 공포를 말한 책이다.

『무연사회: 무연사, 32,000명의 충격無緣社會: 無緣死, 三万二千人の衝擊』, NHK 〈무연사회 프로젝트〉 취재팀, 문예춘추, 2010.

2　국내에는 좋은책만들기에서 이성현 번역으로 2008년에 출간했다. 현재는 절판.-역자 주

무서운 기세로 진행되고 있는 현대 일본의 고령화 뒤에 가려진 사회의 심층부에서 발생한 무연사회의 현실을 이야기하고 있다. 가족, 지역, 회사 등에서 사람과 사람의 유대가 약해짐으로써, 노년층뿐만 아니라 미혼·비혼률의 급상승으로 인해 청년층과 중년층 중에서도 고립되는 사람이 늘고 있는 현대 일본 사회의 그림자를 말하고 있다.[3]

『무연개호-1인 가구 노인의 나이듦과 고립, 빈곤無縁介護-単身高齢社会の 老い·孤立·貧困』, 야마구치 미치히로山口道宏, 현대서관, 2012.
아무도 개호해 주는 사람이 없다는 '무연개호'가 '무연사'를 재촉한다. 저출산과 고령화시대의 도래와 무연사회 속에서 고립되고, 빈곤의 진행에 불안해하는 노인들의 이야기이다.

『고독사 막기-지원의 실제와 정책 동향孤独死を 防ぐ-支援の実際と政策の 動向』, 나카자와 타쿠미中沢卓実·유키 야스히로結城康博, 미네르바 서방, 2012.
누구에게나 찾아오는 고독사, 거기서 보이는 빈곤과 사회적 고립이라는 현실을 이야기하고 있다.

---

3 국내에는 용오름에서 김범수 번역으로 2012년에 출간되었다.—역자 주

『노인표류사회老人漂流社会』, NHK 스페셜 취재반, 주부와생활사, 2013.

노인이 집에서 살 수 없게 되어 병원이나 시설을 전전한다. 죽을 곳을 찾아 표류하는 현대 일본의 노인들 이야기이다.

『노후파산-장수라는 악몽老後破産:長寿という悪夢』, NHK 스페셜 취재반, 신초샤, 2015.

연금만으로는 살아갈 수 없는 노인들. 연금생활은 사소한 계기로 붕괴한다. 일본의 노인들을 기다리는 악몽의 노후에 대한 이야기이다.[4]

『하류노인-총 1억 노후붕괴충격下流老人: 一億總老後崩壊の衝撃』, 후지다 다카노리藤田孝典, 아사히신문출판, 2015.

국민기초생활보장수급자 기준에 해당하는 노인과 그럴 가능성이 있는 노인을 '하류노인'이라 하며, 그 수가 급증하고 있다. 이대로라면 노인의 90%가 하류화되어 '총 1억 노후붕괴시대'라는 현대 일본의 현실을 이야기한다.[5]

『노부부가 무너진다老夫婦が壊される』, 야나기 히로柳博雄, 삼오관, 2016.

---

4   국내에는 2016년 다산북스에서 김정환 번역으로 출간되었다. ─역자 주

5   국내에는 2016년 청림출판에서 『2020 하류노인이 온다(홍성민 번역·전영수 감수)』라는 제목으로 출간되었다. ─역자 주

노부부 간 개호, 60대~70대 자녀가 80대~90대 부모를 개호하는 노-노 개호 시대가 도래하였다. 2000년부터 개호의 사회화라는 꿈과 함께 시작한 개호보험제도가 스스로 무너지고 있다.

『무장사회-방황하는 시신 변화하는 불교無葬社会-彷徨う遺体 変わる仏教』, 우카이 히데노리鵜飼秀徳, 닛케이BP사, 2016.
65세 이상의 1인 가구, 노인 부부 세대라는 고독사 예비군은 2030년에 2,700만 명에 이른다.

『소매치기 노인万引き老人』, 이토 유우伊東ゆう, 후타바샤, 2016.
온화한 노후를 맞이해야 할 노인들이 소매치기가 되는 초고령사회 일본의 어두운 현실을 이야기한다. 그들의 입에서 "괴롭다", "외롭다", "쓸쓸하다", "슬프다"라는 말이 흘러나온다. 저자는 말한다. "지금 이 나라는 뭔가 이상해지고 있다."

『고독사대국-예비군 1,000만 명 시대의 현실孤独死大国-予備軍1000万人時代のリアル』, 칸노 쿠미코菅野久美子, 후타바샤, 2017.

아무도 돌봐주지 않아서 고독사한 뒤에도 한동안 발견되지 못하는 노인들이 있다. 독거노인에만 해당되는 것이 아니라 지역, 회사, 친구 등 다양한 인간관계에서 분리된 수백만 단위의 젊은 세대도 고독사 예비군이다.

『절망노인絶望老人』, 신고 유키新郷由起, 타카라지마샤, 2017.

너무나 긴 노후는 "생지옥"이었다. 외로움을 치유해 주는 사람과 공간은 없다. 살 수 있는 곳도 갈 곳도 없는 노후의 불행을 말한다.

『죽지 않는 노인死ねない老人』, 스기우라 토시유키杉浦敏之, 겐토샤, 2017.

죽고 싶어도 죽을 수 없는 노인, 살며시 다가오는 노후 비극의 증가, 계속 증가하는 '죽고 싶은 노인'과 살아가는 이유를 찾을 수 없고, 죽을 수 없는 노인의 비극 이야기다.

『세계에서 제일 고독한 일본의 할아버지世界一孤独な日本のオジサン』, 오카모토 준코岡本純子, KADOKAWA, 2018.

전 세계적으로 많은 사람들이 심각한 고독에 괴로워한다. 특히 일본은 세계에서 가장 고독한 국민, 고독 선진국, 고독 대국으로 고독에 좀먹히고 있다. 저자는 "일본은 노인들이 세계에서 가장 불행한 나라"라고 말했다.

『꽃뱀-기지마 가나에 100일 재판 방청기毒婦。木嶋佳苗100日裁判傍聽記』, 기타하라 미노리北原みのり, 아사히신문출판, 2012.

고령의 남성에게 결혼을 제안한 뒤에 거액의 돈을 챙긴 후 살해한 세 명의 범인이 살인과 사기 등으로 사형선고를 받아 2017년 4월 사형이 확정된 이야기이다.

『가케히 지사코 60번째 고백-르포, 연속 청산가리 의문사 사건筧千佐子60回の告白 ルポ·連続青酸不審死事件』, 아베 류타로安倍龍太郎, 아사히신문출판, 2018년.

자산가인 노인 남성의 후처가 되어 재산을 빼앗는 후처! 그녀의 계략에 전 재산을 빼앗기고 살해당한 노인들, 피고의 주변에는 100명 가까운 노인들이 의문사하였고, 가로챈 금액만 100억 엔에 이른다. 3명을 살인한 죄로 교토지방법원에서 2017년 11월 사형이 선고되었다.

『나이 든 남자는 아시아를 목표로 삼는다-나이 든 일본 남성의 태국·

캄보디아 이주사정老いて男はアジアをめざす-熟年日本男性のタイ・カンボジア

移住事情』, 세가와 마사히토瀨川正仁, 바지리코, 2008.

노년기에 일본과 멀리 떨어진 태국, 캄보디아 등 동남아 국가에서 사는

것을 선택하는 노인들의 이야기이다. 우연히 만난 여성에게 배신당해

무일푼이 되어도 그곳에서 계속 살아간다. 고독과 서로에 대한 무관심

이 넘쳐나고 살아갈 곳조차 없지만 일본에는 돌아가고 싶지 않다.

『탈출노인-필리핀 이주에 마지막 인생을 건 일본인들脱出老人: フィリピ

ン移住に最後の人生を賭ける日本人たち』, 미즈타니 타케히데水谷竹秀, 소학관,

2015.

행복한 노후를 찾아 일본 탈출을 감행한 노인들, 일본은 노인이 살기

힘든 사회, 자식들에게 짐이 되지 않기 위해서는 치매에 걸려도 시설밖

에 갈 곳이 없다. 그런 사회는 꿈도 희망도 없다. 그런데 필리핀 사회는

가난하지만 인간관계가 좋고, 노인에게 친절하다.

배경은 슬픈 고독

2018년 제7회 칸 국제영화제에서 대상인 황금종려상을 차지한 것은 고레에다 히로카즈是枝裕和 감독의 〈소매치기 가족万引き家族〉(한국은 '어느 가족'으로 개봉)이었다. 고령의 어머니가 사망한 후에 어머니의 연금을 부정수급 받으면서 소매치기로 살아가는 일가를 그린 일본 영화다. 사실을 기반으로 제작되었다는 이 영화는 현대 일본이 안고 있는 어두운 뒷면을 그리고 있다. 결코 유쾌한 내용이 아니다.

영화에서 보이듯 일하지 않거나 은둔형 외톨이인 자녀들이 부모의 연금으로 생활하거나, 부모의 죽음을 숨기면서 연금을 부정수급하는 사건이 빈번해지면서 최근 사회문제가 되고 있다. 도둑질인 소매치기는 기존 소년 범죄의 전형이었다. 그러나 2011년을 경계로 소년보다 노인의 범죄비율이 증가하였다. 이는 저출산에 따른 노인의 증가라는 사회적 배경도 원인 중 하나인데, 경시청 범죄통계자료에 따르면 청소년 범죄의 대표 격이었던 소매치기는 성인이나 노인의 범죄로 크게 변질되었다.

2011년 노인(65세 이상)의 소매치기 범죄자 비율은 27.7%로, 25.7%인 소년(14~19세) 범죄자 비율을 처음으로 앞질렀다. 2016년에는 소년이 12.2%인데 비교해 노인은 38.5%로, 해마다 범죄자 검거율에서 차지하는 비율이 증가세를 보였다. 노인의 소매치기 범죄는 3% 이상이 단독 범행이었다. 경찰의 조사에 따르면 노인 소매치기들은 "삶의 의미가 없다.", "상담 상대가 아무도 없다."라고 변명하고 있다.

현대 일본 노인문제의 그림자에 초점을 맞춘 신고 유키는『노인들의 사회이면老人たちの裏社会』(타카라지마샤, 2015)이라는 책에서, 현대 일본에서 두드러지는 것은 노인의 불량화인 '불량노인'의 급증이라고 밝혔다. 얼마 전까지 노인은 선량하고 온화한 인격자로서, 존경과 존중을 받아야 하는 존재, 지켜줘야 할 사회적 약자로 인식되어 왔다. 그러나 지금 도시에서는 노인 소매치기가 만연하고, 심한 폭력을 휘두르고, 시니어 스토커가 되고, 죽을 때까지 섹스하며 성욕에 매달린다. 젊은이의 모범이 되는 선인은커녕 노인범죄老害를 저지르며 폭주하는 모습이 눈에 띈다. 다음과 같은 사례가 잘 보여준다.

〈절도하는 노인〉

절도하는 노인이 증가 추세다. 변명은 흥미롭다. 79세 주부는 "도둑질을 할 때 살아있다는 느낌이 들어. 앗 하고 몸 안이 뜨거워지고, 싫은 기억도 날아가 버려", 86세 독거여성은 "절도는 유일한 기분전환이야. 매일 할 일도 없고 재미난 일도 없으니까." 그들은 "살아있다는 실감이 안 난다", "살아갈 보람이 없다", "사는 의미를 모르겠다"라며 채워지지 않는 기분, 마음의 틈새를 도둑질이라는 스릴로 채운다.

〈스토커 노인〉

일본 정부와 사회가 장려하는 '생애현역'은 연애에도 해당된다. "스토커 규제법"이 2000년 11월 시행되었으나 최근에 60세 이상의 '스토커 노인'의 급증이 눈에 띈다. 그들의 변명은 직장을 그만두고 할 것도 없고, 가슴에 뻥 뚫린 구멍을 채우는 데 안성맞춤인 것이 바로 연애라고 생각했다는 것이다. 저자는 "노인은 성이 없는 존재라는 인식을 고쳐야 한다."라고 제언한다.

〈폭주노인·광폭한 노인〉

항상 자신이 대단한 존재라고 믿어버려서 실수해도 상대에게 사과하기는커녕 "인마, 내가 누군지 알아!"라고 하는 '욱하는 노인'이 증가하고

있다. 격앙되면 어떻게 할 수 없는 노인이 매우 많으며, 특히 남성은 회

사조직 등 상부에 있었던 사람일수록 엘리트 의식이 높고 자존심도 높

아 실수를 인정하기는커녕 '자신이 옳다'며 절대 양보하지 않는다. 자

기중심적이고 오만하다.

〈꽃뱀毒婦의 독니에 죽음을 당하는 노인〉

독신이나 혼자 살고 있는 중년 남성, 특히 노인 자산가에게 미인계로

접근한 뒤에 살해하고 자산을 가로챈다. 꽃뱀(가케히 지사코 피고, 기지마

가나에 사형수 등)의 등장, 엄청난 외로움을 안고 깊은 고독 속에 살아가

고 있는 일본 노인들의 비극, 그녀들의 주위에 있는 100여 명의 노인들

이 의문사했고, 그녀들은 살해 혐의로 사형판결을 받았다. 가케히 사건

은 최근에 소설 『후처업後妻業』(2014)으로 출판되었고 2016년에는 영화,

2019년에는 TV 드라마로 만들어졌다.

〈고독사하는 노인〉

노인의 대부분은 TV 시청과 독서만이 하루 일과다. 누구와도 교류하지

않고 집에 틀어박혀 있다. 정년 후 삶을 어떻게 보내야 할지 모른 채 집

에만 있는 독거 남성이 매우 많다. 일본 특유의 '기업사회'라는 수직사회에서만 살아왔기 때문에, 수평사회의 균형 잡힌 인간관계를 구축할 수 없다.

〈생지옥으로 변한 노후〉

특별한 재미도 없고 기쁨도 없이 단지 틀어박혀 지내는 나날들. 죽음을 향해 가는 존재. 시간이 너무 많아 곤란하다. 정말이지 매일 할 일이 없다. 독서밖에 없는 매일이 질리고 지루하다. 다음 취재처로 향하는 저자를 어떤 노인(71세)은 부러워하며 중얼거린다. "바빠 보이네, 부럽다." 그들은 매일 여유를 견디지 못하고 있다. 여기에는 '할 일이 있다'라는 행복의 실감이 없다. 저자는 말한다, "장수하는 사람들은 모두 다 행복한 것일까?"

노인문제, 노인철학의 키워드 중 하나는 '고독'이다. 고독은 세계적인 문제이며 전 세대에 공통되는 문제다. 그러나 청소년과 달리 노인의 외로움은 고독사나 고립사와 직결된다. 성인 5명 중 1명이 고독을 실감하고, 75세 이상 노인의 절반 이상이 혼자 산다는 영국은 2018년 1월 〈고독담당 장관〉을 배치했다. 영국에 거주 중인 저널리스트 고바야시 교코小林恭子에 따르면 영국의 65세 이상 인구는 2016년 시점에서 약 18%이고(국가통계국 조사), 일본은 27.3%(인구 추계)이다. 영국은 30년 후인 2046년에 이 비율이 약 18% 더 늘어날 것으로 예상한다. 향후 급속히 진행되는 고령화에 영국 정부가 위기를 느끼고 있는 것도 외로움에 대한 대책을 강화하는 이유가 되었다. 인구 약 6,600만 명의 영국에서는 약 1,900만 명의 성인이 고독을 느끼고 있는 것으로 추정된다. 런던에 사는 난민의 58%, 75세 이상 3명 중 1명이 고독함을 느낀다. 65세 이상 중에서 360만 명이 "TV가 유일한 친구"라고 응답했다(『요미우리 통신』, 2018년 5월 16일).

고독은 현대사회가 직면한 가장 중요한 문제 중 하나다. 고독은 노인에게 한정되지 않지만, 노인의 외로움은 그 심각성이 젊은이 특유의 감상적, 독선적인 고독과는 크게 다르다. 노년기에 더욱 절실해지고 심각해지는 고독과 고립감은 고독사와 고립사와 밀접하게 관계되어 있다. 또한 삶과 죽음에 대한 생각, 즉 생사관과도 깊이 관련되어 있다.

2. 노후와 죽음에 대해

"종활"의 대실패

집 근처에 있는 의학대학에서 2014년부터 교양강좌 〈철학과 생사관〉을 맡게 되었다. 생사관의 정의 중 하나로 학생들에게 소개하는 것이 바로 노벨문학상 후보에 매년 이름이 오르는 소설가 무라카미 하루키의 첫 작품인 『바람의 노래를 들어라』에서 나오는 말이다. 주인공인 '나'에게 친구가 이렇게 말한다.

> "이런 말이 있어. '뛰어난 지성'이란 두 개의 대립하는 개념을
> 동시에 품고 그 기능을 충분히 발휘할 수 있는, 그런 것이란
> 걸."
> "누구지, 그건?"
> "잊어버렸어. 진짜라고 생각해?"
> "아니, 거짓말."

여기에 인용된 '뛰어난 지성'은 명작 『위대한 개츠비』의 저자 F.

스콧 피츠제럴드의 고백 에세이 「무너져 내리다The Crack-Up」(1936) 중의 유명한 구절 "the test of a first-rate intelligence is the ability to hold two opposed ideas in the mind at the same time, and still retain the ability to function(최고 수준의 지성을 판단하는 기준은 동시에 상반된 생각을 하면서도 흔들리지 않는 능력이다.-역자 주)"이다.

스콧 피츠제럴드의 말은 생사관을 이해하는 데 도움이 된다. 죽음은 삶에서 떨어져 나온 것이 아니라 삶의 이면裏面으로 간주되어야 한다. 죽음을 삶에 우선시함으로써 살아있다는 현실을 경시하는 일이 없어야 한다.

2014년에 65세 이상 인구가 3,000만 명을 넘었다. 노인 자신이 가진 다양한 불안을 배경으로 죽음과 마주보며 자신의 인생을 총괄하기 위한 준비활동으로서의 "종활"이 사회적 붐을 이루고 있다. 자신의 의료·간병에 대한 요구 외에도 신변정리, 유언, 상속절차 등을 포함한다. 바람직한 삶의 최후 모습을 보여주므로 사회적으로 환영받고 있다. 그러나 이러한 "죽음에 대한 준비"가 반드시 바람직한 결과를 낳는 것은 아니다.

"앞으로 1년도 남지 않았다고 의사에게 선고를 받았지만 5년이 지나도 잘 살고 있습니다."

현재 일본에서 붐이 일어나고 있는 "종활"의 대실패 예를 서일본 신문(2018년 7월 29일 조간)이 보도했다. 기사에 따르면 후쿠오카현 구루메시의 71세 남성은 5년 전인 2013년 1월, 얼굴과 상반신에 홍반이 올라와 병원에 검사 후 입원했다. 그리고 난치성 혈액암의 성인 T세포 백혈병ATL으로 진단되었다. ATL은 발병하면 면역 기능이 저하되거나, 림프절이 붓기도 하는 등 완치가 어렵다. 남성은 의사로부터 "당신은 내년 생일을 120% 맞이할 수 없다."라고 선고받아서, 곧 다가오는 죽음을 받아들이고 "종활"에 전념하기로 했다. 거래처에 작별인사를 하고 다녔으며 경영하는 디자인기획사를 닫고, 재산을 매각하여 자녀에게 물려준 뒤 가족들에게 이별의 편지를 썼다. 죽음을 앞두고 직장이나 재산 등의 정리도 완벽하게 마쳤다.

항암치료의 영향으로 보행이 어렵고, 운전도 할 수 없게 되었다. 그런데 선고 후 5년, 몸에 통증이 있어서 통원하고 있지만 죽음이 찾아온다는 기색은 조금도 없다. 남성의 항의에 병원 측은 "당신은 내년 생일을 120% 맞이할 수 없다."라고 발언한 것을 부정하면서, "진단에 오류는 없으나 치료가 잘 되어 증상이 개선됐다"라며 사과

하지 않았다. 남성은 살아있는 것이 기쁘지만 "남은 수명 1년"의 선고를 진실로 받아들여서 실행한 종활로 인해 일도 재산도 모두 잃은 것이 깊이 후회된다고 하였다. 종활을 실행한 것은 좋지만 "옆에 남겨둔 것이 아무것도 없다. 앞으로 어떻게 살아가면 좋을지 모르겠다."라고 하는 남성의 비통한 목소리는, 현재 붐이자 비즈니스가 된 종활의 위험성과 함께 삶에 앞서서 죽음을 준비하는 종활에 내포된 어리석음을 보여주는 것이 아닐까?

죽음에 대한 준비활동인 종활은 예로부터 동서양의 현인들에 의해 반복적으로 언급되어 왔다. 고대 로마의 철인황제 마르쿠스 아우렐리우스도 그중 한 명이다. "바로 이 순간에 이 세상을 하직하는 사람처럼 모든 일을 행하고 말하고 생각하라(『자성록』)." 몽테뉴도 말한다. "죽음이 어디서 우리를 기다리는지 알 수 없으니, 어디서든 죽음을 기다리자. 죽음에 대해 미리 생각하는 것은 자유에 대해 미리 생각하는 것이다. 죽는 법을 배운 사람은 노예 상태에서 벗어난 사람이다. 생명의 상실이 나쁜 것만은 아님을 깨달은 사람에게 인생에서 나쁜 것이란 아무것도 없다. 죽는 법을 알면 모든 예속과 속박에서 벗어난다(『수상록』)." 그들의 말은 종활의 발상과 다르지 않다.

죽음에 대한 각오와 준비를 뜻하는 말은 그뿐만이 아니다. 중세 이래, 서양 세계에서 주문처럼 외쳐온 "메멘토 모리memento mori(자신의 죽음을 기억하라)"나 하이데거의 "선구적 결의성先驅的 決意性"과 마찬가지로, 죽음의 가까이에서 항상 죽음을 인식하며 살던 에도 무사(사무라이) 사회에도 같은 말이 있었다. 너무나도 유명한, "무사도라는 것은 죽을 것을 찾기도 하고(야마모토 쓰네토모山本常朝, 『하가쿠레葉隱』, 1716년 경)"라는 말 외에, "무사라는 자는 정월 초하룻날에 떡국을 먹으며 축하한다고 젓가락을 들었을 때부터 그해 섣달 그믐날 밤에 이르기까지 아침저녁으로 항상 죽음을 생각하는 것을 무사 본연의 모습으로 삼아야 한다(다이도지 유우잔大道寺友山, 『무도초심집武道初心集』, 1834)라는 말도 있다.

준비 없는 각오

죽음에 대한 '준비=종활'은 주변에 짐이 되지 않기 위한 배려와 확립한 개인의 자각, 현대 일본에서 유행하는 자기 책임 등의 사회적, 시대적 요청에 상응하기 때문에 언뜻 보기에는 바람직한 경향으로 보인다. 그러나 이는 노인의 정신적 에너지를 빼앗고, 삶의 의욕을 감퇴시키는 것은 아닐까? 노인이 죽음을 앞두고 있는 것은 당연하다. 그러나 죽음을 준비하는 것은 하루 이틀에 빨리 끝내버리고, 남은 많은 나날을 보다 더 윤택하게 살도록 삶의 에너지를 쏟을 필요가 있다. 죽음을 삶에서 분리하여 과도하게 생각할 필요는 없다.

삶과 죽음에 대해 많은 논의가 있었지만 공자는 종활에 관심이 없었다. 그의 죽음에 대한 생각은 실로 간단했다. "죽고 사는 것은 명이 있고, 부귀하고 존귀하게 되는 것은 하늘에 달려있다死生命有, 富貴在天(『논어 연안 5장』)." 장자의 생사관은 간단하면서도 철학적이다. "죽고 사는 것은 밤과 낮과 같다(『지락至樂 편』)"고 한다. 이는 곧 삶과 죽음은 아침에 일어나 밤에 자는 것과 다를 바 없으므로 죽음을 특별시 해서는 안 된다는 뜻이다. "옛날의 진인은 삶을 기뻐할 줄 모르고, 죽음을 싫어할 줄도 몰랐다. 이 세상에 태어남을 호소하지 않고, 죽음을 거부하지도 않았다. 그저 무심히 가고 무심히 올 뿐이다(고지진인古之眞人 부지열생不知說生 부지오사不知惡死·기출불소其出不訴 기입불거其入不距·유연이왕翛然而往 유연이래이이의翛然而來而已矣)." 『대종사大宗師 편』에 나오는 말이다.

삶과 죽음을 이분화하지 않은 동양의 생사관을 대표하는, "삶조차도 아직 알지 못하는데 어찌 죽음을 알겠는가未知生 焉知死?(『논어 선진先進 편』)"라는 공자의 말은 잘 알려져 있다. 서양의 대표적인 범신론자인 네덜란드 철학자 스피노자도 동일한 맥락으로 말했다. "자유로운 사람은 죽음에 대해 생각하지 않는다. 그의 지혜는 죽음에 대해 생각하는 것이 아니라 삶을 생각하는 것에 있다(『에티카』, 제4부 정리7)."

   프랑스 철학자 블라디미르 장켈레비치(1903년 생)는 죽음에 대한 가장 적절한 대처법을 "준비 없는 각오."라고 말했다. 그는 "평생 동안 매일 죽음을 생각하고 깊은 성찰의 보물을 모으고 격언이나 현자의 말씀을 새겨도 죽을 수밖에 없는 운명을 짊어진 인간은 죽음에 대해서는 어린아이처럼 무지하며, 경험이 없고, 사용할 수 없는 그릇과 마찬가지다. 그 순간이 다가오면 차가운 암흑의 가장자리에 서서 미지의 세계로부터 불어오는 차가운 바람에 몸을 내맡긴 채로 모두가 나약하게 순종할 것이다. 그렇게 깜깜한 어두운 밤의 문턱에서는 현자도 한심한 한 명의 고아에 불과하다.…실존의 연속 관계에 있는 삶의 상황에는 준비가 필요하다. 그러므로 때로는 견습, 혹은 익숙함을 허용하도록 하자. 그러나 사람은 죽는 것은 배우지 않는다. 완전히 다른 질서에 대한 준비가 아니다. 죽음이 요구하는 것, 그것은 준비 없는 각오다(『仕事と日々・夢想と夜々』, 仲澤紀雄 訳, み

すず書房, 1982).”

여기에서도 종활의 발상은 없다. 죽음이 두려워서 준비했다고 해도 죽음이 곧바로 시작되지는 않는다. 죽음에 직면했을 때 각오를 다지면 된다. 1828년 11월 니가타 에치고新潟越後 대지진(삼조지진) 때, 후기 에도시대의 선승禪僧인 다이구 료칸大愚良寬(1758~1831)은 "재난을 당했을 때는 재난을 당하는 것이 좋을 것이다. 죽어야 할 때는 죽는 것이 좋을 것이다. 이것은 재앙을 모면하기 위한 묘법으로 만든 것이다."라고 지인에게 편지를 썼다.

죽음은 갑작스럽게 인간을 습격하는 것으로서 준비할 수 있는 것이 아니다. 종활 등에 에너지를 쏟기보다는 죽음에 직면한 그 순간 각오를 다지고 죽음을 맞이하면 된다. 죽음에 과도하게 몰입하거나 과대평가해서는 안 된다. 일본에서도 잘 알려진 그림책 중 일본적인 생사관을 보여주는 관련 서적이나 학술논문에 자주 인용되는 『100만 번 산 고양이』의 작가 사노 요코佐野洋子(1938~2010)의 말은 훌륭하다.

요약하자면 나라는 건 그렇게 대단한 게 아니거든요. 마찬가지로 누가 죽어도 이상하지 않습니다. 예를 들어, 지금 오바마

(전 미국 대통령)가 죽어도 반드시 다른 사람이 나오기 때문에 누가 죽어도 세상은 이상하지 않을 거예요. 그래서 죽는다는 것을 그렇게 거창하게 생각할 필요는 없어요(『죽는 게 뭐라고』, 마음산책, 2015).

사노의 말은 임상경험을 바탕으로 말기 환자의 필독서로 세계적인 베스트셀러가 된 시카고 의대 정신과 의사 엘리자베스 퀴블러-로스의 『죽음과 죽어감』을 비판하는 맥락에서 이야기하고 있다. 이 책은 죽음에 이르는 마음의 움직임을 다음과 같은 5단계로 설명하고 분석했다.

① **부인·고립 denial & isolation**

"뭔가 잘못됐다."라고, 절대로 인정하지 않는 강렬한 거부 반응

② **분노 anger**

왜 자신이 죽어야 하는가? "왜 저 사람이 아니고 나가?!"

③ **거래 bargaining**

○○를 할 테니까 조금만 기다려줘! 무언가를 교환하려 의사나 신에게 호소한다.

④ 우울 depression

어차피 죽을 거야. 뭘 하든 안 된다는 비관과 절망과 우울함에 빠진다.

⑤ 수용 acceptance

죽음을 사실로 받아들여 운명으로서 각오하고 지금까지 의 삶을 조용히 돌아본다.

사노는 이러한 분석이 거창하고, 죽음을 중대시하고, 특권화한다고 의문을 제기했다. 사노의 경우 죽음의 선고는 단숨에 마지막 단계인 '수용'에 도달하기 때문이다. 공자와 장자의 생사관과 공통적인 데가 있다. 그러나 보통 사람들에게 죽음은 인생 최대의 중대사나 다름없다. 고바야시 히데오小林秀雄는 죽음을 슬픔이라는 말로 표현했다. 죽은 자는 사라지는 것이 아니다. 되돌아오지 않는 것이다. 이것은 죽은 자는 남은 사람에게 격렬한 슬픔을 남겨주지 않으면 세상을 떠날 수가 없다는 의미다. 그것은 죽음이라는 말과 함께 태어났다고 해도 좋을 정도로 일반적인 죽음의 의미이다. 죽음을 허무하게 여기는 것도 비슷한 정서다. 다만 고학[6]에서는 의미를 부여하지 않는다. "죽음이라는 사물의 정체를 말하자면 이것(죽음)과 만

6   고학古學(코가쿠)은 송학, 즉 주자학에 대한 반동으로 나온 에도시대 초기의 일본적 유학이다. 조선의 지성사가 주자학 일변도로 흘렀음을 감안할 때, 주자학에 반기를 들고 직접 공맹의 가르침을 통한 선왕의 도를 확립할 것을 외친 일본 에도시대의 그것은 분명 우리에게 색다르게 어필하고 있다.

나는 장소에서는 그 슬픔을 속일 수밖에 없는 것이고, 슬픔에 충실하다면 이것(죽음)과의 만남을 방해하는 것은 아무것도 없다(『모토오리 노리나가本居宣長』, 新潮社, 1977년)."

죽음에 대한 사노의 수용이나 고바야시가 말하는 슬픔은 모두 일본적인 생사관의 특징을 의미한다. 사노에게서 보는 일본적 생사관에 대해서는 뒤에 설명하겠지만, 그 전에 서양의 죽음에 대한 기본적인 생각, 즉 생사관이 무엇인지를 살펴보고자 한다. 퀴블러-로스의 『죽음과 죽어감』은 이러한 생사관과 밀접한 관련이 있다.

공포와 절망으로서의 죽음

서양에서는 일반적으로 죽음을 공포와 절망, 돌발적인 폭력, 절대악으로 인식하고 있다. 예를 들어 파스칼은 그리스도교 신앙 속에 살았던 사상가인데, 그에게 죽음은 공포·절망·악덕 외는 아무것도 아니었다. 사후 1670년에 간행된 『팡세』에서 말한다.

우리를 순간마다 위협하고 있는 죽음은 머지않아 영원한 멸망 또는 영원한 불행이라는 가공할 필연성 속에 마지못해 우리를 집어넣을 것이다.

많은 사람들이 쇠사슬에 묶인 채 모두 사형을 선고받고 있으며, 그 중 몇몇은 매일 다른 사람들의 눈앞에서 교살되고, 남은 자는 전체의 상태 안에 자기 자신의 상태를 보고 비참과 절망 가운데서 서로 얼굴을 보고 비교해가며 자신의 차례가 오기를 기다리고 있다. 이것은 인간 상태를 복사한 것이다.

예수 그리스도 없이는 인간은 사악하고 끔찍한 가운데에 가라앉을 수밖에 없다. 예수그리스도와 함께 있다면 인간은 사악과 불행에서 구제된다. 그 가운데에는 우리의 모든 덕, 모든 축복이 있다. 예수 그리스도 밖에는 악덕, 비참, 오류, 암흑, 죽음, 절망만이 있다.

파스칼의 죽음의 이해는 일본인의 생각과는 많이 다르다. 파스칼의 이해는 서양인 일반의 죽음 인식을 대표한다. 앞서 장켈레비치Jankélévitch도 "죽음과 나는 결코 함께할 수 없다. 죽음과 나는 서로 배척하며 서로가 서로를 쫓는다.…정말, 사람은 죽음에 익숙해질 수 없다. 죽음은 살아있는 것이 절대로 순응해야 하는 유일한 생물학적 사건이다. 거기서 어떻게든 조심하더라도 죽음은 언제나 우리를 기습한다(『La Mort』, 1966)". 죽음은 인간을 기습하는 동시에 폭력적이다. "죽음은 생을 가로막아 삶을 한계짓는다. 언젠가는 죽음이 생을 차단한다.…죽음은 항상 폭력이다. 죽음은 언제나 돌발적인 폭력을 행사하며 온다.""노인이 집에서 한 발짝도 나오지 않고 감기로 죽어도 그것은 갑작스런 폭력에 의한 죽음이다(『죽음에 대하여』, 변진경 옮김, 돌베개, 2016)."

죽음은 영원한 멸망, 영원한 불행, 사형선고, 악덕, 비참, 오류, 암흑, 절망, 그리고 인간을 기습하는 갑작스런 폭력이다. 죽음은 인간에게 '가장 나쁜 것'으로 존재한다. 반체제운동에 참가하여 사형선고를 받은 톨스토이만큼 이를 생생하게 글로 말한 문학자는 없다. 그는 총살형 직전에 사형집행을 면제받은, 이른바 사형체험자였다. 톨스토이는 『죄와 벌』의 주인공 라스콜리니코프의 말을 빌려 죽음의 공포와 절망을 이렇게 말한다. "만약 어딘가 높은 암벽 위에서, 그것도 간신히 두 다리로 설 정도의 좁은 장소에서 절벽과 바다와 영원한 어둠과 영원한 고독과 영원한 폭풍에 둘러싸여 살아야 한다고 해도, 그리고 그 1아르(약 70cm) 사방에서 영원히 서 있어야 한다고 해도, 그래도 지금 죽는 것보다는 그렇게 사는 편이 좋아…어떻게든 살고 싶어, 살고 싶어! 어떤 삶이라도 좋으니까 살고 싶어!…뭐라고 하는 진실일까! 아, 뭐라고 하는 진실의 목소리일까!"(『죄와 벌』, 유성인 옮김, ㈜하서, 2008).

여기에서 보는 것도 삶을 완전히 절대적으로 부정하고 소멸시키는 나쁜 것으로서의 죽음이다. 죽음은 누구에게나 반드시 온다. 갑자기 찾아오는 죽음은 두려움과 놀라움을 가지고 우리의 삶을 어둠과 빛, 절망과 희망, 죽음의 필연성에 대한 공포와 삶을 태우는 기대로 나눠버린다.

독일의 철학자 하이데거는 말한다. "사람은 결국 언젠가는 죽지만 당장 자신과는 상관없다", "죽는 것은 그때마다 바로 내가 아니다", "죽음은 확실히 오기는 오지만 당장은 직면하지 않는다", "이렇게 세상 사람들은 죽음의 확실성에 특유한 것, 즉 죽음은 이른바 모든 순간에 가능하다는 것이 은폐된다(『존재와 시간』, 이기상 옮김, 까치, 1998)." 하이데거의 철학은 "죽음을 생각하는memento mori"에서 출발한다. 죽음에 따라 진정한 자아를 발견하고 진실의 삶을 실현하라! 여기에서 하이데거는 죽음을 선점하는 '선구적 결의성'을 강조한다. 그것은 다음과 같이 정리할 수 있다.

인간이란 죽음을 향하는 존재, 즉 죽음을 이해하고 죽음에 관련할 수 있는 유일한 존재이다. 인간은 자신의 죽음에 직면하여 처음으로 자신의 인생의 전체상과 의미를 알 수 있다. 탄생과 죽음에 의해 한계에 이르는 인간(현존재)이 그 삶의 전체성을 파악하기 위해서는 자신의 죽음을 경험해야 한다. 그러나 인간은 자신의 죽음을 경험할 수 없다. 인간은 죽음으로 자신의 삶 전체를 파악할 수 있지만 죽음을 다른 사람의 일이라고 생각하고 있다. 때문에 죽음을 깊이 생각하려고 하지도, 직시하려고 하지도 않는다. 항상 죽음으로부터 도망치려 한다. "자기의 죽음"이라는 공포로부터 눈을 돌려서 수다, 호기심, 애매함, 남의 험담이나 소문 등에 열중하고 인터넷이나 게임 등에 의한 자극이나 기분전환에 몰두한다. 이것으로 자기의 진정한 모습과 삶의 진실이 가려진다. 그렇지 않고 미래를 기다리는 죽음의 시점에서 현재의 자신을 검토하면 본래의 자신을 되찾을 수 있게 된다. 진정한 자신을 발견할 수 있으며, 진정한 삶의 방식 또한 보인다.

이것을 하이데거는 '선구적 결의성'이라고 말했다. 죽음이라는 궁극적이고 절대적인 존재소멸에 대한 공포, 절망, 혹은 평소에 '죽음을 생각하는', '죽음에 대한 대비'를 주장하는 몽테뉴와 하이데거, 그리고 무사도武士道론자들의 요청은 언뜻 보기엔 합리적이며 올바른 주장처럼 보인다. 그러나 철학적 또는 논리적인 정당성은 반드시 만인에게 정확하다고는 할 수 없다. 중세 유럽을 덮친 무서운 혹사병의 기승으로 길에 방치된 시체도[7], 총과 포탄으로 박살난 시체도, 처형장에서 참수된 죄인의 시체도. 가까이에서 볼 기회가 적은 현대인에게 죽음을 생각하고 죽음에 대비하라고 설교해도 이를 받아들이는 사람은 오늘날의 "종활" 붐 속에서조차 얼마 없을 것이다.

일본인의 죽음

한편, 이에 대해 일본인의 일반적인 죽음에 대한 인식은 보다 평범하고 온화하다. 고립된 현대 지식인의 내면적 고뇌를 그린 소설가 다카미 준高見順(1907~1965)은 식도암 선고 후 자기의 죽음을 자각하고 죽기 1년 전『돌아가는 여행』이라는 시를 썼다(『죽음의 심연에서』, 1964).

이 여행은

자연으로 돌아가는 여행이다

돌아갈 곳이 있는 여행이라

---

7 에도시대의 교화를 위한 교육에는 죄인의 처형을 지켜보는 것이 포함되기도 했다. 언제든지 할복할 수 있는 각오를 단련하기 위해서였다.

즐겁지 않을 리가 없을 것이다

(중략)

대지로 돌아가는 죽음을 슬퍼하지 말라

육체와 함께 정신도

우리 집에 돌아갈 것이다

여기에서 눈여겨볼 생사관은 공자의 '삶 중시주의'나 장자의 '생사일여'의 생사관과 다소 차이가 있는, 미국의 푸에블로 인디언족(아메리카 남서부, 뉴멕시코 애리조나에 사는 원주민)의 생사관이다. 이 생사관은 생사학과 생사관에 관한 책에서도 가끔 볼 수 있다.

오늘은 죽기에 최적의 날이다.

살아있는 모든 것이 나와 호흡을 맞추고 있다.

모든 소리가 내 속에서 합창하고 있다.

모든 아름다움이 내 눈에서 휴식을 취하러 들어왔다.

모든 나쁜 생각은 나에게서 떠나갔다.

오늘은 죽기 좋은 날.

나를 둘러싼 저 평화로운 땅

마침내 순환을 마친 저 들판

웃음이 가득찬 나의 집

그리고 내 곁에 둘러앉은 자식들.

그래 오늘이 아니면 언제 떠나가겠나

(낸시 우드, 「오늘은 죽기 좋은 날」, 『바람은 내게 춤추라 하네』, 1974)

자연과 일체화된 죽음, 자연의 일부인 인간이 솔직하게 죽음을 받아들이는 방법은 여기에서 볼 수 있다. 일반적인 일본인의 생사관은 봄에 새싹이, 겨울에 마른 잎이 사계절의 리듬에 맞춰서 자연 순환하는 것과 같은 삶과 죽음이다. 이것을 죽음이라는 현세주의적인 단념, 또는 생사교체의 경쾌함이라고 표현할 수도 있을 것이다.

나라시대의 시인 오토모 다비비토大伴旅人(663~731)는 "이 세상이 즐겁다면 다음 세상은 기꺼이 벌레나 새도 되리라(『만요슈』)"라고 했다. 세상 자체가 즐거우면 지옥에 떨어져도 인간으로 태어나지 않아도 전혀 상관없다. 헤이안平安 전기의 노래나 이야기(『이세모노가타리伊勢物語』)에도 "지기 때문에 벚꽃은 훌륭한 것이다. 고난이 많은 이 헛된 세상에 영원한 것은 있는 것일까?"라고 했다. 현세에 영원한 것 따윈 없다. 죽음이 있기에 삶의 소중함이 빛난다. 꽃이 지기 때문에 그만큼 벚꽃은 사랑스러운 것이다. 죽음은 두려움과 절망·폭력 등이 아니다. 자연은 인간에게 준 은혜이다. "휘날리며 떨어지는 벚꽃, 남아 있는 벚꽃도 결국 져버리는 벚꽃", 료칸良寬의 사세구辭世句(세상에 작별을 고하는 말)로서 전해져 내려온 이 구절도 마찬가지이다. 인간은 누구나 반드시 죽는다. 그것은 결코 슬픈 일이 아니다. 대자연의 리듬 속에서 삶과 죽음은 조용히 교체한다.

살아있는 사람도 언젠가는 반드시 죽는다. 살아있는 동안 즐겁게 살자. 죽음 등은 생각하지 않아도 좋다. 이 세상은 이 세상, 저 세상은 저 세상이다. 모든 것이 덧없는 세상 안에서 영원한 것 따윈 없다. 순간 시들어가는 안타까운 벚꽃은 참으로 훌륭하고 맑지 않은가? 사람은 태어난 순간부터 죽음이 정해져 있다. 죽음은 자연의 이치이며 조금도 슬픈 일이 아니다. 료칸이 죽을 때에 중얼거렸다는 "속과 겉을 보여주며 떨어지는 단풍"의 구절처럼, 인간은 단풍이 팔랑팔랑 떨어지는 것처럼 자연 그대로 가만히 조용히 죽을 수 있다.

그런데 이런 담백한 일본적인 생사관에 대해 좌절감과 분노를 숨기지 않는 사람이 있다. 파스칼이다. 그는 인간은 "가볍게 죽음에 몸을 맡기려고 한다."라고 했다. 죽음에 대한 생각을 지나치게 가볍게 취급하는 일이 있어서는 안 된다는 뜻이다. 도대체 어떤 까닭으로 다음과 같은 생각이 합리적인 인간의 마음속에 일어날 수 있는 것일까?

"…내가 알고 있는 모든 것은 내가 곧 죽어야 한다는 것이며, 더구나 어떻게든 피할 수 없는 죽음이야말로 내가 가장 모르는 것이다.…나는 어떠한 예측도 두려움도 없이 이런 대 사건을 시험해보고자 한다. 그리고 내 미래를 영원한 불확실성의 상태로 두고, 편안하게 죽음에 몸을 맡기려고 한다. 누가 도대체 이런 상태에서 논할 남자를 친구로 사귀고 싶다는 것일까? 누가 도대체 하필 이런 남자를 자신의 문제를 털어놓을 상대로서 선택한 것인가?"(블레즈 파스칼,『팡세』, 1670)

오토모,『이세모노가타리』, 료칸 등의 시·하이쿠俳句가 일본의 생사관을 대표한다고 말할 수는 없다. 그러나 죽음을 두려움과 절망·폭력 등이 아닌 자연의 리듬에 내장된 자연스러운 추세라고 생각하는 것은 옛날과 변함이 없다. 죽음을 삶의 완전 부정과 존재의 절대적인 소멸이라고, 즉 〈가장 나쁜 것〉이라고 생각하지 않는다.

어떻게든 살고 싶다, 죽고 싶지 않으면 끝까지 삶에 집착하자는 것도 아니다. 죽음에 대해서는 포기가 먼저 온다. 그렇게 당황스럽지도 않으며, 담담하고 속 시원하다. 결핵은 과거에 치유가 어려운 병으로 두려워하였지만 젊은 시절 결핵요양소에서 지낸 경험이 있는 사상역사학자 와타나베 쿄지渡邊京二는 입원 환자들이 "임종이 가까워지고 있어도 농담을 나누며 웃었으면서 마침내 조용히 죽어갔다."라고 말했다(『아사히신문』, 2018년 12월 19일 조간).

이러한 담백한 죽음에 대한 일본인의 태도를 파스칼이 알았다면 "누가 도대체 이런 상태에서 논할 남자를 친구로 사귀고 싶다는 것일까? 누가 도대체 하필 이런 남자를 자신의 문제를 털어놓을 상대로서 선택한 것인가?"라고 분개할 것이 틀림없다. 일본인의 죽음에 대한 생각은 서양의 생각과는 크게 다르다. 일본인의 죽음 인식은 파스칼이 비난한 "온화하게 죽음에 몸을 맡기는" 태도일 것이다.

3. 여성적인 생사관

죽음이라는 "이별"

제1회 〈노년철학 국제학술회의〉(한국 보은군 속리산, 2018년 8월 7일~8일)의 주제는 일본과 한국의 생사관, 즉 "한국인과 일본인은 삶과 죽음을 어떻게 이해했나?"였다. 나는 "일본인의 생사관, 즉 현대 글로벌시대에 요구되는 생사관"이라는 주제로 일본적인 단념과 담백한 생사관에 대한 〈여성적인 생사관〉의 필요성을 말했다. 그것은 다음과 같다(일부 첨삭).

현대 일본 사회는 죽음을 터부시하며 나이듦을 기피하는 경향이 있다. 핵가족화가 진행된 결과, 조부모의 죽음과 노쇠함을 가까이에서 체험할 수 있는 기회도 줄어들었다. 노쇠한 노인의 대부분이 집이 아닌 병원 또는 노인시설에서 죽음을 맞이한다. 죽음과의 직접적인 접촉 기회가 없고, 현실성이 없는 사별의 경험이 현대 일본인에게 삶의 존엄성과 상상력의 희석화에 힘을 보태고 있다. 최근 사형제에 대한 찬성이 늘어나고, 단지 사람을 죽이는 것만이 목적인 젊은이들에 의해서 무차별 살인사건이 빈번하게 발생하는 것도 이러한 시대적 풍조에 원인이 있을 것이다.

의료과학 계열 대학에서 내가 담당하는 "철학과 생사관" 강의에서는 삶의 존엄과 삶을 대체할 수 없는 죽음의 존재를 강의한다. 이 강의에서 나는 늘 '죽음과의 관계에서 삶을 생각해야 한다'라고 설명하고 있다. 오늘날 초장수사회와 성숙사회에서 요구되고 있는 생사관은 스스로 완결된 죽음이라고 하는, 존재소멸을 "포기"로 수용하는 일본 고유의 남성적인 생사관이 아니다. 타인과의 관계 속에서 삶을 진심으로 사랑하고 〈생명〉을 소중히 여기고, 공유하고자 하는 여성적인 생사관이 더욱 요구되고 있는 것은 아닐까?

죽음의 문제와 삶과 죽음에 대해 의학적·학술적·학제적으로 고찰하는 학문을 "생사학Thanatology · Death Studies"이라고 한다. 이에 비해 생사관은 생활적·경험적·인생론적 입장에서 죽음을 대전제로 하는 삶 전체에 대한 견해·각오·마음가짐을 포괄하는 말이다. 생사관이라는 단어가 일본 사회에서 일반적으로 사용된 것은 100년도 채 되지 않는다. 러일전쟁(1904~1905년)을 전후하여 "죽음을 어떻게 받아들일까?"라든가 "사후에 대해 어떠한 생각을 하는가?"라는 물음이, 불교 포교가인 가토 도츠도加藤咄堂(1870~1949)가 『사생관』(1904년)이라는 책을 출판한 것을 계기로 오늘날의 생사관이라는 말대신 사용되어 지금까지 쓰이고 있다(시마조노 스스무島薗進,『일본인의 사생관을 읽다』, 청년사, 2015).

생사관도 사생관도 의미하는 것은 같지만, 생사를 "쇼우지生死"라고 읽는다면 불교적 언어가 된다. 현대 일본에서는 생사관보다, 죽음이라는 삶의 종언의 각오를 요구하는 사생관이라는 말을 선호하는 경향이 있다. 사생관과 생사관, 자타의 죽음에 관한 저작 및 TV 프로그램, 잡지의 특집·신문기사는 최근 수년간의 상업적으로 종활이나 노활 붐의 영향, 또는 현대 일본의 인구 격감과 초고령사회라고 하는 심각한 상황과 미래에 대한 불안도 있기 때문일까, 특히 최근에는 부쩍 증가해 왔다.

앞서 소개한 것처럼『이세모노가타리』에서는 "지기 때문에 벚꽃은 훌륭한 것이다. 고난이 많은 이 헛된 세상에 영원한 것은 있는 것일까"라고 말했다. 살짝 피었다가 살짝 지기 때문에 벚꽃은 깨끗하며 사랑스럽다. 가혹한 이 세상에 영원한 것 따위는 없다. 료칸의 "휘날리고 떨어지는 벚꽃, 남아 있는 벚꽃도 결국 져버리는 벚꽃", "속과 겉을 보여주며 떨어지는 단풍" 등은 지금도 자주 읊는 사람이 많다. 자연이 가진 고유의 리듬 속에서 삶과 죽음은 조용하고 가볍게 교체한다. 일본인은 죽음을 서양처럼 〈나쁜 것〉이라고 생각하지 않는다. 세상의 무상함, 덧없음의 상징이 바로 죽음이다.

무상관과 세상의 덧없음에 대한 감상은 현세 긍정적 낙천주의와 강하게 결합하였다. 오토모는 "이 세상 즐겁게 살 수만 있다면, 저 세상에서는 벌레라도 새라도 기꺼이 되리라", "살아있는 자도 결국에는 죽는 것이니, 이 세상에 사는 동안에는 정말 즐겁게 지내고 싶다."(『만요슈』) 라고 말한 바 있다. 풍족히 축복받은 아름다운 자연 속에서 내세에 연연하지 않고 현세만을 중시하며 살자. 사람은 모두 사망하는 것으로 규정되어 있다. 살아있는 동안 즐겁게 보내야 하지 않겠는가? 여기에 죽음의 절망과 슬픔은 없다. 그저 무조건 낙천적인 생명 찬미를 말하고 있다.

일본인의 현세주의적 낙천성 뒤에는 죽음에 대해 어떻게 해도 저항할 수 없기 때문에 포기할 수밖에 없다는 생각이 있다. 죽음이라는 사실에 대해 수강하는 학생들 대부분이 공감했던 것은 죽음을 이별이라고 보는 사고방식이다. 도쿄대학 교수 시절에 말기암을 선고받은 종교학자 기시모토 히데오岸本英夫(1903~1964)는 그의 수필 〈죽음을 바라보는 마음〉(1964)에서 죽음을 이별이라고 말했다. "인간은 긴 일생 동안 친했던 토지·사람들과 헤어질 수밖에 없다. 죽음은 이별의 철저한 장치가 아닌가? 죽어가는 인간은 만물에 작별을 고해야 한다." 조부모 등 직계 가족을 잃은 경험을 가진 학생일수록 이 말에 깊은 공감을 나타냈다.

일본의 작별인사 "사요나라(일본식 작별인사)"와 "자, 그럼"은 「左樣(然樣)なら(그렇다면)」「然らば(그렇다면)」이라고 쓴다. 즉 "그렇다면, 그럼 또 보자", "그러니까, 그럼"이다. 이는 끝난 사안과의 결별이며, 새로운 사안으로의 이행이다. "사요나라", "자, 그럼"도 지금의 종료와 새로운 일정의 출발을 나타낸다. 죽음이란 친한 사람들·정든 세계·모든 것과의 궁극적·결정적인 "사요나라", "자, 그럼"이다. 죽음을 이별이라고 보는 관점은 많은 학생들에게 친숙하게, 저항감 없이 받아들여지고 있다.

죽음이라는 포기 또는 아난케ΑΝΑΓΚΗ(필연성)

동일본 대지진(2011년 3월 11일)과 그로 인한 거대한 해일은 2만 명이 넘는 사망자와 실종자를 발생시켰다. 내 고향인 후쿠시마는 원전 사고를 포함한 최대 피해지역이 되었다. 현지에 사는 친척들의 이야기로는 해수가 빠진 뒤 논이나 수로에 수많은 시체가 여기저기에 떠 있었다고 한다. 신기하게도 당시 TV뉴스, 신문기사, 잡지·

사진의 어느 것을 보아도 단 하나의 시체도 없었다. 당시 뉴욕에 있던 지인에 따르면 TV나 신문에서도 쓰나미에 휘말린 사람들의 시체가 찍힌 사진이 넘쳐났다고 한다.

신도계神道系의 저명한 학자는 이 이유를 일본 신도의 "성령御霊 신앙"으로 설명하고 있다. 일본인은 죽으면 시체가 되는 것은 아니다. "영" 즉 "신"이 되는 것이다. 신(성령)이 된 시체를 찍으면 안 되기 때문에 일본 미디어가 배려한 결과라고 한다. 이자나기伊弉諾·이자나미伊弉冉의 고대신화 이후 시체는 "더럽혀진 것"이 되었다. 장례식에 참석한 후에 자기 집에 들어가기 전, 일본인은 온몸에 소금을 뿌리고 더러움을 씻어낸다. 시체는 불결한 것이기 때문이다. 성령신앙이라기보다는 불결한 유해는 사람들 눈에 보여서는 안 되기 때문에 사진으로 찍을 수 없었다는 것이 옳은 설명일 것이다.

지진 직후 현지에서 취재한 세계 언론이 특히 주목한 것은 피해를 입은 일본인들이 계속해서 "어쩔 수 없다", "방법이 없다", "견뎌야지"라고 말하는 것이었다(別冊宝島 編集部 編, 『世界が感嘆する日本人』, 宝島社, 2011). 지진 다음 날, 프랑스의 대표신문 〈르몽드〉는 "Shikataganai(어쩔 수 없다)"를 기사 제목으로 보도했다. 미국의 유력 뉴스 주간잡지 〈타임〉도 3월 2일 호에서 "Shoganai(방법이 없다)"를 보도했다. 기

사에서는 "어쩔 수 없다."나 "방법이 없다."라는 말은 예상할 수 없는 변화에 대한 무력감이나 쇠약한 정신을 의미하는 것이 아니라, 통제할 수 없는 것을 극복하는 냉정한 결의나 불굴의 의지를 나타냄과 동시에 일본인 특유의 "포기"의 경지를 표현하는 단어라고 설명하고 있다.

죽음을 이별로 보는 생사관과 마찬가지로, 이러한 "포기"도 일본식 생사관의 특징일 것이다. 죽음은 사람의 지혜를 거스를 수 없는 자연의 힘, 자연의 필연적 움직임에 의해 초래된다. 죽음에 직면한 인간은 그냥 조용히 포기하고 어쩔 수 없다, 방법이 없다고 수동적으로 받아들일 수밖에 없다. 일본 고유의 풍토가 이러한 태도의 배경에 있는 것이라고 생각된다. 일본은 온순한 기후와 풍토, 산림대국(국토 2/3가 숲)이라 불리는 풍요롭고 축복받은 자연을 가지고 있다. 그러나 한편으로는 매년 여름부터 가을에 걸쳐 막대한 피해를 주는 태풍의 습격을 받고 있으며, 지진열도(일본 열도에는 태평양·북미·유라시아·필리핀 판이라는 네 개의 융합형 플레이트가 집중해서 지진을 야기)이면서 동시에 화산열도(일본 국내에 110개의 활화산이 존재)이기도 하다. 일본은 예로부터 자연재해 대국이라는 속성도 가지고 있다.

일본인의 자연적 순종과 자연과의 일체감에는 인간은 죽으면 어

74

머니 같은 대지(자연)로 돌아가며, 죽음은 각박한 세상으로부터의 해방이자 휴식이라는 생각이 깔려 있다. 매년 발생하는 자연재해에 따르는 죽음은 포기하고 받아들일 수밖에 없다. 풍토적 요인과 함께 신도와 불교에 나타난 죽음의 인식 외에도, 12세기의 겐페이源平 교전 이후 긴 세월에 걸쳐 일본을 지배해 온 사무라이 생사관도 영향을 끼쳤다. 추악한 삶보다 아름다운 죽음, 맑은 죽음이 바람직하기 때문이다.

이러한 "죽음이라는 포기"를 괴테는 "한 번에 모든 것을 단념한다."라고 말한다. 죽기 전에 완성하고 사후 1832년에 출판된 자서전 『시와 진실』 제4부 16장에서, 육체적 및 사회적 생활, 풍속, 관습, 세상 지식, 철학, 종교, 심지어 다양한 우연으로 발생한 일, 그 모든 것을 포기하지 않으면 안 된다고 호소하고 있다. 이것은 어려운 일이지만, 이것을 해결하기 위해 인간은 누구에게나 "어리석음"이라는 능력이 주어져 있다. 그 덕분에 인간은 다음에 할 일을 발견하면 언제든지 하나씩 포기할 수 있도록 되어 있다. 이렇게 우리는 무의식적으로 우리의 삶 전체를 재건한다. 하나의 열정을 잃으면 또 다른 열정을 대신해서 꺼낸다. 일, 기호, 취미, 오락, 모든 것을 우리는 시도한다. 급기야는 "모든 것이 헛되다."라고 외치기 십상이다. 이러한 잘못된, 아니 신을 무시하는 말을 듣고 놀랄 사람은 한 명도 없다. 오히려 뭔가 현명한 일을 부정할 수 없었다고 말했을 것이다. 이러한 사람들에 대해서 괴테는 다음과 같이 말한다.

단지 소수의 사람만이 이러한 성찰을 하고 모든 것을 하나씩 그만두지 못하기에 한 번에 모든 것을 포기하는 것이다. 이런 사람들은 영원한 것, 필연적 법칙을 확신하고 있다.

소수만이 할 수 있는 "한 번에 모든 것을 단념"할 수 있는 정신. 그것은 명예·재산, 모든 욕망, 자신의 생존·사망을 포함해서 눈앞의 세계 일체를 모두 한 곳에 모아 놓고 내버려 두는 정신이다. 괴테의 상기 문장은 기독교 세계에 의해 무신론자로 혐오당하고 탄핵된 스피노자를 옹호하기 위해 쓴 글이다. 괴테가 보는 곳, 이 세상의 일체를 "한 번에 모든 것을 단념"할 수 있는 사람이었던 스피노자는, "영원한 것, 필연적인 것, 법칙적인 것을 확신"함으로써 세상의 일체를 한 번에 단념할 수 있었다.

이 세상의 모든 것을 한 번에 단념하는 것을, 괴테와 프로이트는 그리스 신화의 운명의 여신을 의미하는 "아난케ΑΝΑΓΚΗ(필연성)"라고 말한다. 괴테는 시집 『신과 세계』의 「기원의 언어·오르페우스의 가르침」(1817년)에서 욕망도 변덕도 복종할 수밖에 없는 강력한 필연적 "ANAΓKH"를 언급하고 있다. 자연의 필연적 법칙, 비정한 아난케에 의연하고 태연하게 순종하며 스스로를 준비하면 굳게 믿는 "자유의지"를 넘어서 진실의 세계가 열린다. 괴테의 아난케 개념은 존경하는 스피노자에게 배운 것으로 괴테의 생사관을 나타내는 것이기도 하다.

『100만 번 산 고양이』와 그 저자

강의에서 소개한 생사관에 관한 책 중 간호학과 약학 등의 전공 여학생들이 특히 관심을 보인 것이 앞서 소개한 사노 요코의 그림책 『100만 번 산 고양이』(김난주 옮김, 비룡소, 2002)이다. 유치원이나 초등학교에서 어머니와 선생님으로부터 들었거나 본 학생이 적지 않다. 이 그림책은 1977년에 출판되어 200만 부를 넘긴 스테디셀러로서, 생사학과 생사관에 관한 학술서이자 학술 논문으로 다루어지는 경우도 있다.

그림책의 줄거리는 이렇다. 100만 번도 죽어도 죽지 않는 고양이가 있었다. 100만 번 죽어도 100만 번 살아났다. 왕과 선원, 서커스 단원, 도둑, 외톨이 할머니, 어린 소녀 등 100만 명에게 길러지고 귀여움을 받았다. 고양이가 죽었을 때 100만 명의 사람이 고양이를 안고 울었다. 그러나 고양이는 한 번도 울지 않았다. 죽어도 곧 살아나서 다른 주인의 고양이가 되었다. 훌륭한 고양이였기 때문에 많은 암고양이에게 구애받았다. 아무도 상대하지 않고 무시했다. 단 한 마리, 고양이를 쳐다보지도 않는 아름다운 하얀 고양이에게 마음을 빼앗겼다. 그 고양이에게 구애하여 결혼까지 했다. 태어난 새끼 고양이들이 자립한 뒤에 부부로 행복하게 살고 있던 어느 날, 흰 고양이가 죽어버렸다. 옆에서 조용히 움직이지도 않는 흰 고양이를 안고 그 고양이는 처음으로 울었다. 그 고양이는 밤낮으로 매일 100만 번 울었다. 계속 울던 어느 날, 고양이는 하얀 고양이 곁에서 조용히 죽었다. 다시 살아나지 않았다.

사랑하는 사람에 의해 진정한 "삶"의 기쁨을 알게 된 것으로, 고양이는 처음으로 죽음을 순순히 받아들일 수 있었던 것이다. 마지막 장면은 고양이 집을 둘러싼 광활한 초원에 꽃이 핀 풍경이 그려져 있다. 대자연 속으로 조용히 돌아가는 "죽음"이다. 이것은 일본 고유의, 일본인의 생사관을 말하려 하고 있는 것이다. 사랑하는 사람의 죽음은 슬프다. 그러나 죽음은 자연으로의 회귀이다. 춘하추동·사계절의 리듬과 다를 바 없는 일상적이고 평범한 사건 이외에 어떤 것도 아니다. 많이 태어난 새끼 고양이들의 삶, 사랑하는 흰색 고양이의 죽음은 대자연의 움직임과 변화, 우주의 리듬에 내장된 삶과 죽음의 끝없는 교체이다. 살아있는 모든 〈생명〉은 연결되어 순환한다. 부모의 〈생명〉은 아이에게 계승되어 영원한 생명으로 살아간다. 많은 여학생이 그림책에 강한 공감을 표시한 것은 자연회귀라는 일본적인 것에 대한 친밀감이 아니다. 타인과의 관계에 생기는 깊은 기쁨, 이것을 잃어가는 것에 대한 깊은 슬픔에 삶의 진실이 있음을 발견하고 공감했던 것이다. 여성은 아이를 낳고 기르는 주체로서, 본능적으로 남성보다 다른 사람의 삶과 죽음에 더 깊이 관여하는 존재로서 살아간다. 좋은 점수를 받은 몇몇 학생의 답안을 정리해 보면 다음과 같다.

절대 죽을 수 없는 "불멸"이라는 특수한 능력을 가진 동시에, 많은 주인과 암고양이들에게 사랑받은 고양이였지만, 그러나 그의 마음을 만족시키는 것이 없었다. 사랑을 받은 적은 있어도 사랑한 적이 없는 고양이는 처음으로 사랑하는 상대를 만나면서 깊은 만족을 얻었다. 이 고양이는 정말 "살아있음"에 실감이 없기 때문에 죽을 수도 없었다. 처음 사랑을 알았을 때, 고양이는 삶의 진실을 알고, 그 기쁨과 슬픔 속에서 생물의 숙명인 죽음을 직접 받아들일 수 있었다. 이 고양이처럼 인간도 또한 누군가를 진심으로 사랑하고 사랑받는 관계를 만들어 내도록 노력하여 세계와 깊이 연결되어 있는 어떤 관계를 만들어가는 행위가 요구된다. 죽지 않고 오래 산다고 해서 반드시 행복해지는 것은 아니다. 세계 속에서 타인과 생명을 공유하고 생명의 관계를 소중히 키워가는 곳에 삶의 진실, 삶의 기쁨이 있으며 이를 수용해야 죽음의 모습도 보인다.

138억 년의 우주 역사에서 약 40~38억 년 전 지구에 탄생한 것이 '생명'이라는 기적이다. 생명의 순환이 40억 년의 긴 세월에 걸쳐 현재까지 이어져 온 것으로, 우리의 삶이 세상에 존재하고 있다. 이러한 관점에서 보면 죽은 암고양이와의 사이에서 출생한 새끼 고양이들은 후세에 생명을 연결해주는 존재라고 할 수 있다. 그래서 이 고양이는 마침내 죽음을 안심하며 받아들일 수 있었다. 생명은 어린이의 형태만으로 순환되는 것은 아니다. 사회와 일상의 "연결"에서 나타나는 사랑과 열정, 끊임없는 노력으로 이루어진 활동·일·작품, 웃고 울며 함께해온 주변 사람들과의 마음의 교류 등…이러한 것들은 그 인간이 세상에서 떠난 후도 사라지는 것은 아니다. 그것은 생명력을 가지고 있어서 후세에 이어져 오랫동안 살아 존재한다. 이러한 생명과 함께 살아 있는 인간만이 진정으로 "불멸"의 이름에 어울리는 존재가 될 수 있다. 후에 다룰 구로사와 아키라黑澤明의 영화 〈살다〉의 주인공이 바로 여기에 해당될 것이다.

앞에서 말한 바와 같이, 말기 의료의 세계적 베스트셀러 엘리자베스 퀴블러-로스의 『죽음과 죽어감』(1971년)은 죽음에 임박한 인간 마음의 변화를 다섯 단계의 과정으로 분류했다. ①부인 "뭔가 잘못됐다", "인정할 수 없다"는 강렬한 거부 반응과 자폐, ②분노 "왜 자신이 죽어야하는가", "왜 저 사람이 아니고 나인가?!", ③거래 "○○를 하고 있으니깐 조금 기다려줘!" 무언가를 교환하려 의사나 신에게 호소, ④우울 "어차피 죽을 거야"라고 하는 비관과 절망, ⑤수용 "어쩔 수 없다."라고 최후에는 죽음을 운명으로 각오하고 지금까지의 삶을 조용히 돌아보며 수용하는 경지에 이른다는 것이다. 최후의 수용은 죽음을 이별과 포기라고 이해하는 일본인의 생사관에 접근한다.

『100만 번 산 고양이』의 작가 사노가 자신의 생사관으로 말하는 것이 이러한 "수용"이다. 암으로 입원한 친구가 "죽고 싶지 않아, 죽고 싶지 않다."라고 이성을 잃으며 오열하는 것을 보고 "저런 죽음은 흉하다."라고 말했던 사노의 아버지는 51세에 돌아가셨다. 죽음 직전 사노 등 4명의 자녀를 불러, 한 사람씩 오랫동안 바라보았다. 아이들은 그 시선을 견디지 못하고 아래를 바라보았다. 아버지는 머지않아 조용히 사망하였다. 암으로 입원한 친구인 여배우 기시다 교코岸田今日子는 끝까지 전혀 동요하지 않고, 조용히 자고, 싱글벙글 웃다가 그대로 죽었다. 사노는 그들의 침착하고 조용한 죽음을 "훌륭했다."라고 말했다(앞의 책, 『죽는 게 뭐라고』).

죽음 앞에서 부인이나 분노, 거래하는 태도를 갖는 것은 일본인에게는 별로 맞지 않는다. 일본인이라면 "억울" 또는 "수용" 중 하나이다. 사노의 생사관과 그의 아버지가 최후를 맞이한 방식은 수용으로 대표되는 일본 고유의 생사관에서 어느 쪽일까? 그것은 남성적인 생사관이라고 할 수 있다.

남성적 혹은 여성적인 생사관

대학 정기시험 때마다 학생들에게 자신이 생각하거나 직면한

〈죽음〉의 체험에 대해 서술하라고 한다. 시험 후 그다지 좋지 않은 예시로 다음과 같은 문장을 학생들에게 알려준 바 있다.

나는 죽음을 가까이 느낀 적이 두 번 있다. 한 번은 초등학교 시절 동네의 큰 강에서 물놀이하고 있었을 때, 깊은 곳에 발이 빠져 강물에 휩쓸려 떠내려갔다. 공포와 절망으로 온몸이 경직되었다. 깊은 곳에 빠졌을 때, 두 살 위의 형이 건져주었다. 형은 매우 과묵하고 성격도 정반대라서 결코 사이좋은 형제라고 할 수 없었다. 형은 스무 살 때 불행한 사고로 어이없게 돌아가셨다.

두 번째는 대학 졸업 후 어느 지방 도시에서 일하고 있던 때의 일이었다. 어느 날 아침, 사무실 난로에 쓰려고 주유소에 들러 플라스틱 통으로 등유를 샀다. 자동차 조수석에 플라스틱 통을 두고, 일 때문에 바쁘게 뛰어다녔다. 기름 냄새가 심하고, 눈도 따끔따끔했지만 겨울이어서 창문을 열지 않고 참았다. 저녁이 되어, 고층아파트의 9층에 있던 사무실에 돌아왔다. 동료가 플라스틱 통에서 스토브로 연료를 공급하기 시작했다. 그 순간 왠지 모르게 스토브 전체에 불이 붙었다. 실내에 있던 종이에 불이 붙어, 불길이 활활 타올랐다. 불이 벽과 커튼, 천장까지 옮겨붙었다. 서류를 작성하느라 몰두하고 있던 나를 제외한 모두가 당황해서 불을 끄고 있었다. 망연히 이것을 바라보고 있었을 때, 문득 옆을 보니 플라스틱 통 입구에서 푸른 불꽃이 작게 폿- 하며 10cm 정도 불길이 일었다.

바퀴 달린 의자에 앉은 채로 미끄러져 오른발을 뻗어 신고 있던 슬리퍼로 뚜껑을 닫았다. 등유라고 생각했던 것이 사실은 휘발유였다. 푸른 불꽃은 휘발유가 증발한 것에 불이 붙기 직전 상태였던 것이다. 주유소에 다시 거세게 항의했더니 등유 주문을 휘발유 주문으로 잘못 들었다고 했다. 알고 지내던 사이이기도 하여 더 이상 추궁하지는 않았다.

그러나 만약 그날 내가 차 안에서 담배에 불을 붙였다거나, 푸른 불꽃을 발견하지 못했거나, 뚜껑을 닫는 순간이 늦었다면 휘발유에 불이 붙어서 자동차는 폭발하고, 아파트는 맹렬한 불길에 휩싸이는 대참사가 발생했을 것이 틀림없다. 간발의 차로 살았다는 행운의 생각은 수십 년이 지난 지금도 여전하다. 만약 그랬다면 큰 불행과 비극을 초래하고 많은 사람을 죽게 한 가해자로서의 죽음을 맞이했을지도 모른다는 두려움이 앞선다. 나에게 〈죽음〉은 강물에 빠져 익사 직전의 상태에서 물을 많이 마시고 심한 공황 상태에 빠졌을 때 생각난 두려움과 절망이 아니다. 노랗게 더러워진 플라스틱 통에 피어난, 조용하고 투명하고 신비로운 아름다움을 가진 푸른 불꽃이다. 삶과 죽음은 종이 한 장 차이, 어느 쪽이든 같으며 큰 차이는 없다. 그날의 체험 이후 가슴에 오가는 것이 제2차 세계대전 전의 유행가 "메이지 일대 여자明治一代女"의 한 구절, "원망하든 안 하든 세상일이란 갖가지 모양의 불꽃을 닮은 생명이다. 모두 덧없는 거품"이다.

체험과 감상, 장난기 없는 나의 생사관은 죽음을 포기라는 개념으로 이해하는 일본적인 생사관의 전통 위에 있다고는 해도, 특히 여학생들에게는 인기나 공감을 얻을 수 없었다.

『100만 번 산 고양이』와 함께 강의에서 여학생의 공감을 얻은 것은 난치병과 싸우고 죽은 소녀의 일기, 키토 아야木藤亜也의 『1리터의 눈물(1986, 한국에서는 2006년에 발간)』이다. 이것도 200만 부를 넘는 베스트셀러로 영화(2005)에 이어, 드라마로도 방영(2005, 2007)되었다. 당시 젊은이들에게 절대적인 인기를 얻고 있었던 젊은 여배우가 주연했으며 삽입곡 "가랑눈粉雪(가루눈)"이 대 히트한 적이 있었다. 그래서 이 책의 내용은 남녀 대부분의 학생들이 알고 있었다. 이 책은 내 친구인 편집자(작고)가 기획·취재해 세상에 내놓은 것이었다.

『1리터의 눈물』의 저자는 15살에 전신의 운동기능을 상실하는 난치병 척수소뇌변성증이 발병했다. 마지막에는 손발이 자유롭게 움직이지 않은 채 쇠약한 상태에서 25세의 나이로 사망했다. 일기에는 "나는 무엇을 위해 살아가는가?"라는 질문으로 가득 차 있다. "나의 보람은 도대체 무엇일까? 살아있어 좋은 것인지? 나 같은 못생긴 사람이 이 세상에 살아있어도 좋을까? 죽을 생각을 하면 무섭다. 움직일 수 없는 사람은 쓸모없다. 그렇지만 살고 싶다. 나는 무엇을 위해 살아가고 있는 것일까? 하지만 지금을 열심히 사는 수밖에 없다. 미래를 상상하면 또 다른 눈물이 흐른다."

무엇인가 붙잡고 일어서도 계속 서 있을 수 없었던 저자는 화장실까지 기어갔다. 뒤에 인기척이 든다. 멈추고 뒤돌아보았다. 그러자 같은 모습으로 기어가는 어머니가 있었다. 아무 말도 하지 않고 바닥에 뚝뚝 눈물을 떨어뜨리면서. 이것을 보고 억누르고 있던 감정을 단숨에 분출하고 큰 소리로 울었다. 저자는 일기의 마지막에 "고마워요"라 쓰고 죽었다. 일기의 내용을 자세히 소개하고 시험을 출제했다. "나는 무엇을 위해 살고 있는가?"라고 슬픈 질문을 한 저자에게 당신은 어떤 말을 건넬 수 있느냐고.

<생명>의 공유

예상대로, 모녀의 애정을 몸소 느낀 여학생들은 우수한 답안이 많았다. 학생들은 강의에서 소개한 몽테뉴의 "삶의 유익함은 그 길이에 있는 것이 아니라 그 사용 방법에 있다. 장수는 했지만, 대부분 살아있지 않은 사람도 있다"를 인용해 대답했다. 생명의 가치는 단순히 수명의 장단만으로 결정되는 것은 아니다. 『1리터의 눈물』의 저자는 젊은 나이에 죽었지만, 간병하는 어머니와 주위 사람들의 넘치는 애정 속에서 살았다. 저자가 열심히 살아가는 것, 그 자체만으로도 어머니와 주위 사람들에게 큰 기쁨이 되었다. "고마워요"라는 감사의 말은 그녀가 불행 속에서 죽어간 것이 아니라는 것을 말하고 있다. 타인과의 관계 속에서 살고 죽어가는 존재로서의 인간이라는 생각을 말하는 훌륭한 답안이었다.

학생의 대부분은 저자의 절망과 함께한 물음에 자신 있게 대답할 수 없다고 하면서도, 내일이 보이지 않는 불치병 속에서 삶의 의미를 찾아 필사적으로 살아가는 저자의 마음에 다가가려고 했다. 청춘을 즐겨야 하는 나이에 다가오는 딸의 죽음에 절망하며 슬퍼하는 어머니의 사랑. 이 둘도 없는 생명과 생명의 깊은 연결, 그 가치를 언급하는 답안이 적지 않았다. 간호학부 여학생은 "이 모녀와 같은 생명의 깊은 관계를 한 번도 경험하지 않고 죽어가는 사람도 결코 적지 않을 것이라 생각하면 저자의 생애는 짧았지만 인간으로서 반드시 불행하다고 할 수 없다. 어머니와 의사·간호사들 사이에서 강하게 맺어진 사랑이 병에 지지 않고 열심히 살려고 노력한 것, 이것은 인간이 세상을 떠나도 사라지는 것이 아니라 사후에도 전해져 오랫동안 살아있다는 증거이다. 저자는 그것을 증명했다."라고 적었다.

개인의 존재소멸을 당연하게 수용하려는 일본 고유의 담백하고 남성적인 생사관은 개인적으로 바람직하다고 생각한다. 한편, 대부분의 여학생은 담백한 포기의 경지에서 모든 것이 물거품처럼 덧없다는 생각과 자기 연민에서 뒹구는 남성들보다 훨씬 더 확실한 생사관을 가지고 있는 것으로 보인다. 오늘날 초장수사회 "인생 100세 시대"에 어울리는 생사관이 있다면 자신의 삶과 죽음을 다른 사람들과의 관계 속에서 생각하는 생사관, 즉 상호관계적인 생사관이 아닐까?

특히 나이 든 인간은 사후 뒤처리를 포함한 일들을 혼자의 힘으로는 처리할 수 없게 된다. 자립한 상태에서 자신의 책임 하에 맞이하는 죽음은 칭찬받을 만하다. 그러나 누구나 가능하다고 할 수는 없을 것이다. 시대가 요구하는 것은 혼자서 완결하는 남성적인 생사관이 아니라, 타인과의 관계를 대전제로 둘도 없는 〈생명〉으로 열심히 살며, 타인의 〈생명〉과의 만남을 소중히 생각하는 생사관, 즉 여성적인 생사관이다.

Ⅱ. 제2차 세계대전 후 일본 기업사회가 가져온 것

1. 전후 일본 사회

현대사회의 갑갑함, 삶의 괴로움

일본 정부는 2018년 6월 "인생 100세 시대 구상회의(의장·아베 신조 총리)"에서 장수사회·저출산 고령사회를 대전제로 "인재육성혁명"의 기본 구상을 결정했다. 노인에 대해서는 인생 100세 시대에 충실하기 위해 재고용촉진을 비롯하여 평생현역으로 일할 수 있는 일자리 확보 등이 있다. 일하는 노인을 칭찬하는 평생현역과 정부가 제창하는 "1억 총활약사회", "평생현역사회의 실현" 등에서 보이듯이 인간에게 경제용어인 "생산성"을 아무렇지도 않게 사용하고 있다. 이러한 세태 속에는, 일본 정부는 뒷받침하는 것 하나 없더라도 노후에도 건강하게 움직이고, 돈 벌고, 일하는 것을 모색하는 것을 요구하는 것을 당연시하는 전후 일본 특유의 비즈니스 문명적 세계관인 "회사사회"적 가치관이 깊이 스며들어 있다고 할 수 있다.

한때 "회사인간", "기업전사", "맹렬사원" 또는 회사의 가축을 의미하는 "사축社畜"을 거쳐 최근에는 과로에 따른 "과로사, 과로 자살"이 사회문제이다. 정규·비정규직을 불문하고 전인격이 노동력으로만 치부되는 "전인격 노동"도 출현하고 있다. 전후 일본 국민은 기독교 전도자 바울이 한 말처럼 "일하려고 하지 않는 자는, 먹으려고 하지도 말라"(신약 데살로니가후서 3:10)를 의심 없이 충실하게 실천했다. 이것이 국민총생산GNP을 세계에서 2번째로 끌어올리고 미국과 대등한 경제대국으로 만든 동력이 되었다. 그러나 인생의 일부 수단에 지나지 않는 임금노동을 최고의 가치로 자리매김하고, 삶을 풍요롭게 해야 할 노동이 심신을 회복불능까지 피폐시켜 인격을 파괴시키는 주객전도와 부조리함을 간과해서는 안 된다.

한편 일본 사회에서 살아가는 것을 단념하고 노후에 필리핀이나 동남아 등 비선진국과 빈곤국으로 굳이 이주하는 "탈출노인"도 적지 않다고 본다(水谷竹秀,『脱出老人』; 瀬川正仁,『老いて男はアジアをめざす』등). 또한 나이 들어서 삶의 보람, 평생현역, 1억 총활약사회, 일하는 방식 개혁, 생산성 등 언제나 움직이고, 일하고, 돈 버는 것을 요구하는 일본 비즈니스 사회의 갑갑함과 답답함에서 탈출하고 싶어 한다.

노인들은 현지의 여성에게 속아 전 재산을 바치고, 무일푼으로 어쩔 수 없이 가난한 생활을 유지해나가기도 한다. 하지만 그럼에도 불구하고 정년으로 회사를 그만둔 후 아무것도 하지 않고 집에서 은둔형 외톨이로 주위의 만남이나 교류 기회도 없이 TV를 볼 수밖에 없는 일본보다 "갈 곳이 있다", "마음이 편하다."라고 말하며 그대로 살아간다. 독거노인에게 많은 "고립사", "무연사"나 국민기초생활보장 수급자 기준에 해당할 정도의 생활자나 그러한 우려가 있는 노인을 가리키는 "하류노인"의 급증 등, 노인들에게 현대 일본은 반드시 살기 좋은 사회라고는 말할 수 없다. 일본은 메이지유신 이후 근대화의 이름으로 많은 것이 "일회용"으로 되어왔다. 그중에 하나가 바로 노인이다. 더 이상 노인은 존경받는 존재가 아니게 되었다. "시대에 뒤떨어진 낡은 짐"에 지나지 않는다.

일본의 근대라고 하는 경제사회·경쟁사회는 일하는 사람들에게 항상 강한 긴장을 강요한다. 특히 과잉적응해버리는 유형의 사람에게는 일본 사회가 답답하게 느껴지는 경우가 많다. 근대화라는 파도에 휩쓸려 뭔가에 쫓기며 악착같이 살아가는 내 인생은 무엇인가, 하고 공허하게 느낀다. 일본의 노인들은 사람들이 "자연과 함께 자연의 일부로 살아 있다"는 태국과 캄보디아 등을 갈망하여 이주한다. 고도로 자본주의화된 일본의 근대사회는 국민들에게 "경쟁"하는 것만 가르쳐온 "경쟁의 문명사회"이며, 어른들도 아이들도 다른 사람에게 마음을 열려고 하지 않는다.

> 도쿄에 돌아올 때마다 체험하는 것은 도시에서 조용히 진행되고 있는 일종의 죽음 감각이다. 도로는 낮은 무기질의 자동차 주행소리로 가득하고, 사람으로 가득함에도 불구하고 "생명의 기운"을 거의 느낄 수 없다. 생명이 내는 소리나 냄새가 부족한 것이다(瀬川正仁, 『老いて男はアジアをめざす』).

나이 들어 아시아를 목표로 하는 일본 노인은 전체적으로 봤을 때 극히 예외적으로 특별한 경우일 것이다. 그러나 그들이 일본의 노인 특히, 남자들이 놓여있는 현실의 한 단면을 보여주는 것만은 틀림없다. [Ⅲ-1. 서양 근대의 〈독〉과 〈어둠〉]에서 나타나듯이 그들은 일본의 근대화는 서구화가 가져온 〈독〉과 〈어둠〉의 탈주자로 봐야 할 것이다. 괴테가 1828년 3월 12일에 에커만에게 한 말은 그들의 마음을 대변한다. "우리 나이 든 유럽인은 무엇을 해도 행복하지 않다. 우리의 상태는 너무 인공적으로 복잡하다. 우리의 음식과 생활방식은 진정한 의미에서 자연스러움이 없고, 우리의 인간교제는 참된 애정도 선의도 없이 끝난다. 너도 나도 세련되고 정중하지만 누구 한 사람으로서 용기 있게 온기와 성실을 드러내려고도 하지 않는다. 그래서 소박한 성품과 심정을 가진 정직한 사람은 참으로 딜레마에 놓여 있다. 단 한번이라도 거짓 없는 인간다운 생활을 순수하게 맛보고 싶다고, 남양南洋의 섬 근처에서 이른바 야만인으로라도 태어나고 싶다고 생각하는 일이 자주 있다(요한 패터 에커만, 장희창 옮김, 『괴테와의 대화』, 민음사, 2008).ˮ

안으로 향하는 역학, 회사인간

정책적·제도적으로도 장수사회와 "인생 100세 시대" 혹은 서구적인 "성숙사회화"에 적합한 현실적인 노인 대책·사회 시스템을 구축해나가는 것은 당연하다. 하지만 개별 노인의 사적 영역에서는 특히 노년기에 어울리는 삶과 철학이 요구된다. 그 중에서도 나이 든 사람이 일 이외에 순수하게 살아가는 것 자체를 즐기고, 여유를 주체하지 못해 단순히 그냥 "죽음으로 향하는 존재"로서가 아니라, 남은 삶을 연소시켜 충실하게 살아가기 위한 방식과 철학은 어떠해야 하는 것인지를 질문해야 한다. 이를 위해서는 먼저 현대 일본 사회를 이해할 필요가 있다.

태평양 전쟁 말기의 1945년 8월 10일, 필리핀 레이테 섬에서 미군의 포로가 된 작가 오오카 쇼헤이大岡昇平(1907~1988)는 수용소에서 일본의 패전(포츠담 선언 수락)을 들었다.

조국이 전쟁에서 패한 것이다. 위대한 메이지明治의 선인들의 업적을 삼대째가 망쳐버렸다. 분노가 치밀어 오르는 것을 억제할 수 없었다. 역사에 문외한인 나는 문화의 번영은 국가에 수반한다고 생각한다. 일본에 더 이상 이러한 미치광이들이 없고 모두가 합리적으로 변하기를 바란다면 민주적이 되는 것일까? 우리들은 무슨 일이 있을 때마다 작고 또 작아질 것이다. 위대하고, 호화롭고, 숭고하다 등의 형용사는 우리와는 인연이 없어질 것이다. 군대에 소집됐을 때, 살아 돌아갈 수 없다고 각오했다. 어리석은 군인이 이끄는 일본이 승리할 수 없다고 생각했기 때문이다. 패전한 일본은 오래 살 수 있는 기준에 미치지 못한다고 생각했다. 그러나 수용소에서 패전을 들었을 때 두 눈에서 눈물이 쏟아졌다. 뺨을 타고 흐르는 눈물을 닦지 않고 내버려둔 채로, 패전 후의 조국 일본의 장래를 생각했다. 그리고 전후 일본은 무슨 일이 있을 때마다 작고 또 작아질 것이라고 생각했다(오오카 쇼헤이, 허호 옮김, 「8월 10일」, 『포로기』, 문학동네, 2010).

그런데 현실은 오오카의 예상과 크게 달랐다. 전후 일본의 국력과 인구는 확대와 팽창이 계속되었다. 숭고함이나 위대함, 호화로움뿐만 아니라 미국에 이어 세계에서 두 번째로 큰 경제대국이 탄생해 세계를 놀라게 했다. 오오카의 예상은 다행인지 불행인지 빗나갔다고 생각했다. 그러나 반세기를 지난 뒤에 훌륭하게 적중했다. 2008년을 정점으로 극단적으로 인구가 감소함으로써, 일본은 축소화 경향을 보이며 갈수록 작아지고 있다.

일본·프랑스회관의 프랑스학장을 맡은 적도 있는 프랑스 지리학자 오규스탄 베르크Ogisutan Berk는, "일본에는 내부로 향하는 전개라는 것이 있고, 그 논리가 일본의 모든 공간성에 각인을 남기고 있다."라고 말한다. 일본이라는 나라는 크게 확대하는 방향으로 이끄는 것은 아니다. 항상 내부로 작게 하나로 뭉치려고 한다는 것이다. 한국의 초대 문화부장관을 역임했던 이어령은 『축소지향의 일본인』(1982)에서 이것을 "축소지향"이라고 단적으로 표현했다. 베르크

는 말한다. "일본은 잠재적인 영역확대능력을 내부로 향하는 역학에 발휘해 온 것으로 보인다. 기술을 구사하여 더 넓은 공간을 사용할 수 있음에도 불구하고, 일반적으로 집약이 확대를 능가한 것이다. 뿐만 아니라 도쿠가와 이에야스德川家康 시대 이전에 이미 해양제국이 될 수 있는 잠재력이 있었는데도 육상국가로 남는 역사적인 선택을 했다"(『風土の日本-自然と文化の通態』, 篠田勝英 訳, 筑摩書房, 1988). 세계의 바다를 항해·모험한다고 하는 해양국가론 등은 현재는 어찌되었든 과거 일본에서는 성립의 여지가 없었다. 기껏해야 "연안국가" 또는 "해안국가"라고 하는 것이 맞을 것이다.

일본의 내부를 지향하는 역학이 이른바 쇄국이라는 "내향외교"를 현실화하고, 그 결과 국내외의 전쟁에 종지부를 찍고, 평화로운 에도시대를 출현시켰다. 한편, 전후 일본의 기업국가 혹은 기업사회는 내부 지향에 작게 짜 맞춰진 에도시대에 뿌리를 두고 있다. 일본경영역사연구자인 도쿄대 명예교수 나카가와 게이치로中川敬一郎는 이렇게 지적한다. "전후 일본의 회사인간은 에도시대의 병농분리에서 시작된다. 병농분리를 계기로 과도하게 회사에 종속, 의존하는 회사인간을 만들어내는 시스템이 형성되었다. 국민총생산GNP이 세계 두 번째에 달하고 경제발전이 급등하면서 고도성장기로 뛰어오른 1970년 전후부터 일본의 샐러리맨이 회사인간화 되어버렸다. 따라서 민주주의의 기초가 되는 "건전한 시민의식"은 형성되지 않고, "자유로운 시민사회정치"의 존재도 없다."

시민사회 형성의 실패

나카가와가 보는 바에 따르면 전후 일본에 시민사회가 형성되지 않는 것은 회사주의에 원인이 있었다. 일본의 경우 산업사회의 조직화가 잘못된 방향으로 추진되면 시민적 자유가 숨쉬지 못할 가능성이 있다. 즉 일반적으로 기업이 대규모화되고 사회성이 확대됨에 따라 기업을 둘러싼 이해집단의 조절이 중요한 과제가 되었다. 그러나 그 중에서도 기업에게 가장 중요한 일상적인 관심사는 기업과 직원간의 관계이다. 이러한 관계의 안정화를 도모하기 위해 기업은 직원에 대한 복리시설을 확대함으로써 직원의 생활을 24시간 내내 기업 안에 가두려고 한다. 어쨌든 그러한 메트로 코퍼레이션Metro Corporation의 확대와 함께 근로계급의 회사의식은 점점 강해지고, 시민의식은 점점 약해져 간다. 그리고 그것은 당연히 자유기업체제의 기반인 시민적 사회질서의 붕괴를 낳을 것이다. 따라서 오늘날의 대기업은 스스로 무덤을 파고 있다고 해도 좋을 것이다.

그래서 나카가와는 이렇게 결론 내린다. 결국 회사원은 점점 비대해지고 시민은 점점 약화되어 건전한 시민의식이 없는 곳에, 자유로운 시민사회 정치는 있을 수 없다. 일본의 정치가 언제까지나 뒤떨어지는 것은 그러한 메트로 코퍼레이션 체제, 흔히 말하면 회사주의의 잘못이 아닐까?(中川敬一郎·由井常彦 編, 『経営哲学·経営理念(昭和編)』, 財界人思想全集 第二卷, ダイヤモンド社, 1970)

일본 특유의 회사주의에서 기업은 작은 국가가 되고, 외부의 시민사회에 대해 완전히 관심을 잃게 되어 시민의식이 붕괴된다. 다른 나라에서 일본주식회사라고 야유하는 전후 일본 사회의 대기업 체제, 또는 회사주의의 색으로 물든 1억 국민의 샐러리맨화 과정을 나카가와는 다음과 같이 분석하고 있다. 일본적 경영의 특징으로 지적되는 종신고용제, 品議稟議(웃어른 또는 상사에게 글이나 말로 여쭈어 의논함) 제도, 일본주식회사 등은 "통합력=통합의 좋은 점"이라는 작용의 산물이다. 이것을 가능하게 하는 조건은 첫째로 국민문화의 동질성, 둘째로 좁은 국토가 산업혁명 이전에 전국적인 교통·통신망으로 묶여 있었던 것이다. 이것이 일본의 기업가들에게 전국적인 시야를 갖게 했다. 그 결과 일본기업들의 활동이 일찍부터 반反지역

중심주의적, 전국지향적nation bound이 되어, 일본의 경제활동이 전반적으로 통합의 장점을 누려 왔다.

나카가와의 주장을 정리하면, 사무라이(무사)를 〈토지〉에서 분리해 성城 아래=도시에 이주시킨 도쿠가와 시대의 병농분리정책이 노동자의 도시집중을 초래했다. 그 결과 일본 사회에 지역중심주의parochialism를 형성하게 했다. 동시에 사무라이를 샐러리맨화 시켜 그 자율성을 빼앗는 결과를 가져왔다. 이는 오늘날 사회 전반에 걸친 회사주의, 대기업 체제의 연원이 되었다. 근대 일본의 산업사회가 통합성을 크게 높인 결과로 지역중심주의의 성립은 억제되었다. 일본 사회가 중앙 집중화하고 회사주의, 기업국가의 양상을 띠었기 때문에 건전한 시민사회는 형성되지 않았다. 일본인은 사생활에서도 회사에 속박된다. 회사가 전부가 되어버렸다. 일본인이 시민으로 자립하지 않는 것은 회사에 대한 과도한 의존이 원인이다.

1960년 전후에 미국으로 건너간 나카가와가 강한 인상을 받은 것은 회사와 개인의 삶을 구별하는 미국인의 태도였다. 그들은 일본의 회사인간들과는 달리 개인의 생활에서는 회사에 종속도 의존도 하지 않는 "하나의 개인"으로 자립하고 있었다.

나는 수십 년 전 뉴욕에 있는 한 기업의 업무부장 A씨의 집에 묵게 되었다. 다음날은 일요일이라, 그 집의 가족과 함께 가까운 교회의 아침예배에 초대되었다. 목사의 설교가 끝난 후 청중 중에서 한 명의 중년 남자가 앞으로 나와 성경에 대한 강의를 시작했다. A씨는 맨 앞에 앉아 열심히 귀를 기울이며 필기했다. 후에 저 사람은 누구냐고 묻자 근처에 살고 있는 우리 회사의 창고계장이라고 대답했다. 나는 그 순간, 아, 역시 시민 사회구나라고 느꼈다. 적어도 A씨의 태도에는 강의를 하고 있는 사람이 그의 부하직원이라는 느낌이 전혀 없었다. 즉 회사에서 두 사람의 관계와는 완전히 별개로 지역사회(커뮤니티)에서 한 명의 시민과의 관계가 성립되고 있다. 일본의 경우에는 아마 그럴 수 없을 것이다. 회사에서 상사와 부하는 집에 돌아가도 역시 상사와 부하이기에 한 명의 시민으로서 완전히 대등하게 교제하기 쉽지 않을 것이다. 즉 일본 사회는 시민사회 질서의 기반인 커뮤니티가 존재하지 않기 때문에 풍부한 시민생활이 없다. 따라서 사람들은 점점 더 회사원이 될 수밖에 없다(中川敬一郎・由井常彦 編,『経営哲学・経営理念(昭和編)』, 財界人思想全集 第二巻, ダイヤモンド社, 1970).

21세기인 오늘날에도 일본에서는 이런 장면을 볼 수도 상상할 수도 없다. 회사 사장은 회사를 떠나서 시민적 생활 장소에 있더라도, 부하직원을 대하는 미국의 A씨처럼 할 수 없다고 단언할 수 있다. 회사사회, 샐러리맨사회를 전후 일본은 자명한 것으로 여기고, 거기에 맞춘 사회와 마을을 만들어 왔다. 오늘의 일본 사회에는 회사 이외의 커뮤니티라는 것이 거의 존재하지 않는다. 그 파편조차도 없다. 직장인들이 정년퇴직을 하거나 정리해고되어 회사를 떠나 회사 직함이 없는 한 개인으로서 사회에 발을 내디딘 순간, "끝난 사람"화되어 아연실색하고, 처음으로 이것을 절실히 실감하는 구조로 되어 있다.

전후 일본에는 시민의식도 시민사회도 아직 형성되어 있지 않다. 1970년에 나카가와는 이렇게 지적했지만, 오늘의 일본 사회를 돌아보아도 당시와 거의 변함이 없다. 전후 일본의 회사주의의 출현은 조직에 과잉의존하는 회사원의 수를 증대시켰으며, 이로 인해 발생한 것이 시민사회의 형성 실패와 "건전한 시민의식"의 부족이라는 것은 의심할 여지가 없다.

2. 회사인간의 불행과 비극

집단화를 좋아하는 개인주의

일반적으로 일본 사회 · 일본인은 "집단주의"라고 한다. 그러나 미시마 유키오三島由紀夫와 함께 몇 차례 노벨상 후보로 거론된 국제적인 작가 아베 코보安部公房(1924~1993)의 견해는 크게 다르다. 아베는 1925년, 한 살 때부터 중국 만주에서 살다가 1945년 일본 패전 이후에 귀국했다. 일본과는 풍토 · 문화가 전혀 다른 만주에서 살았기 때문에 "물건을 겉으로 보며 상대화하는 습성", "일본을 외부에서 상대화하는 습관"이 생기게 되었다. 아베는 일본인의 정신 깊은 곳에는 나쁜 개인주의가 있다고 본다. 중국인과 비교하면 일본인의 연대감은 희박하다. 일본인은 기본적으로 개인주의자이다. 그 원흉이야말로 무사문화라고 아베는 다음과 같이 말하고 있다.

일본인의 특징은 집단주의가 아니라 개인주의에 있다. 에도시대에 만들어진 문화적인 세련미가 상상 이상으로 높았고, 이제 민족적인 상像을 맺는 것을 매우 곤란해하고 있다. 일본에서 개

인이 지나치게 확립된 것은 무사문화에 의해 개인 상호가 냉랭하고, 개인이 일정한 거리를 유지하고 있는 데에 원인이 있다. 일본인은 원래 제각각이어서, 좀처럼 다른 사람과 함께할 수가 없었다. 일본인은 개인으로서 고독하다. 그 반동으로 군중이 되었을 때 비정상적인 군중심리가 나온다. 일본인은 본래 고독을 강하게 의식하고 살아왔기 때문에 배제되는 것을 두려워한다. 그래서 집단적으로 행동하길 원한다. 무사문화는 일본인에게 "악한 개인주의"의 기반이 된 원흉이다(安部公房 / ドナルド・キーン, 『反劇的人間』, 中公新書, 1973).

무사는 적과 싸워 이기는 것을 목적으로 한다. 봉급은 번주藩主(영주 또는 제후)로부터 받기 때문에 남에게 의지하거나 도움을 요청할 필요도 없다. 가족은 다른 사람과는 무관하게 생계를 영위하고 있다. 무사는 "독립독단"이 생활의 기본자세이다. 일본인의 개인주의는 무사문화와 공존관계에 있던 선불교 등의 종교적 개인주의하에 조성되어왔다. 근대 초기에 일본이 동양에서 유일하게 서양문화를 급속히 받아들여 성공한 배경에는 서양과 유사한 개인주의가 존재했다는 것도 있다.

예를 들어 몇 년 전이지만 아이치 대학의 B교수들과 한국 서울 변두리에서 저녁식사를 하기 위하여 식당을 찾을 때 국제기독대학의 K교수와 거리에서 우연히 조우했다. 교수는 매우 기뻐하면서 말했다. "아, 잘됐다. 오늘은 혼자 밥을 안 먹어도 되니까!" 몇 번이나 한국을 방문하여 한국문화에 능통한 K교수에 따르면, 한국에서 식사는 두 사람 이상이 하는 것이 보통이며, 혼자서 식사하는 것은 주변에서 싫어하는 사람이거나 괴짜로 간주되기 때문에 혼자 식사하는 것을 피하고 싶었다고 한다. 도쿄대학에서 이학박사학위를 취득해 호세이法政 대학에서 강의하고 있는 박종현 씨는『한국 사람을 사랑할 수 있습니까?』(講談社, 2008)를 읽고, 다음과 같이 K교수의 이야기를 뒷받침하였다.

식사 때 한국인은 두 명 이상을 기본으로 하는 반면, 일본인은 혼자 하는 식사를 좋아한다. 그 이유는 한국과 일본의 비즈니스 습관 차이에서 나타난다. 일본인은 회사에서 일에만 몰두하고, 극단적으로 프라이버시를 배제한다. 마치 "출전하는 병사"와 같은 기분으로 긴장하면서 사업을 하고, 동료와 고객을 접대한다. 따라서 휴식의 시간이 필요하고, 누구에게도 방해받고 싶지 않은 혼자만의 시간을 소중하게 생각한다. 식사시간 정도는 혼자서 여유를 누리고 싶은 것이다. 인간관계에 긴장하는 일본인은 혼자 놀기를 좋아하는 반면, 한국인은 긴장하지 않는 인간관계에서 다른 친구와 놀기를 좋아한다. 일본에서는 무사가 지배계급으로서 존중되는 반면, 한국에서는 학문을 추구하는 사람들이 지배층이 되어 선비로서 대대로 존경받아 왔다. 일본의 긴장사회는 일본이 오랫동안 무사국가였던 것이 원인이라고 생각한다. 서로 빈틈을 보이지 않으려고 긴장하며 일을 한다. 이 때문에 식사시간은 직장동료와 떨어져서 여유를 즐기면서 식사하고 싶기 때문에 한국과는 달리 일본은 혼자 식사를 선호하는 것이라고 한다.

그러고 보면, 고도 경제성장기의 한가운데인 1982년에 대 히트한 이와사키 히로미岩崎宏美가 부른 일본가창 대상곡인 "성모들의 자장가"(작사 · 야마가와 게이스케)에서 "이 도시(마을)는 전장이니까 · 남자는 모두 상처를 입은 전사"가 떠오른다. 일본의 샐러리맨은 지금도 출전하는 병사처럼 모두 엄숙한 표정으로 아침에 회사로 출근한다. 동아시아 세계에서 일본의 두드러진 특징은 신화시대부터 무사문화가 사회를 지배하고 있다는 것이다.

『기기』(記紀, 『고사기古事記』와 『일본서기日本書紀』의 총칭-역자 주)에서는 '베다, 죽이다, 칼, 피' 등의 단어가 자주 등장한다. 이자나기와 이자나미는 하늘에 떠 있는 다리(천부교)에 서서 구슬장식을 한 창으로 바다를 휘저어서 대지와 일본 열도의 섬을 만들었다. 창은 제기祭器 용이라 하더라도 틀림없이 무기의 일종이다. 국토의 창조(건국신화)가 무기를 사용하여 이루어졌다.

건국신화의 신 이자나기가 십권검十拳劍으로 자기 자식을 찔러 죽였고, 그 검에서 뚝뚝 떨어지는 피에서 새로운 신들이 잇달아 탄생했다. 남편인 츄아이仲哀 천황(제14대)과 함께 쿠마소熊襲를 정복하러 간 신공神功 황후는 천황이 급사하자 오신応神 천황(제15대)을 임신한 상태로 신라 정벌에 나선다. 임산부가 큰 배를 끌어안고 남편을 대신하여 전투를 지휘하였다. 고대로부터 일본은 무사정신, 무력 숭배, 무사존경의 사회적 경향이 있었고, 그것은 지금도 계속되고 있다.

메이지 초기인 1875년에 출판된 시마무라 고島村泰의『立會就産考·上』에 따르면 무사(사무라이족)의 성격은 서로 협력하고 결합하는 것을 싫어하고, 서로 적으로 대하며 승패를 두고 경쟁하고, 서로 신뢰하고 협력하기를 원하지 않으며, 반드시 독립적, 독단적으로 이익을 얻고, 그 이외에는 과시하지 않으려는 경향이 있다고 한다. 일본인의 개인주의적 경향은 헤이안·가마쿠라시대의 중세 전쟁에서 지금까지 계속된 무사정신에 기원한다. 일본인은 널리 알려져 있는 것처럼 집단주의적인 민족이 아니다. 개인주의적이기 때문에 고독과 외로움에서 벗어나기 위해 여러 집단 속으로 들어가기를 원하는 것이다. 그것이 회사에 과잉 투영되어 이른바 "하나의 회사에서 열심히" 하는 회사인간을 낳았다.

노동에 의한 속박

전후 일본인들은 마치 "일하지 않는 자 먹지도 말라"를 금과옥조金科玉條로 삼은 것처럼 일하며 살아왔다. 이 말에 더해 살아가는 보람으로서 노동(일)이라고 하는 것이 일본인의 기본적인 노동관이다. 전후 일본은 어디까지나 회사가 중심인 회사사회, 기업사회를 형성해왔다.

경제를 우선시하며 이익에만 매달리는 경제체제의 운영과 유지에 기울어진 일본 사회를 조롱하는 "일본주식회사"라는 말이 사용된 적도 있다. 또는 1970년 전후 세계에서 유명해진 "일본인=경제적 동물economic animal"이라는 말은 경제적 이익을 추구하는 동물이라는 뜻으로, 국제사회에서 일본의 타산적이고 이기적인 태도를 강렬하게 풍자했다. "회사인간·기업전사·맹렬사원"이라는 말도 한때 유행했다. 회사에 대한 충성심이 비정상적으로 높다. 기업이익에 기여한다. 회사생활은 전부이다. 자신이나 가정 등을 희생시키는 것도 마다하지 않는다. 이와 같이 회사·일이 한결같아서 다른 취미도 없는 회사인간을 지칭하는 말은 고도 경제성장기에 특히나 많이 사용되었다. "회사+가축"에서 유래한 신조어로 회사에 길들어져 버려 양심을 포기하고 노예화된 직장인을 야유한 "사축社畜"이라는 말도 유행했다.

최근에는 "전인격 노동"이라는 말이 이것을 대신했다. 미국의 신자유주의(시장원리주의, 경제효율우선주의)이래로 불황으로 인한 구조조정 추진에 따른 불안감과 성과주의·장시간 노동이나 서비스 잔업 등으로 인해 노동자의 전체 삶과 전인격이 노동과 관련되어 버렸다. 그 결과 정신질환을 앓는 사람들이 증가하고 있다고 한다. 한 직장인 여성은 대학 졸업 후 수십 대 일의 경쟁을 뚫고 대기업에 입사했다. 그리고는 항상 자정까지 야근하는 등, 회사와 집만 오가며 일에 몰두했다. 수십 년 동안 소처럼 일했다. 어느 날 아침에 일어났더니 얼굴신경이 마비되어 있었다. 눈이 감기지 않는 귀신 같은 형상이었다. 말하려고 해도 목소리가 나오지 않았다. 물도 밥도 먹을 수 없다. 병원에서 스트레스와 과로가 원인이라며 한 달 입원했다. 그것을 시작으로 다른 병이 차례로 왔다(『AERA』, 2016년 2월 15일호). 삶의 일부이자 수단이어야 할 노동이 인간성을 파괴한다. 또는 일에 쓸모없다거나 무용지물이라는 낙인이 찍혀 치열한 자기부정과 자기혐오가 엄습한다고 하는 강박증이 있다. 전후 일본은 여전히 회사사회다. 전혀 변화가 없다.

이러한 회사사회, 혹은 노동지상주의의 악폐는 세간의 주목을 끄는 사회적 사건을 일으켰다. 세계적인 대기업 광고회사 덴츠電通에 다니던 도쿄대학 출신 신입사원의 자살이 그것이다. 그 여성(당시 24세)은 장시간의 과중한 노동(잔업 월 105시간)으로 인해 투신자살하였다(2015년 12월). 이 자살 사건은 크게 보도되었으며, 국회에서 다루어지는 등 사회문제화되었다. 당시 사원에게 장시간 노동을 강요하는 것으로 비판의 대상이 된 것 중에 하나는 제4대 사장 요시다 히데오吉田秀雄가 직원용으로 1951년에 쓴 사훈 〈악마 10법칙〉이었다. 여성사원 투신자살 이후 덴츠는 이것을 자살의 원인으로 보고 직원수첩에서 없앴다.

덴츠의 〈악마 10법칙〉은 예전부터 널리 알려져 있었다. 이에 감동한 사장이 직원조례 및 사원총회 등에서 복창하는 회사도 있었으며, 극찬하는 책이 몇 권이나 출판될 정도였다. 좋든 나쁘든 여기에는 전후 일본의 샐러리맨에게 요구되는 가치관·직업관이 응축되어 있다. 일본 사회에서 성공하는 회사인간의 에토스ethos(정신자세) 또는 파토스pathos(정념·열정)가 보인다고 해도 좋다.

덴츠 〈악마 10법칙〉

① 일은 자신이 만드는 것이지, 주어지는 것이 아니다.

② 일을 함에 있어서 수동적이면 안 된다.

③ 큰 일을 맡아라. 작은 일은 자신을 초라하게 만든다.

④ 어려운 일을 노려라. 그것을 성취했을 때 진보가 있다.

⑤ 일을 붙잡았으면 목적을 완수할 때까지 놓지 마라. 죽어도 놓지 마라.

⑥ 주변을 자신에게 휘말리게 하라. 휘두르는 것과 휘말리는 것은 하늘과 땅 차이다.

⑦ 계획을 가져라. 장기적인 계획이 있다면 인내하고 궁리하라. 그리하면 올바른 노력과 희망이 뒤따른다.

⑧ 자신을 가져라. 자신이 없으면 자신의 일에 박력도 끈기도 깊이도

없게 된다.

⑨ 머리는 항상 회전시키고, 사방팔방으로 생각을 뻗게 하라. 1분의 틈

도 보이지 마라. 서비스란 그런 것이다.

⑩ 마찰을 두려워 마라. 마찰은 진보의 어머니이며, 적극적인 비료이

다. 마찰을 두려워하면 비굴하고 미련해진다.

내용은 특별히 문제없다. 좋은 말도 있다. 직원 수첩에서 이를 제거한 것에 대해 반대 의견도 나왔다고 전해진다. 다만 여기서 고취된 정신의 에너지가 절대적으로 일, 그것도 우리 회사업무 한정으로 묶는 부분에 문제가 있다. 일본 사회에는 일을 열심히 하는 회사 인간 또는 자기도취에 출세욕망을 가진 인간만이 있다.

지상적인 성공에 대한 과잉 평가

일본의 회사사회, 노동지상주의사회에서는 회사 이외의 세계에서도 회사 이름이나 직함이 중시된다. 그것이 일본인에게는 자신감과 자존심의 최대 기반을 이룬다. 일본의 유급휴가 비율은 세계 최

하위 수준에 있다. 실제로 유급휴가에 대해서 일본인은 죄책감을 느끼고 동시에 유급휴가를 신청하면 "일에 의욕이 없다"며, 게으른 직원으로 평가받는다는 불안과 두려움이 생긴다. 이러한 일본식 기업사회에서는 "어떻게 살 것인가?"라는 질문은 존재가치가 없다. "어느 대학, 어느 회사에 들어갔는가?", "무엇을 성사시켰는가?", "얼마나 진급했는가?", "연봉이 얼마인가?"라는 평가·업적가치만이 엄중하다. 이러한 세계에서는 평가·업적가치의 인간유형human doing이 항상 "어떻게 살고 있는가?"를 묻는 존재 가치의 인간유형 human being을 능가하여 구축된다.

한편, 이러한 human doing형 인간의 절망과 재생을 그려낸 것이 우치다테 마키코의 소설 『끝난 사람』이었다. 노동에서 해방된 회사 정년은 "생전 장례식"이나 다름없어 인간을 끝난 사람 즉, "사회적으로 죽은 자"로 만들어 버린다. 주인공은 회사에서 유능하고 유용한 인간으로 보이기 위해 모든 에너지를 쏟아왔지만, 정년으로 회사를 그만두고 비로소 사회에도 가정에도 어디에도 있을 곳이 없다는 것을 깨닫고 아연실색한다. 끝난 사람은 폴란드 출신의 사회학자 지그문트 바우만(1925~2017)이 말한 "폐기된 사람wasted humans"과 거의 같은 맥락이다. 경제활동에 도움이 되지 않는 비생산적인 인

간은 쓸모없는 존재로 사회에서 배제되어 갈 곳을 잃는다(『쓰레기가

되는 삶들』, 정일준 옮김, 새물결, 2008, 원저는 2004년에 출간).

평론가 요시타케 데루코吉武輝子(1931~2012)는 자기 아버지가 메이

지시대에 태어난 대도시 은행의 지점장으로, 가정을 아내에게 맡

기고 완전한 회사인간으로서 회사에서의 출세가 곧 인생의 성공이

라는 생각의 실천자이자 평가·업적가치 인간유형의 전형이었다고

비참하게 인식하였다. 대출을 부탁하러 울면서 현관에서 무릎 꿇는

사람을 문 앞에서 거만하게 내려다보며 되돌려 보낸다. 추석·연말

에는 다다미방이 꽉 차서 들어갈 곳이 없을 정도의 엄청난 양의 선

물이 쌓였고, 높이 30cm 정도의 연하장이 약 10개 정도 되어 객실

테이블 옆에 쌓아서 새해에 방문한 손님에게 보여주며 자랑했다.

정년퇴직 후 관련 회사에 중역으로 재취직했는데, 그러자 추석·연

말선물·연하장이 1/10 이하로 줄어든 것을 보고 크게 충격 받아

자신감을 상실하고 집에 틀어박혀 버렸다.

자신을 하찮은 존재로 여겨버린 아버지는 가족과도 눈을 맞추

지 못했으며, 낮에도 커튼을 치거나 조금이라도 어두워진다고

느끼면 자기 방 한구석에서 무릎을 안고 쭈그려 앉아 있거나

한 발짝도 방 밖으로 나오려 하지 않게 되어버렸다. 아버지가 점점 우울증이 심해지면서 마치 새끼 고양이처럼 내 뒤를 따라다니게 되었다. 화장실에 들어가면 화장실까지 따라오고…. 끝내는 함께 죽어줘라고 하면서 내 목을 졸라왔다(吉武輝子,『夫と妻の定年人生学』, 集英社, 2005).

아버지는 정년 후 1년째인 56세에 식칼로 자기 목을 찔러 자살했다. 과거 고도 경제 성장기에 회사인간인 남편이 정년 후에 할 일도 취미도 없고, 친구도 없기 때문에 가정이나 외출 시 아내를 졸졸 따라다니는 "젖은 낙엽 증후군", "젖은 낙엽족"이라는 말이 유행한 적이 있었지만, 요시타케의 아버지 등과 같이 극단적인 경우는 병적이라고 느끼지 않을 수 없다.

유사한 "human doing형" 인간의 절망과 비극을 다룬 것으로 톨스토이의 유명한 소설 「이반 일리치의 죽음」(1886)이 있다. 사법관료인 이반 일리치가 세운 인생목표는 사회에서 평가되는 온갖 영예로서 관리세계에서의 출세, 높은 지위와 명예, 높은 소득, 아름다운 아내, 유명인사, 유력자들과의 교제, 쾌적한 생활의 향유를 손에 넣는 것으로, 이것들을 모두 달성하고 획득할 수 있었다. 그런데 어느 날 사다리에서 발을 헛디뎌 옆구리를 크게 다치게 되면서 죽음을 맞이할 각오를 하지 않을 수 없게 되어버린다.

죽음에 대한 두려움과 육체의 고통 속에서 이반 일리치의 마음에 문득 다음과 같은 생각이 떠올랐다. "만약 나의 생활이, 의식적 생활이, 정말 완전히 잘못된 것이라면 어떻게 될까?", "지금까지 살아온 생활이 계명에 어긋난 잘못된 것이 아닐까라는 의문이 생겼다. 일도, 삶의 영위도, 가정도, 사교와 일의 흥미도 모두 잘못된 것일지도 모른다", "자신의 삶을 형성하고 있던 모든 것들이 전부 잘못되었으며 생사를 뒤덮는 무서운 기만임을 명확하게 간파했다. 이 의식이 그의 육체에 고통을 10배로 가했다. 그는 신음을 내며 덮고 있던 침구를 쥐어뜯었다."(『이반 일리치의 죽음』, 이강은 옮김, 창비, 2012) 죽기 직전, 자신의 인생이 "철저하게 무의미했음"을 깨달은 일리치는 충격을 받고 죽어간다.

이는 작품 속 인물이므로 극단적인 예에 지나지 않을지도 모른다. 그러나 정년퇴직한 현대 일본의 노인 중에서 위 작품이 자신의 삶과는 전혀 무관하며, 스스로가 즐겁고 안락한 노후를 만끽하고 있다고 자신 있게 말할 수 있는 사람은 얼마나 있을까?『끝난 사람』에서 나오는 슈퍼 엘리트 주인공이 마음 편히 있을 곳조차 없는

것, 요시타케 아버지의 극심한 자신감 상실, 이반 일리치의 깊은 절

망감, 깊고 얕음에 차이는 있어도 일본의 은퇴자들은 분명히 공유

하고 있다.

3. 사회봉사로서 삶과 죽음

"죽음 또한 사회봉사"

미국의 경제학자 소스타인 베블런(1857~1929)은 자산이 있고, 생계를 위해 직업전선에 뛰어들 필요도, 비천한 육체노동을 할 필요도 없고, 여유 시간을 사교나 오락에 소비하는 비생산계급을 "유한계급leisure class"이라 불렀다(『유한계급론』, 1899). 명예로운 한가함otium cum dignitate을 즐길 수 있는 의무가 있는 그들은 일하지 않고, 오로지 소비에 몰두하는 것이야말로 인생의 행복이라고 생각했다.

베블런이 비판한 것은 도금시대Gilded Age(남북전쟁 종결부터 1870대까지의 번영문화)의 소비문화를 찬양하던 미국인의 속물근성이다. 노동의 괴로움에서 해방되어 투자에 의한 재산축적과 과시소비conspicuous consumption의 나날을 보내고, 이것을 성공과 사회적 지위의 증거라고 생각하며, 노동하지 않고 소비만 하는 여가 인간들이라는 점에서는 현대 일본의 노인의 모습과 겹치는 부분이 있다. 연예인, 대기업 퇴직자나 낙하산의 고급 관료 등, 일반인보다 풍족한 노인들이 그럴 것이다.

한편, 현대 일본 노인 대부분은 일상적인 시간과 긴 노후를 주체하지 못하고 "오늘 할 일이 없다", "오늘 갈 곳이 없다", "있을 만한 곳이 없다."라고 한탄하는 사람도 적지 않다. 그들에게 필요한 것은 교육과 교양이라고 말할 수 있다. "오늘 갈 곳"이 있고, "오늘 볼 일이 있는" 것이, 이것이 노인에게 필요하다. 농담이 아니다. 자본가 계급과 부유층의 특권이었던 한가함이 현대 일본의 고령자에게는 "지옥"으로 전락하고 있다. 인생에서 가장 참기 어려운 것은 악천후의 연속이 아니라 오히려 구름 없는 날의 연속이다. 스위스 철학자·공법학자 카를 힐티가 『행복론』(1891~1991)에서 말한 한가함을 주체하지 못하는, 특히 할 일도 없는 일본의 노인들은 절실한 마음이다.

그러나 이러한 한가함을 주체하지 못하는 노인들을 일본의 젊은이들은 어떻게 보는가? 제3회 노년철학국제회의로 가던 중 중부국제공항에서 구입한 보수 성향의 월간지 〈SAPIO〉(2018년 11·12월호)에 "젊은이들에게 있어서 노인은 행복한 세계를 위협하는 난민"이라는 제목의 기사가 게재되었다. 노인은 젊은이의 행복을 위협하는 성가신 존재일 뿐이다. 2018년 11월에 아오모리青林시 시의회 의원(남성 28살)이 TV에서 사과회견을 했다. 트위터의 익명 계정에 "연금생활하는 할배들 꼴보기 싫다. 평일 관공서 창구에서 욕설을 내뱉고 있는 것은 대체로 할아버지"라고 썼던 것이 비판을 받아서 사과회견을 연 것이다. "연금생활 할배"라는 표현은 젊은이들이 평소 일상에서 일반적으로 사용하는 말일까? 그들에게 노인은 골칫거리에 경멸의 대상일 뿐이다.

2006년에 시행된 "개정 노인고용안정법"(노인 등의 고용안정 등에 관한 법률)은 정년연령을 60세에서 65세로 연장하는 것을 의무화했다. 최근에는 정부의 "1억 총활약사회", "평생현역사회의 실현" 등의 용감한 구호를 내걸고 정년을 연장시켜 70세까지 일하는 방안도 부상시키고 있다. 노인이 언제까지나 건강하게 일하는 것은 언뜻 바람직한 것처럼 보인다. 하지만 이는 회사, 조직에 있어서 노인만이 활보하고 젊은이들은 이에 가려져 활력이 부족하고 경직된 직장으로 변한다는 두려움을 불러올 수 있으며, 젊은이들이 직장과 주도권을 빼앗기는 결과를 가져오기도 한다. 초고령사회에서는 "노인혐오"라는 말이 이전보다 훨씬 더 무겁고 어두운 울림을 가질 것이다.

탄식해야 하는 건 노인혐오가 아니다. 보통 노인조차도 배제의 대상이 되는 세상이다. 요코하마 시내의 병원에서 31세 간호사가

70~80대 환자의 정맥주사에 계면활성제를 주입시켜 살해한 혐의가 2018년에 발각, 체포되었다. 피해자는 100명 가까이 된다. 밝혀진 것만으로도 4명은 살인을 인정했다. 최근 몇 년간 노인요양시설이나 요양시설 직원이 입소자를 죽이거나 학대하거나 부상을 입혀서 체포되는 사건이 전국에서 잇따르고 있다.

[2010년 11월] 사이타마현 가스카베시의 요양시설에서 남자 직원에 의해 78~95세의 여성 3명이 사망·부상했다. 상해치사 혐의로 남자직원이 체포·기소되었다.

[2014년 12월] 가와사키시의 개호 포함 유료 노인홈에서 86~96세의 입소자 3명이 추락사하였다. 전 남자직원이 살인혐의로 체포·사형선고를 받았다.

[2017년 8월] 도쿄도 나카노구 유료 노인홈에서 83세 남성이 사망했다. 전 직원이 살인혐의로 기소되었다.

[2017년 12월] 기후현 세키시의 개호 노인 보건시설에서 여자 개호복지사가 99세의 여성을 폭행하여 체포되었다.

[2018년 9월] 나고야시 덴파쿠구의 노인 요양시설에서 8~90대

남녀노인을 폭행한 남자직원을 체포하였다.

[2019년 1월]　아이치현 기타나고야시의 노인 요양시설에서 여자

간호사와 개호직원이 90대 입소자를 폭행하여 불

구속 입건되었다.

[2019년 2월]　기후현 다카야마시의 개호 노인 보건시설 입소자 5

명에게 잇따라 부상을 입힌 전 남자 직원이 체포되

었다. 나라현 간마키쵸의 개호노인보건시설에서 97

세의 여성 살해 혐의로 전 남자직원을 체포하였다.

　이것은 빙산의 일각에 지나지 않을지 모른다. 오늘날 노인을 혐
오하고, 눈살을 찌푸리게 하는 존재로 인식하고, 방해된다는 이유
로 제거·소멸시켜야 하는 존재로 만들어 버리는 것 같다.

　메이지 유신의 공신으로 현역에서 물러난 이후에도 거대한 파벌
을 만들어 오랫동안 절대적인 권력을 휘두른 원로 야마가타 아리
토모山縣有朋는 1922년 2월 1일 85세의 나이로 사망했다. 죽을 때 즈
음하여 훗날 55대 총리가 되는 언론인 이시바시 단잔石橋湛山은 "죽
음도 또한 사회봉사"라는 유명한 기사를 썼다(「小評論」, 1922년 2월 11일

호). "사람은 적당한 시기에 떠나가는 것 또한 하나의 의미 있는 사회봉사이기 때문에 죽지 않으면 안 된다. 아무리 진심에서 나오고 생각이 올바르더라도 한 사람이 오랜 시간 동안에 걸쳐 절대적인 권력을 차지하게 되면 폐해가 발생한다."라고 말했다.

공자는 옛 소꿉친구인 원양을 심한 말로 꾸짖고, 지팡이로 그의 정강이를 때렸다. "넌 어려서는 윗사람을 공경할 줄 모르고, 커서는 이렇다 할 만한 업적도 없고, 늙어서는 죽지 않고 밥만 축내고 있으니 해충 같은 놈이로다原壤 夷俟 子曰 幼而不孫弟 長而無述焉 老而不死 是爲賊 以杖叩其脛(『논어』, 헌문憲問 편)"라고 하였다. 공자는 방종한 삶으로 사회에 폐를 끼치고 있는 노인을 사회의 적, 즉 도적이라고 불렀다.

지금의 노인은 올바른 삶을 살더라도 배제, 소멸의 대상이 된다. 100년 전에 말한 "죽음 또한 사회봉사"와 2,500년 전에 이야기한 "도적"이라는 말은 사회정의와 질타갱생의 의미에 포함되지 않는다. 1997년 〈센류川柳〉 잡지에 "노인이 죽으면 그것은 나라를 위한 것"이라는 어구가 게재되어 당시 화제가 되었다고 한다. 가벼운 농담일지는 모르지만 현대 일본에서는 이것이 현실화되고 있다.

구로사와 아키라의 <살다>

　대학 강의 "철학과 생사관"에서 일본을 대표하는 세계적인 감독 구로사와의 도에이東映 영화 〈살다〉(1952)를 보여준 적이 있다. 차기작 〈7인의 사무라이〉(1954)와 함께 구로사와 영화의 최고 걸작이라고 하는 〈살다〉는 죽음을 직면한 시청의 노老과장이 아이들을 위해 공원 건설에 결사적으로 노력하면서 죽어갔다는 이야기다. 이 작품에서는 삶과 죽음이 선명하게 대비된다. 죽음의 수용을 매개로 한 진정한 삶의 반전을 그리고 있지만, 중심에 있는 것이 유교적인 효의 생사관이다. 영화는 다음 네 장르를 중심으로 구성된다.

　첫째, 불행·절망의 극복과 "두 번 태어나다." 말기암 선고라는 불행과 절망을 겪은 주인공은 현세적으로 "한 번 태어난once-born형"의 인간에서, 종교적인 깊은 인생관을 지닌 "두 번 태어난twice-born형" 인간으로 거듭난다.

　둘째, 일본적인 체념에서 다시 출발. 퀴블러-로스의 『죽음과 죽어감』에서 보듯, 죽음의 선고 이후 "슬픔의 과정"(부인·분노·거래·억울·수용)을 영상으로 표현했다. 부인과 절망을 거쳐 마지막으로 죽음의 수용에서 "새로운 출생新生"에 대한 희망이 생긴다.

셋째, "크로노스khronos(일상을 흐르는 평범한 시간)"을 "카이로스kairos(순간을 영원처럼 깎은 듯한 특권적인 시간)"로 바꾸는 노력·고민·행동. 크로노스에 대해 카이로스로의 전환 요청이다. 인간은 누구나 삶의 덧없음을 알고 〈생명〉을 사랑하고 각성할 때가 와야 한다. → "곤돌라의 노래"

넷째, 효의 생사관, 유교에서 특히 존중되는 효孝의 한자는 죽음에 간다는 "노老"와 삶을 향하는 "아이子"가 합쳐진 문자이다. 서로 상반되는 것이 일체화하여 새로운 의미를 창조하고 있는 것이다. 주인공의 죽음, 이에 따르는 아이들의 밝은 웃음, 여기에는 꺼져가는 생명과 활발하게 운동하는 생명의 숨결이 교차한다. 그것은 그림책 『100만 번 산 고양이』에서 본 것과 같이 삶과 죽음의 연속성과 생명의 영원성을 말한다.

이상 네 가지 관점에서 〈살다〉를 자세히 고찰해 보자. 주인공 와타나베 겐지渡辺勘治(배역은 시무라 다카시志村喬)는 시청에 근무하며, 무결근 30년, 타성으로 관공서 업무수행을 해온 "죽은 것 같은" 나날을 보내고 있는 초로의 시민과장이다. 새어 나오는 하품을 참으며 살짝 시계를 보는 나이 든 과장의 모습에 씌워지는 내레이션은 신랄하다. 그는 시간을 보내기만 하고 있기 때문에 그에게 살아 있는 시간이 없다. 즉 그가 살아 있다고는 말할 수 없다. 이것은 시체나 다름없다. 아니, 사실 이 남자는 20년 전에 죽어버렸다. 직함과 월급만이 유일한 가치를 가진 세계에서, 일상적인 일은 그의 인생에서는 쓸모없고, 무의미하게 반복되기만 한다. 톨스토이를 애독한 구로사와는 반체제 결사에 관련되어 체포·유배된 톨스토이가 감옥에서 경험한 가장 잔혹했던 형벌은 "철저하게 쓸모없는 노동을 시키는 것이다"(『죽음의 집의 기록』, 1862)라고 쓰여 있는 것을 읽었을 것이다. 무용·무의미한 반복의 결과 죄수는 "4~5일만 하면 절망에 목이 죄어온다." 또한 톨스토이를 애독했다는 알베르 카뮈도 그리스 신화에서 제우스에 의해 벌로서 바위를 산 정상까지 반복하여 굴려 올리는 형벌, "철저하게 무의미하며 쓸모없는 노동을 해야 하는 시지프를 언급하고 있다."(『시지프 신화』, 1942)

영화 줄거리로 다시 돌아오자면, 어느 날 병원에서 엑스레이를 찍은 결과 말기 암 진단을 선고받은 노_老 과장은 심한 충격을 받는다. 그는 평소에 직장에서 생기 없이 무기력하게 일을 한다고 해서 살아있는 시체, 즉 "미이라"라고 야유받았다. 가정에서는 아내가 죽은 뒤 소중히 키운 외아들이 있으나, 아들과 며느리에게 소외받았다. 암 때문에 육체로부터도 버림을 받았다. 깊은 외로움과 절망 속에서 자포자기한 과장은 밤마다 유흥가를 방황하고 술집, 파칭코, 바, 무도장, 카바레, 스트립클럽 등을 다니게 된다. 술집에서 알게 된 소설가는 그의 어깨를 툭 치며 이렇게 격려한다. "불행은 인간에게 진리를 가르친다. 당신의 위암은 당신에게 인생에 대한 눈을 뜨게 했다. 엑세 호모Ecce homo, 이 사람을 보라. 이 사람은 위암이라는 십자가를 진 그리스도이다." 매일 반복되는 방종한 생활 속에서 장난감 공장에 근무하는 전 부하직원과 재회한다. 발랄한 삶에 큰 자극을 받은 과장은 지금까지의 삶을 단호히 버린다. 다시 살아 볼 것을 결의한다. 그 첫걸음은 주민들의 강력한 민원이 있었지만 모든 부서에서 불가능하다고 했던 공원 건설에 전력으로 임하는 것이었다.

돈과 관련하여 방해하려는 야쿠자의 협박에도 꺾이지 않는다. 관계 부처에 가서 담당자들에게 머리를 조아려 간신히 공원이 완공되었다. 관공서에서 돌아오는 길에 노 과장은 완공된지 얼마 안 된 공원에 들른다. 눈이 내리는 밤의 어둠 속에서 그네를 타고 "곤돌라의 노래"를 신나게 흥얼거리다가 그네를 탄 채로 죽는다. 암

선고 다섯 달 후의 일이었다. 장례 다음날 공원에는 아이들의 환성이 울린다. 노 과장이 앉은 채 죽어간 그네를 타고 놀던 소년이 어머니가 부르는 소리에 집으로 달리기 시작한다. 이때, 노을 진 하늘에서 "곤돌라의 노래" 멜로디가 흘러나오며 막이 내린다.

　마지막 장면에 상징적으로 표시된 바와 같이, 〈살다〉는 죽음을 향하는 노인과 발랄한 어린이를 통해 삶과 죽음의 대비를 선명하게 그려내는 작품이다. 병원에서 암 선고를 기다리는 대기실 장면에서는 아기의 울음소리가 주위에 울려 퍼지면서 삶을 격렬하게 주장한다. 한편 이것을 들으면서 의사에게 간 노 과장은 말기 암, 죽음의 선고를 받는다. 새로운 직장인 장난감 공장에서 생생하게 일하는 전 부하에게 "과장님도 뭔가 만들어보면 어떠세요?"라고 카페에서 격려받는 장면이 있다. 카페 계단을 터벅터벅 내려가는 노 과장과, 생일 파티에 초대받아 카페계단을 뛰어 올라오는 소녀가 마주치는 모습이 비춰진다. 친구들이 부르는 "해피 버스데이 투 유"가 흐르는 가운데 서로 스쳐지나가는 계단 장면에서 죽어가는 초로의 남자가 내려가고, 탄생을 축복하는 어린아이가 올라간다. 삶과 죽음이 잔인하게 엇갈린다. 미국의 심리학자 윌리엄 제임스는 "진실된 생명이 태어나기 위해, 사람은 먼저 진실이 아닌 생명을 잊어서는 안 된다."(『종교적 경험의 다양성』, 1902)라고 말했다. 〈살다〉는 죽음과 같은 나날을 허무하게 보내고 있던 "한 번 태어난Once-born형" 인간이 절망을 거쳐 진실된 〈생명〉에 눈을 뜬 "두 번 태어난 Twice-born형" 인간으로서 진정한 삶을 살게 되는 깨달음과 성장의 드라마라고 할 수 있다.

사회봉사로서 삶

많은 부상병과 중증환자들의 죽음을 지켜보았던 영국의 간호사 나이팅게일(1820~1910)은 "인간은 본질적으로 〈빛〉을 추구하는 존재다"라며 인간 삶의 본질을 "햇빛을 갈구하는 것"으로 보았다. 인간은 향일성向日性 식물이며, 모두가 가진 향일성에서 인간의 생명력 vital power이 회복된다(『나이팅게일의 간호론』, 1859). 식물은 빛을 원하며 줄기를 그 방향으로 돌리는 향일성·굴광성phototropism과 함께 뿌리를 아래로 내리는 굴지성, 중력굴성geotropism이라는 상반된 굴성屬性을 갖는다. 영화 〈살다〉는 인간이 본질적으로 죽음이라는 어둠으로 향하는 존재, 즉 굴지성의 존재가 아니라 밝게 빛나는 삶으로 얼굴을 돌리는 굴광성의 존재임을 그렸다. 다시 살기엔 이미 늦었다고 말하면서도 주민들의 공원 설립 요구가 걱정되었다. "늦지 않았어, 하면 된다."라고 스스로를 격려하고, 무리라고 말하는 계장에게 "할 수 있다는 마음만 먹으면 할 수 있어!"라고 되받아친다. 아이들을 위한 공원 설립은 죽어가고 있던 노 과장이 삶을 되찾을 수 있게 해주는 밝은 〈빛〉이 되었다. 아니, 아이들이 바로 죽은 사람처럼 살아있던, 죽음을 선고까지 받았던 주인공에 새로운 생명을 불어 넣는 〈빛〉이 되었다. 죽음 직전 노 과장이 부른 "곤돌라의 노래"는 살아있는 지금의 삶에 대한 찬가이자 응원가이다.

인생은 짧으니 사랑하라 소녀여

붉은 입술 바래기 전에

끓는 열정이 식기 전에

내일은 없으니

인생은 짧으니 사랑하라 소녀여

이제 손을 맞잡고 저 배로

자 달아오른 뺨을 그대 뺨에

여기는 아무도 오지 않으니

인생은 짧으니 사랑하라 소녀여

파도에 떠다니는 배처럼

그대 고운 손을 내 어깨에

여기는 누구도 보지 않으니

인생은 짧으니 사랑하라 소녀여

검은 머리색이 바래기 전에

마음의 열정이 식기 전에

오늘은 다시는 오지 않으니

(1915년 나카야마 신페이中山晋平 작곡, 요시이 이사무吉井勇 작사)

인간의 삶은 그야말로 한순간이라서 사랑스럽다. 그래서 지금의 젊은 나날, 젊은 생명을 젊었을 적에 불태우자. 크로노스khronos(일상을 흐르는 평범한 시간)를 카이로스kairos(순간을 영원처럼 깎은 듯한 특권적인 시간)로 바꾸도록 노력하고 고민하고 행동하라.

눈 내리는 밤의 어둠 속에서 혼자 그네를 타면서 "곤돌라의 노래"를 부르며 죽어가는 노 과장, 이에 대비하여 다음날 햇볕이 쏟아지는 공원에 넘치는 아이들의 밝은 웃음소리가 울린다. 죽음으로

가는 "노老"와 삶에 향하는 "아이子"라는 상반되는 문자가 합쳐져서 만들어진 글자, "효孝". 효의 철학은 생명의 연속성과 삶의 영원성을 상기시킨다. 앞뒤로 흔들리는 그네도 삶과 죽음의 왕래를 상징하는 것으로 보인다. 실제로 주인공은 그네를 타고 "곤돌라의 노래"를 부르며 삶의 기쁨을 맛보면서 죽어간다.

　말기 암으로 인한 죽음의 공포 속에서 어린이들의 행복을 기원하며, 사력을 다해 아이들을 위해 공원을 설립했던 노 과장은 절망 속에서도 사람들의 행복을 위해 헌신했다. 죽기 직전 그네를 타며 기쁜 듯이 "곤돌라의 노래"를 흥얼거리고 있던 노 과장의 미소는, 인생의 최후를 다른 사람의 행복을 위해 바친 사람만이 느낄 수 있는 깊은 만족감을 나타내고 있다.

III. 동물신체 · 식물생명

1. 서양 근대의 〈독〉과 〈어둠〉

동아시아 "서양 근대 수용공동체"

나는 대도시와는 동떨어진 시골구석에 살고 있다. 주위를 둘러보면 옛날에 비해 생활 환경은 훨씬 더 풍요롭고 편리해졌다. 몇 년 전, 도쿄대 대학원에서 배우고 있는 한국의 여성 교수에게 이세伊勢신궁을 안내하고 돌아오는 길에 우리 시에서 유일한 특급 열차가 멈추는 역 앞의 상가를 지나갔다. 교수는 "아아, 저기가 셔터거리군요"라고 말했다. 이 말을 알고 있어도 도쿄 도심은 물론 한국에서도 이런 것들을 볼 수 없었던 것이리라. 마을에서 아이들이 노는 모습이 안 보인다. 길이라는 길, 도로라는 도로는 자동차로 가득 찼고, 보도에는 사람 그림자도 없다. 인간관계는 희박해져 나란히 선 아파트에는 누가 살고 있는지조차 모른다. 전통적인 생각보다 공동체는 사라지고 지역적, 인간적인 연결은 날로 붕괴되고 있다. 전후 일본 사회의 대명사인 "회사국가", "기업사회" 속에서, 직장인은 정년을 맞이하는 것과 동시에 사회적으로 죽어버린 "끝난 사람"이 되어버린다. 갈 곳은커녕 있을 곳조차 없다. 젊은이들과 이민정책으로 취업한 외국인은 저임금과 파견·비정규직으로 기업의 먹이가 되고, 노인들은 집에서 은둔형 외톨이가 되어서 질병 치료 또는 TV 시청 이외에는 아무것도 할 수 없다.

미국에서 온 냉정하고 혹독한 글로벌 자본주의 아래에서 경제원리가 사회를 덮어버렸다. 평생 빈곤 격차 사회, 생애 비혼, 고립사와 무연사회의 불행도 출현했다. 이와 함께 이상할 정도로 깨끗하고 청결한 거리와 사회의 풍요로움이 동시에 존재하고 있다. 메이지 이래로 서양 근대의 과도한 유입과, 전후에 특히 미국을 추격하는 가운데 필연적으로 발생한, "비즈니스로 맺어진 공동체"에 지나지 않는 일본 사회의 빛과 가난 등은 모두가 선진국의 일반적인 현상이다. 미국에서 집중적으로 나타나는 현대주의는 인류에게 풍요를 가져다주고 밝은 미래를 열어주었다. 그러나 다른 한편으로는 성숙한 현대 문명에서 출현하여 형성된 세계와 사회는 일본인의 정신과 어딘가 근본적인 차원에서 미묘하게 어긋나 있다. 이것이 적지 않은 차질을 빚고 있다.

나치에 쫓겨 유럽 각지를 전전하던 독일 유태계 철학자 에른스트 블로흐(1885~1977)의 눈에 비친 서양세계는 거칠고 황량했다. 시대는 부패하고 게다가 동시에 진통을 겪고 있다. 사태는 비참한지, 그렇지 않으면 비열한지, 거기에서 헤어나오는 길은 구불구불하다. 하지만 이 길의 끝이 부르주아적인 것이 아니라고는 의심할 여지가 없다(『Erbschaft dieser Zeit』, 1935). 나치처럼 거대한 악의 존재가 없다고 해도 블로흐가 본 것과 같은 경치, 황량한 세계가 우리 앞에 펼쳐지는 것이, 밝고 풍부하면서 어딘가 비인간적이고 앙상한 풍경이 펼쳐지는 것이 현대 일본의 현실이다. 인간끼리의 연결고리가 엷어진다. 외롭게 고립되어 있을 곳이 없다. 세계 규모로 각 세대에 퍼지는 불안감과 절망은 자본주의와 사회주의 등의 사회체제와 제도를 뛰어넘은 인류의 숙명이며, 〈근대〉 고유의 업병[8]이다.

한국 청주에서 2016년 10월 한중일 삼국의 철학자·연구원·대학원생들에 의해 제2회 동양 포럼 "동아시아의 새로운 미래를 함께 열어-동아시아 활명活命연대의 제안-"(주재·김태창, 주최·동양일보)이 열렸다. 이 포럼에서 특히 인상에 남고 깊이 공감한 것이 새로운 "동아시아 문화공동체 재건"을 제언한 중국 요녕성遼寧省 출신 전 베이징대학 부교수 유건휘劉建輝(Jianhui Liu) 국제일본문화연구센터 부

---

8   업병業病, 전생의 악업 응보로 걸린다고 생각되던 난치병.─역자 주

소장의 발표였다.

유 교수의 주장을 요약하면 다음과 같다. 한국, 중국, 일본의 동아시아 삼국은 예로부터 한자와 한문이라는 기술언어記述言語, 유교·불교·도교(풍수사상)의 세 종교가 교차하는 문화·풍습·정신성뿐만 아니라, 가족과 공동체 유대의 소중함, 자연과의 강한 일체감, 시와 노래를 지탱하는 힘과 감성이 풍부한 삶을 오래 전부터 공유해 왔다. 한편, 근대 이후의 삼국은 모두 세계에서 가장 열심히 〈서양 근대〉를 신봉하고 수용·추종해왔다. 그런데 과도한 수용·추종은 동아시아 〈서양 근대 수용공동체〉로서의 삼국이 서양 근대의 "실험대"로 변해버린 결과를 초래하였다. 서양 근대의 실험대가 된 삼국은 지금처럼 〈근대의 어둠〉에서 헤매고 있으며 〈근대의 독〉을 마시고 신음하고 있다. 방자하고 잔혹한 글로벌 자본주의와 경제발전이 낳은 것은 격차와 빈곤, 지방 붕괴이며, 인간적인 연결의 소멸이었다. 과학기술에 대한 과도한 믿음의 폐해, 인구급감·격차사회·고령화·노후파산, 경쟁사회·다발적인 자살 등, 한중일 삼국은 서양 근대의 가장 큰 수혜자인 동시에 최악의 피해자이다.

삼국 중에서도 특히 일본은 메이지 유신 이후 서양 근대의 두드러진 우등생으로 선두를 차지했으며, 전후에는 서양 각국의 경제를 능가했다. 사회경제화라는 의미에서 동아시아 삼국의 최고를 달리고 있었다. 일본의 뒤를 한국이 필사적으로 쫓았고, 양국을 중국이 또 추격한다. 동아시아는 서양 근대 수용공동체로서 삼국의 문화와 풍습, 신체적 특징을 가진 이웃이다. 이와 동시에 서양 근대로부터 거대한 은혜를 받았으며, 서양 근대가 내포하는 부정적인 측면을 직격으로 받은 고통의 피해자들이다. 한중일 삼국은 정치·군사·경제 영역과는 다른 새로운 "동아시아 문화공동체"를 재구성하고, 서양 근대를 초월하는 새로운 문화·문명을 형성해야 한다.

이렇게 말하는 유 교수의 지적에 동감하지 않을 수 없다. 생각하면 영국의 대처주의(대처리즘, 1979~1997)과 미국의 레이건개혁(레이거노믹스, 1981~1889)에서 시작된 "작은 정부"의 성공은 일본의 나카소네 야스히로中曽根康弘(1982~1987)-다케시타 노보루竹下登(1987~1989), 호소카와 모리히로細川護熙(1993~1994), 하시모토 류타로橋本龍太郎(1996~1998)의 각 내각을 거쳐 고이즈미 준이치로小泉純一郎(2001~2006) 내각에서 완성되어 오늘날까지 이어지고 있다. 여기서 보는 미국형 사회로 가는 핵심이란 전후 일본 사회를 저변에서부터 지탱해온 국민 중심의 "큰 정부"에서, 경제 중심의 "작은 정부"로 방향을 크게 변화시킨 것을 의미한다. 이것은 신자유주의(세계화·시장지상주의)로 일본을 전환시킨 국가 규모의 큰 변화이다.

높은 자아의식과 강한 "개인"의 출현

영국의 마르크스 경제학자이자 지리학자인 데이비드 하비(1935~)
는, 1980년 전후부터 영미의 두 지도자에 의해 본격적으로 시작된
신자유주의를 "강력한 사유재산권, 자유시장, 자유무역을 특징으
로 하는 제도적 틀에서 기업 활동의 자유와 능력과 무제약이 발휘
됨으로써 인류의 부와 복지가 가장 증가한다고 주장하는 정치경제
적 실천이론이다."라고 정의한다(『신자유주의』, 최병두 옮김, 한울, 2007). 한
편, 신자유주의화 과정은 많은 "창조적 파괴"를 일으킨다. 기존의
제도적 틀과 여러 권력뿐만 아니라 분업과 사회관계, 복지제도, 기
술구성, 라이프스타일과 사고방식, 성과 생식행위와 관련된 제반
행위, 토지에 대한 귀속의식, 심적인 습관 등을 광범위하게 변화시
킨다.

서양 근대의 시장경제가 인류 역사상 매우 특수하다고 보았
을 때, 비 시장경제 사회분석을 수행한 경제인류학자 칼 폴라니
(1886~1964)에 의하면, 시장자유주의는 인간의 모든 목적을 비인간적

인 시장 메커니즘의 논리에 따르게 만든다. 신자유주의에는 "동료를 먹이로 하는 자유, 지역사회에 걸맞은 기여를 하지 않고 범법을 통해 이익을 얻는 자유, 기술적 발명을 공공의 이익에 제공하지 않는 자유, 사익을 위해 비밀리에 기획된 공적 참사로부터 이익을 얻는 자유밖에 없다."라고 한다. 신자유주의는 21세기에 더욱 박차를 가하고 있다. 기존 사회의 안정 붕괴, 사회통합의 파탄 외에 일본에서 나타나는 가족 붕괴, 고립, 무연사회, 격차사회, 승자와 패자, 워킹 푸어의 출현 등, 사회의 파탄과 어두운 부분이 단번에 뿜어져 나왔다.

여기서 희생을 강요받는 것은 연결을 잃고 분단되어 서양 근대의 경제적 기수인 신자유주의하에서 끝없는 경쟁에 몰려 "강한 인간들"을 그냥 방관할 수밖에 없는 빈곤층, 비정규직 젊은이들, 그리고 외로움으로 고통받는 노인들 등의 "약한 인간"이다. 가족과 지역사회 등과의 연결의 누락·분단을 아랑곳하지 않고 돌진하는 강한 개인만이 신자유주의 사회에서 성공을 보장받는다.

전 세계 판매 누적 800만 부의 세계적인 베스트셀러인 유발 노아 하라리의 『사피엔스』에서는, 개인을 축으로 "가족·커뮤니티"와 "국가·시장"의 상관관계를 근대 이전과 이후로 나누어 약한 개인대 강한 개인이라는 도식으로 고찰하였다.

> **근대 이전**
>
> =약한 개인 → 강한 가족·커뮤니티 → 약한 국가·시장
>
> **근대 이후**
>
> =강한 개인 → 약한 가족·커뮤니티 → 강한 국가·시장

　근대 이전의 약한 개인은 "강한 가족·커뮤니티와 약한 국가·시장"이 대응한다. 현대의 강한 개인은 "약한 가족·커뮤니티와 강한 국가·시장"에 대응된다. 강한 개인이 이끄는 현대의 극적인 물질적 진보와 발전은 가족공동체의 붕괴를 초래하였다. 가족·커뮤니티의 파탄에서 현대의 강한 개인이 탄생하게 된 것이다. 한편으로 그것은 강한 개인이 깊은 외로움에 빠진다는 아이러니와 역설을 초래했다.

　하라리가 말하는 약한 개인·강한 개인이란 자아의식의 낮음·높음으로 바꿔 말할 수 있을 것이다. 사람들은 높은 자아의식 때문에 가족을 포함한 타인의 존재에 의존하거나 의지하는 것을 꺼리

며, 이를 수치스럽다고 생각하게 되었다. 인간은 "연결 자체", 즉 "상호의존적이고 호혜관계에 있는 자신interdependent self"이다. 이를 되찾기 위해서는 현대 특유의 강한 개인과 높은 자아의식에 대한 반성과 재검토부터 시작해야 한다. 현대인에게 가라앉아 있는 고독과 고립을 해결하기 위해서는 근대 이전의 자아의식이 낮은 약한 개인으로 회귀하는 것이 필요하지 않을까? 이것은 용기와 각오, 그리고 깊은 철학 없이는 불가능하다. 현실사회와 싸우기 위해 강한 자아를 요구받는 젊은이들에게 이를 요구하는 것은 합당하지 않다. 그것은 노인들의 일(역할)이다. 자각적으로 각오하여 약한 자기를 살아가는 것이다. 나중에 다시 거론하겠지만 그것은 자아의식을 옅게 만드는 것을 의미하는 것이 아니다. 자아의식의 전환을 통해 타인(가족·커뮤니티·사회)에게 적극적으로 참여하고, 주위에 의존하는 나를 감수하는 힘을 가지는 것이다.

한중일 삼국이 함께 수용한 서양 근대의 〈독〉은 바닥에서 희미하게 퍼지는 〈어둠〉이다. 서양 근대의 혜택과 여기에 수반되는 〈독〉과 〈어둠〉의 유래를 따라가면 〈근대〉, 즉 강한 개인을 요구하는 서양 근대가 지닌 두 가지의 특징에 다다르게 된다. 과학 분야를 제외한 서양 근대의 특징은 두 가지, 〈사회의 경제화〉와 〈자아의 발견〉이다. 사회의 경제화, 즉 경제사회는 생산과 효율, 속도, 풍요로움과 유용성, 합리주의를 기조로 한 대립과 경쟁, 그리고 약육강식을 필연적으로 요구하는 세계이다. 여기에서는 "보다 빨리, 보다 크게, 보다 강하게"와 같이 "보다 더more and more"라고 끊임없이 전진하고 확대해 나가는 것을 원한다. 현재 전 세계를 뒤덮은 신자유주의 세계경제는 이를 여실히 보여주고 있다.

자아의 발견은 외부 세계를 향해 있던 눈을 돌려 자기 내면으로 향하는 것에서부터 시작된다. 서양사에서는 〈근대〉의 시작은 일반적으로 르네상스, 대항해시대, 종교개혁이 있던 16세기 전후가 된다. 이것은 역사 구분이 아니라 이것을 〈자아의 발견〉이라는 정신형태·자세로 고찰한 것이다. 이슬람 학자인 도쿄대 명예교수 이타가키 유조板垣雄三는 이슬람 세계에 〈근대〉가 싹트는 시기는 17세기라고 한다. 노년철학회의 회원이기도 한 기타지마 기신北島義信 욧카이치대 명예교수는 일본의 근대는 호넨法然과 에이세이栄西 등 가마쿠라 불교의 12세기로 본다. 나는 17세기 에도시대에 시작된다고 생각한다. 일반적으로 서양에 한정시키면, 인간의 자아는 18세기 이후 산업혁명을 계기로 생활에 여유가 있는 사람으로부터 급속히 시작되었다. 이때부터 자아는 자기를 주장하고, 각 개인의 자유 의지를 최고의 권위로까지 추대했다. 여기서 강화된 자아의식은 보다 높게, 보다 강하게, 보다 크게 전진과 확대를 요구한다.

경제사회와 자아의 발견, 사회의 경제화와 높은 자아의식이야말로 과학기술과 함께 서양 근대가 낳은 최대의 것이었다. 과학기술 분야를 포함한 이들에게 공통적인 것은 끊임없는 진보·발전과 확대에 대한 운명적이라고 할 정도의 열망이다.

2. 동물과 식물

파우스트적 정신, 충격의 에토스

30년 전 대기업의 경영자·기업가들이 대거 극찬한 것으로 유명해진 미국 시 구절이 있다. 실업자이며 시인인 사무엘 울만(1840~1920)의 "청춘YOUTH"이라는 제목으로 노년기를 기리는 시이다. 10년 전, 노년기에 접어드는 대학 친구가 이에 감격하여 사본을 보낸 적이 있다. 나는 이전부터 이 구절을 알고 있었으나 좋아하지 않았기에 미안하지만 폐기 처분했다. 언제까지나 회사나 조직에 끝까지 매달리려고 하는 최고의 자기만족을 나타내는 "꼰대老害"찬가시로서의 측면도 있었기 때문이다. 꼰대를 지적하는 경영진조차도 이 시를 흡족해하며 주위에 선전하고 있었다는 기억도 있다. 널리 소개되고 있는 오카다 요시오岡田義夫의 번역은 다음과 같다.

청춘이란 인생의 어느 한 시기를 말하는 것이 아니라,
마음의 상태를 말한다.
뛰어난 창조력, 강인한 의지, 불타는 열정을 말한다.

유약함을 물리치는 용맹심,

편안함을 뿌리치는 모험심을 의미한다.

이런 양상을 청춘이라는 것이다.

해를 거듭했을 뿐 사람은 늙지 않는다.

흠잡을 데가 없는 훌륭한 구절에 격려받는 노인도 많을 것이다. 동양에서는 62세의 체력으로 말을 타고 전장을 뛰어다니며 투지 넘치는 기상을 보였던 광무제에 놀라며 그 건강함과 정정함을 치켜세웠다. 후한後漢의 명장군 마원馬援도 예로부터 나이가 들어도 건강한 노인의 예시로 빼놓을 수 없었다. 내가 이 시를 좋아하지 않는 이유는 여기에 서양 근대 특유의 높은 자아의식, 즉 "파우스트적 자아"의 흔적이 보이기 때문이다. 파우스트적 자아와 근대 유럽 정신의 전형으로 자기 부정을 모른 채 자의식 과잉과 고독 속에서 자아를 깊게 강화하고 확장하려는 정신을 가리킨다. 이전 시대의 일본인의 자존심과 대조를 이룬다. 일본인의 자아는 본인이 세계의 일부라는 것을 느끼고 공동체에 흡수되는 자아, 즉 인간人間(사람과 사람 사이에 사는 존재)이라는 문자처럼, 사람과 사람과의 관계에서 자아를 존중한다. 이와는 대조적으로, 괴테의 『파우스트』 제1부(1808년)에서 파우스트는 소리 높여 선언한다.

> 인류 전체에 주어진 것을,
>
> 나 자신의 내면에 있는 자아로 맛보려 하네.
>
> 나의 정신으로, 가장 높고 깊은 것을 용감하게 붙들고,
>
> 인류의 행복과 슬픔을 이 가슴에 쌓으면서,
>
> 이러한 나 자신의 자아를, 인류의 자아로 확대하며,
>
> 마침내, 인류와 마찬가지로, 나도 파멸하려 하네.

파우스트적 자아는 메피스토가 파우스트를 평가하고 "그 남자는 운명으로부터 앞으로 앞으로 무턱대고 나아가는 정신을 가졌다." 라고 말한 것처럼, 항상 행동하고 의지하는 정신으로 앞으로 앞으로, 끊임없이 전진과 확대를 계속한다. 파우스트는 인생에서 가장 중요한 것을 "말Wort도, 의미·마음Sinn도, 힘Kraft"도 아닌, 활동·사업Tat이라고 말했다(『파우스트』 제1부). 자기의 가능성을 끝없이 추구해 나가려고 끊임없이 활동한다. 이것은 괴테 그 자신의 자화상이기도 했다.

정토진종의 승려이며 사회학자인 오무라 에이쇼大村英昭는 "인간

을 전진과 확대·행동으로 몰아가는 서양 특유의 파우스트적 자아, 부추김(여파)의 에토스agitating ethos"라고 말한다. 막스 베버가 말한 기독교적 "금욕의 에토스"는 일체적 관계에 있다. 서양 근대 특유의 부추김의 에토스(정신자세)는 유럽 정신의 근원으로서, 여기에 형성된 "부추김 문화agitating culture"는 현대문명 형성의 동력이 된 반면, 대립과 경쟁, 항상 전진하고 확대할 것을 인간에게 지속적으로 요구한다. 일본에도 이런 부추김의 에토스가 없었던 것은 아니다. 일본의 개벽開神신화 "천지초발"로 시작되는 『고사기』의 천지창조론에 대해 마루야마 마사오丸山眞男는 그 후에 계속되는 "갈대의 싹과 같이 돋아나는 것에 의해서"라는 표현에 있는 것은 "저절로 발아, 생장, 증식되는 이미지"이며, 초발의 에너지를 추진력으로 세계가 몇 번이고 분사되어 일방적으로 무한 진행되어가는 모습이라고 말했다(『歷史意識の古層』, 1972).

『고사기』의 초발에 일방적으로 무한 진행되어가는 모습은 국가로서의 일본을 전방으로 선동하여 끊임없이 전진·활약하게 하는 운동의 출발점이 되었다. 항상 무한증식하는 일본의 이미지는 팔굉일우[9]의 깃발로 "대동아공영권"을 내세운 태평양전쟁 또는 전후의 고도경제성장에 따른 세계 2위의 경제대국, 그리고 오늘날의 경

9　팔굉일우八紘一宇는 제2차 세계대전에서 일본이 자국의 해외진출을 정당화하는 슬로건으로 사용했다.

제성장노선의 연장과 지속이 끊임없을 것이라 생각했다. 그런데 앞서 언급한 바와 같이, 21세기 일본은 수축하고 축소하고 있다.『고사기』가 표현한 "갈대의 싹과 같이 돋아나는 것에 의해서"처럼 지속 팽창하던 국가의 모습은 21세기에 들어서기 전, 수축이라는 현실로 대체되려 한다.

일본은 세계의 경제대국, "재팬 이즈 넘버 원" 등으로 치켜세워졌다. 1980년대에는 전무후무한 버블경제로 국민들 모두 들떠 있었다. 그러나 정작 일본인의 기풍과 문화는 이러한 파우스트적인 "부추김의 에토스", "부추김의 문화"를 기조로 하는 것은 아니다. 6세기 불교 전래 이후, 일본인의 정신에 "세상의 만물은 전부 거짓이며, 부처의 가르침만이 진실이다世間虛仮 唯仏是真"라고 말한 성덕태자聖徳太子에게서 보는 "부정의 논리"나, 특히 토착적인 정토종·정토계의 불교사상에 의하여 현세를 부정적으로 보는 "진실의 에토스", "진실의 문화"가 형성되었다. 현대 문명, 현대 일본의 경제사회를 지배하는 것은 "파우스트적 자아"이며, 부추김의 에토스, 부추김의 문화임에 틀림없다. 그러나 노인들에게는 파우스트적 자아나 부추김의 에토스 대부분이 쓸모가 없으며 유해하다. 젊은이들에게 파우스트적 자아, 부추김의 에토스는 필수적인 것이라고 하더라도 오무라가 말하는 "진실의 에토스"야말로 오늘날의 노인들에게 요구되는 것이다. 초고령사회 일본에 필요한 것은 "진실의 문화"를 기조로 하는 사회정책과 사회정비이다.

꽃의 종교와 짐승의 종교

자민당 하시모토 제2차 정권이 "구조개혁", 이른바 금융 빅뱅의 구체화를 제시하며 신자유주의 개혁=세계화로 크게 방향을 틀었던 1996년, 한 프랑스인 철학자가 일본을 방문했다. 공동체론의 대표적 논자 장 뤽 낭시Jean Luc Nancy(1940~)였다. 그는 도쿄대학 고마駒 場 캠퍼스에서 열린 강연에서 공동체의 회복, 새로운 공동체구축의 필요성을 말했다. 일본인은 제2차 세계대전 이전의 전통적인 공동체의 짐을 아직도 지고 있다는 비판적인 질문에 낭시의 반박은 "우리 서구인은 지금 벌거벗은 자아의 외로움에 시달리고 있다"는 것이었다(中村雄二郎, 『述語集Ⅱ』, 岩波新書, 1997). 오늘날 미국으로 상징되는 서양 근대를 무조건 수용하고, 강자 필승의 규제 완화와 글로벌리즘에 순종하는 현대 일본 사람들 역시, "벌거벗은 자아", 즉 개인주체에 닫혀가는 자아 속에서, 무궁무진한 고독, "무연사회"의 황량한 광경을 그저 멍하니 지켜볼 수밖에 없었다.

오늘날의 풍요로움과 밝음 뒤에 숨어있는 어스름한 어둠이 있다. 인간의 자아와 탐욕의 죄는 과거로부터 완전히 변함없지만 현대를 살아가는 인간은 자연과의 일체적 관계 속에서 타인과 연대하며 함께 기대어 살지 못하고 있다. 산산조각으로 분열되어 대립·경쟁하고 투쟁하거나, 의미도 없이 움직이며 계속 달리는 매일의 연속과 번잡 속에서 에너지를 소모하고, 현세적인 것들 속에서 쇠약·위축되어 피폐한 〈생명〉을 주체 못하는 존재로 타락하고 있는 것으로 보인다.

19세기 초반 헤겔은 종교를 논하는 가운데, 범신론의 세계에서 지금까지 있던 "꽃의 종교"는 "짐승의 종교"로 옮겨간다고 했다.

이러한 범신론의 세계에서는 당분간 원자原子가 된 정신이 정지되어 존재하고 있지만, 결국 거기에 적대적인 운동이 발생한다는 것이다. 자신을 자신 없는 존재로 상상하는 더럽혀짐 없는 "꽃의 종교"가 심각하게 싸움을 일으키며 더럽혀진 "짐승의 종교"로 옮겨간다. 조용히 무력으로 주위를 바라보는 개체에서 상대를 파괴하지 않는, 자립존재로의 전환이다. … 이 정신의 나라의 생명력은 식물계의 더러움 없는 공존을 습격하는 대항력과 부정의 힘에 의해 죽음을 초래하지 않을 수 없다. 그러한 힘으로 식물계에서 볼 수 있는, 정지된 다양한 존재로 확산된 상태가 적대적인 운동으로 향하게 되어, 자립을 추구하는 정신의 증오가 서로를 소모시킨다.…민족정신 자체가 동물적인 정신과 마찬가지로 자신을 돋보이게 하고, 다른 것과 공동생활을 떠나서 자신만 의식하는 동물적 생활에 다름없다(김양순 옮김,『정신현상학』, 동서문화사, 2016).

식물의 특성은 공존이다. 반면 동물은 이빨이나 발톱으로 다른 것들을 공격하여 물리친다. 자기를 가지지 않고, 자유의지도 진실의 주체성도 소유하지 않는 순수한 식물적 종교는 자기운동하는 주체로서 외부로 향하는 근육과 맥박의 움직임에 의한 흥분을 특징으로 하는 동물적 정신으로 움직인다. 즉 서로 다양하고 평화로운 존재에서 상대를 증오하고 죽음을 무릅쓰며 서로 싸우는 형태의—서로 교섭하지 않고 자신만 의식하는—동물적 종교로 움직인다. 여기에서 발생하는 동물적 정신이란 "자신을 돋보이게 하고, 다른 것과 공동생활을 떠나서 자신만 의식하는 동물적 생활에 다름

없다."(『자연철학 제2부』,『정신현상학』)

헤겔이 말한 것은 일반적인 종교 이야기가 아니라 인도와 중국 등의 범신론적 자연종교였지만, 약육강식의 신자유주의가 전 세계를 뒤덮고 있는 21세기의 현대인은 이러한 "짐승의 종교"의 세계 한가운데에 있다. 낭시가 헤겔이 현대 세계의 시작을 알리는 사상가이며, 그의 사상은 항상 세계와 철학의 흐름에 결정적인 전환에 임해야 할 것이라 말하고 있다(『Hegel. L'inquiétude du négatif』, 1997)고 한 것은 이런 의미에서 정확하다.

동물형 문명인 "짐승의 종교"와는 반대로, 범신론의 동아시아는 자기 자신을 없는 존재로서 상상하여 더럽혀짐이 없는 "꽃의 종교"의 세계에서 살아왔다. 현대에서 상대를 파멸시키지 않고 자립존재로의 이행을 특징으로 하는 동물문명=짐승의 종교에 대한 유일한 대립축·대항축이 될 수 있는 "조용히 힘없이 주위를 지켜보는 개체"인 꽃의 종교의 부흥이다. 오늘날에는 적어도 정치와 군사보다 경제 영역에서, 욕망하는 세계화의 현대 문명이 헤겔이 말한 동물형 문명 즉, 짐승의 종교에 무한히 접근하고 있다. 오늘날 미국 주도의 신자유주의 세계화는 "자신을 돋보이게 하며 타인과의 공동을 떠나 자신만을 의식한다"는 동물적인 생활, 동물문명이 아닐 수 없다. 그것은 어디까지나 혈기왕성한 젊은 시절에 한하며, 결코 노인을 위한 방향은 아니다.

약육강식·우승열패주의에 물든 동물문명의 성행, 그리스도가 비판한 "세속적인 부(마몬)[10]"에 대한 오늘날의 신자유주의자·경제지상주의자들의 추구, 급진 이슬람 근본주의의 대두, 미국을 필두로 중국과 러시아가 지향하는 패권주의 등에서 공통적으로 나타나는 오만함 등과 같은 동물문명에 지배된 현대 세계에 대항하여 인간이 인간답게 살 수 있는 문명, 인간답게 죽을 수 있는 철학, 타인과의 공존을 목표로 새로운 사상과 새로운 지성의 모습, 우아한 관용, 유연하고 느긋한 꽃의 종교적인 정신세계를 개시하는 것이 노년철학이어야 할 것이다.

노년철학이 오늘날 동물문명, 짐승의 종교에 대항하기 위해서는 식물문명, 꽃의 종교의 힘을 빌려야 한다. 이를 위해서는 먼저 몸과 의식의 깊은 곳에 담겨있는 식물생명을 다시 인간의 몸과 마음속으로 되찾아야 한다.

---

10 마몬Mammon은 구약성서와 신약성서의 사이, 즉 중간 시대의 유대교에서 채용된 악마의 명칭이다. 이것은 '부정한 이익', '뇌물'을 뜻한다. 밀턴은 '탐욕의 상징이라고도 말할 수 있는 마몬의 재능을 발견해 기록했다.

팽창하는 인간 신체

고고학계에서 잘 알려진 한 장의 스케치 그림이 있다. 조금 그로테스크해 보이는 이 그림은 반인반수herianthrope가 반쯤 일어선 채 검은 눈으로 가만히 이쪽을 응시하는 그림이다. 큰 뿔을 펼치고 있는 수사슴의 상반신, 쫑긋한 두 귀, 턱수염 있는 작은 얼굴, 하반신은 인간의 것 같지만, 덥수룩한 꼬리가 있다. 그 모습은 국기를 비롯한 많은 서양 문장紋章에서 볼 수 있듯이 사자 등의 맹수가 사람을 정면으로 바라보는 모습을 취하고 있다. 보통의 문장에는 사슴 등의 연약한 동물이 사용되지는 않는다.

상기 그림은 동굴 벽화의 권위자 "선사학의 교황"이라 불리는 프랑스의 고고학자 앙리 브뢰이유(1877~1961)가 스페인 국경에 가까운 프랑스 남서부 극단의 레 트루아 프레르Les Trois-Frères 동굴 벽화를 스케치한 것이다.

1914년 앙리 헤그엔 백작의 아들이었던 막스 작크 루이의 3형제

Trois-Frères는 라스코 동굴에서 220km 정도 남쪽에 있는 아버지의 영지인 피레네 산기슭을 흐르는 볼프강의 흐름을 따라 땅 깊숙이 있는 복합 동굴을 상자와 석유캔으로 직접 만든 보트로 탐험했다. 램프를 손에 든 세 소년이 어둠을 지나쳐 후기 구석기시대(약 14,000년~10,000년 전)의 조각이 새겨진 통로로 들어가서 암수 한 쌍의 파이톤 점토 동상을 찾아냈다. 아들들에게 이 이야기를 들은 아버지는 라스코 동굴 발굴·조사에 참가한 브뢰이유에게 보고했다. 그렇게 하여 레 트루아 프레르 동굴의 존재가 세상에 알려지게 되었다(David Lewis-Williams, 『The Mind in the Cave』, 2004).

정확한 결과는 잘 모르지만 2년 후의 재조사에서 동굴의 가장 깊숙한 곳에 있는 높이 4m의 벽면에 옅게 색칠된 반인반수의 흑색선각화가 발견되었다. 기원전 12,000~1,500년경으로 추정되는 이 벽화는 브뢰이유에 의해 "마술사sorcerer"라는 이름이 붙여졌다. 마술사(또는 주술사)는 높이 약 1m, 폭 50cm의 크기로, 상반신은 사슴, 하반신은 인간으로 보인다. 그러나 브뢰이유의 스케치를 잘 보면 여러 종류의 동물이 부분적으로 형성되어 있음을 알 수 있다. 사람에 따라 다르지만 뿔은 사슴, 눈은 올빼미, 귀는 늑대, 수염은 염소, 몸통은 사슴 또는 사자, 앞발은 곰, 발톱은 사자, 꼬리는 말 또는 늑대,

다리는 인간이라는 것이 일반적인 견해다.

연구자들 사이에는 이전부터 브뢰이유 스케치의 부정확성을 지적하는 사람도 적지 않다. 연구자들은 인간에게 동물의 가죽과 뿔이 있다는 동물가장설을 소개한 뒤, 여기에도 의문을 제기했다. 동물의 변종 또는 커다란 뿔이 있는 동물의 모습을 그린 것에 불과한 것이며, 스케치 자체에 마술사·주술사 같은 종교적인 해석도 또한 의심스럽다는 것이다(小川勝,「呪術師の諸問題-洞窟壁画の解釈をめぐって」, 鳴門教育大学研究紀要, 第23卷, 2008). 그 모습을 사진으로 보면 묘사하는 선인 묘선 描線도 세부사항도 선명하지 않다. 확실히 브뢰이유의 눈이 묘사의 질을 보장하지는 않는다.

구석기시대 사람들은 라스코나 알타미라 등 뛰어난 동굴벽화를 남겨서 후세 사람들을 매료시켰다. 그들이 그림, 조각, 회화의 소재로 선택한 것은 거의 동물이었다. 미국의 "부두의 하역노동자 철학자" 에릭 호퍼(1902~1983)는 『시작과 변화를 바라보며First Things Last Things』(1971)에서 이렇게 말한다. 선사시대 사람들은 인간인 자신들보다 뛰어난 존재인 동물을 숭배했다. 왜냐하면 동물 중 하나인 인간은 다른 동물들과는 매우 달랐으며 싸우는 발톱도, 이빨도, 뿔도 없고, 몸을 보호하는 비늘도 털도 없었기 때문이다. 구멍을 파거나,

수영, 달리기, 나무에 오르기 등과 같은 특수능력도 가지고 있지 않았다.

> 미완성의 결함 동물, 이것이 인간의 특이성과 독창성의 근원이다. 인간은 현재에 만족하지 못하는 유일한 동물이다. 인간의 이상은 주변의 동물들에서 볼 수 있는 여러 가지의 완전성을 통합한 존재가 되는 것이다. 인간의 예술, 춤, 노래, 의식, 그리고 발명은 인간이 동물로서 부족한 것을 보충하기 위해 암중모색한 것으로부터 태어났다. 인간 영성의 발단은 자신의 동물성을 극복하려는 열망이 아니라 뛰어난 동물이 되고자 하는 노력이었다(에릭 호퍼, 『시작과 변화를 바라보며First Things Last Things』, 정지호 옮김, 동녘, 2012).

인간이 동물을 숭배하고 흉내낸 것은 자신이 "미완성의 결함동물"임을 자각했기 때문이다. 인간의 이상은 주위에 있는 동물들의 "여러 가지 완전성을 통합한 존재"가 되는 것, 즉 뛰어난 동물이 되는 것이었다.

호퍼는 레 트루아 프레르 동굴 바위에 그려져 있는 주술사

sorcerer(마법사)에 대해서도 언급하고 있다. "인간의 얼굴을 하고는 있지만, 동물들의 장점을 모아 놓은 모습을 하고 있다. 사슴의 뿔, 늑대의 귀, 올빼미의 눈, 곰의 손, 말의 꼬리, 살쾡이의 생식기를 가지고 있다." 레 트루아 프레르 동굴의 반인반수 벽화는 1만 년 전 인류가 칠흑의 어둠 속에서 약간의 불빛에 의지하여 단단한 암반에 새긴 뛰어난 동물의 이상적인 표현이었다. 동물들이 가진 힘, 속도, 기술에 대한 동경과 갈망이었다.

동물신체의 아포리아[11]

호퍼의 지적처럼 오늘날 우리는 먼 옛날 인류가 갈망했던 동물들의 힘, 속도, 기술을 벌써 입수한 상태다. 우리는 선사시대의 인간이 갈망하는 뛰어난 동물의 능력을 성취했다. 핵폭탄을 포함한 현대무기의 공격성은 사슴의 뿔, 군사 위성과 컴퓨터·인터넷을 통한 정보수집능력은 늑대의 귀, 전자 망원경·전자 현미경이나 음파탐지기는 올빼미의 눈, 최신 기술에 의한 동력기계 및 자동차, 초고속열차, 비행기 또는 생명공학에 의한 강력한 운동성·생식성 등은 곰의 손, 말의 꼬리, 살쾡이의 생식기 등으로 연결할 수 있다. 이렇게 보

---

11   아포리아aporia란 통로나 수단이 없다는 뜻으로, 사유思惟가 궁하여 해결할 수 없는 어려운 일이나 방치할 수 없는 논리적인 난점難點을 일컫는 말이다.—역자 주

면 인간이 가지고 있는 능력들은 동물들을 훨씬 능가한다. 현대인은 지력知力이 강하다. 특히 최근 인공지능AI의 눈부신 발달로 인간의 지능은 무한대로 확장 가능해졌다. 그리고 그 이외의 신체성도 다른 동물들의 정점에서 군림하는 뛰어난 동물이 되어있다.

현대 문명을 통해 얻은 "동물신체·동물생명"은 생명 진화의 필연적인 경우에도 인간에게 행복하고 바람직한 진화라고 반드시 말할 수는 없다. 생명 진화와 관련해서 선사시대의 레 트루아 프레르 동굴이나 라스코 동굴로부터 북쪽으로 멀리 떨어진 문화도시 파리에서 태어난 베르그송이 말한 "생명의 비약élan vital"은 너무나도 유명하다. 이 논제는 다음과 같이 전개되어 간다.

물질과 생명을 낳고 키운 우주는 아무것도 없는 곳에서 물질이 생성되고 물질에서 생명이 탄생했다는 사실에서 거대하고 무한한 일종의 생명체라고 생각할 수 있다. 바다에서 태어난 생명은 내재되어 있는 동기가 된 원인動因으로서 생명의 비약에 의해 식물, 동물이라는 두 방향으로 분리되어 진화했다. 특히 동물 진화의 눈부신 정점에 선 인류는 기계기술과 산업문명 속에서 거대한 운동 감각을 손에 쥐었다. 인류는 신체뿐만 아니라, 욕망도 한없이 팽창, 비대화시켜 버렸다. 한편 거기에 생긴 것이 팽창한 신체와는 불균형적으로 작은 정신과 취약한 영혼이다. 오늘날의 인류에게 요구되고 있는 것은 "동물신체·동물생명"에 걸맞은 높은 영성과 강인한 영혼의 창조이다(『도덕과 종교의 두 원천』, 박종원 옮김, 아카넷, 2015).

미국 주도의 현대문명은 과학기술과 산업주의 속에서 동물적인 "힘, 속도, 기술"을 더욱 강화시킨 욕망을 추구하면서 뛰어난 동물에 매진한다. 베르그송이 요구했던 것처럼 인류의 동물신체·동물생명에 걸맞은 높은 정신과 강인한 영혼의 창조는 어떻게 해야 가능한가?

프랑스의 사회사상가·문명비평가이며 질주학dromologie을 제창한 폴 비릴리오(1932~2018)는 현대인이 획득하거나 획득하기 위해 부과하는 동물신체에 관련하여 스릴 넘치는 논의를 전개한다. 현대의 기술은 보다 높이, 보다 빨리, 보다 강하게 앞서는 경쟁을 하라고 내모는 구조를 기본원칙으로 한다. 이렇게 속도에 따라 국가와 사회도 조직도 개인의 생활도 구동되어 움직이는 사회 구조가 질주학이다. 이는 근대적인 진보사상이자 경쟁원리이며 자유주의 경제체제, 즉 자본주의적 산업구조다(占東哲明, 『瞬間を生きる哲学』, 筑摩書房, 2011).

현대기술은 자동차, 비행기, 제트로켓 등 "움직이는 놀이기구"와, 텔레비전이나 AV기기, 인터넷 등 장소 이동을 필요로 하지 않는 초고속의 "움직이지 않는 놀이기구"를 낳았다. 집에서 나오지 않아도 주거에서 부동상태에서 자신만의 안전하고 편안한 공간 확보cocooning가 가능해졌다. 현대를 사는 인류는 원시시대의 분방한 유목생활에서 부동상태로 변모하면서 "결정적인 정착상태"로 향하고 있다.

그것은 인류에게 직립 자세의 출현과 대등한 정도의 큰 변화이다. 그러나 동시에 그것은 새로운 유형의 동력으로 향하는 "긍정적인 진화"가 아니라, 앉은뱅이 인류의 도래, 더 심한 경우에는 누워만 있는 인류의 도래라고 하는, 공간을 병적으로 부동화하는 "부정적인 행동회귀"라고 말할 수 있다(『L'Inertie polaire』, 2002).

인류는 수백, 수천만 년에 걸쳐 획득한 "서 있는 자세"를 버리고 땅에 수평으로 누워 있는 동물로 신체가 퇴보된다. 더 나아가 실제로 땅에 발을 붙이지 않는다. 신체는 무중력으로 땅과 하늘 사이에 영향을 받지 않는 상태이다. 인류는 〈하늘-사람-땅〉이라는 수직적인, 태양과 중력에 의해 정해진 우주의 기축을 잃고, 자신의 무게만을 의지하는 정지된 물체가 된다. 살아가는 땅을 상실한 신체가 대지를 떠나 지상을 부유한다. 자신의 육체에서 탈출하고 자신의 육체에서 영원히 추방된다. 동물신체는 익숙함의 종말이라고 비릴리오는 말한다.

생명의 근원으로서의 식물

수억 년 전에 동물은 원시식물에서 갈라져 나와 진화를 거듭하였다. 환경에 제한되지 않고 자유롭게 이동할 수 있는 신체를 손에넣은 인간은 이외에도 다른 생물을 훨씬 능가하는 지력을 획득했다. 동물학자 에른스트 헤켈(1834~1919)은 "개체발생은 계통발생을반복한다." 개체발생은 계통발생을 단축시키거나 급격하게 반복시키는 것이다. 이 반복은 유전과 적응의 생리적 기능에 의해 규제된다. 그러나 인간의 기억 깊은 곳에는 먼 옛날의 식물신체, 식물생명시대의 추억이 새겨져 있는 것일지도 모른다. 물리학자 일리야 프리고진(1917~2003)은 물질의 비 폐쇄계로부터 자기 조직화에 의해 생명이 탄생했다(산일散逸, 흩어져 없어짐)고 했다. 이를 가리켜 "산일구조론"이라고 한다. 또 생물은 생명의 고향인 물질(무기물)로 돌아가려는 무의식적인 본능이 있다(「쾌락 원칙을 넘어서」, 윤희기 옮김, 열린책들, 2004)라고 프로이트는 말했다. 그러나 인간의 무의식은 그 고향인 물질(무기물)로 되돌아가는 것이 아니라, 원초적 생명체로서 지구에 탄생한 식물에 대한 향수가 더욱 현저한 것이 아닌가?

식물을 사랑하는 것은 인간의 근원적인 감정으로서, 식물에서 동물로 진화한 기억이라는 깊은 뿌리에서 파생되었다. 영국의 고생물학자 리처드 포티(1946~)는, 우리의 무의식 깊은 곳에는 실루리아기에서 데본기에 걸쳐 대지가 푸르러지고, 최초로 에덴동산이 탄생했을 무렵의 기억이 남아있는지도 모른다(『생명-40억 년의 비밀』, 이한음 옮김, 까치, 2007)고 말했다. 포티는 "녹음緑陰 사상"이라는 말의 어원으로 알려진 17세기 영국 시인 앤드류 마블의 시 "정원The Garden"에서 이를 보았다.

The mind, that ocean where each kind

Does straight its own resemblance find;

Yet it creates, transcending these,

Far other worlds, and other seas;

Annihilating all that's made

To a green thought in a green shade.

다른 언어로 번역하면 난해하고 어려운 영문 구절이지만, 이 책의 저자는 다음과 같이 번역하고 있다.

　　정신이란 자신이 모습을

　　거짓 없이 비추는 바다가 된다.

　　그러나 그것은 세상을 초월한

　　다른 세계, 다른 바다를 창조하고

　　만든 모든 것을 소멸하여

　　마침내 녹음 초목의 생각 속으로 돌아간다.

　800만 년 전의 옛날, 오직 인류만이 몸을 일으켜 세우고 직립이족보행이라는 천지 수직의 식물적 신체를 얻었다. 그것은 하늘을 우러러 땅의 리듬에 따라서 사는 식물생활을 다시, 그리고 항상 생동시키기 위해 선택한 불가피한 본능일 것이다. 최신 뇌과학은 의식-의지, 동물적이고 인간적인 것을 관장하는 신경세포(뉴런)과 관련하여 원초적·무의식적, 우주의식적인 신경아교glial세포의 역할과 크기에 주목한다. 이들은 모두 동물적인 인간의 무의식에 있는 〈식물인 것〉의 중요성을 말하고 있는 것처럼 보인다.

　식물은 우주적인 생명과 신비에 닿아 있다. 우주의 원초적 생명을 느끼게 하고 우주 힘의 구체적 상징, 우주와 일체적으로 연결된 생물로 우리 앞에 존재한다.

"봄이 되어 동풍이 불면, 그 바람에 부탁해서 배소(유배지)인 다자이후(후쿠오카)에 향기를 보내주게, 매화꽃이여. 주인인 내가 없다고, 꽃피는 봄을 잊지 마시게"(스가와라노 미치자네菅原道真)

일본의 정서를 표현한 글귀 중 하나로서 식물을 의인화하고, 식물과의 일체감 속에 자신의 삶을 이입시킨 것이다. 무궁하고 영원한 우주와 일체적으로 연결되어 있는 식물에 대한 생각이 바탕인 것이다.

서양은 동물을 먹으며 동물적 또는 부성적·능동적인 데 비해, 식물을 먹는 동양은 식물적 모성적·수동적인 경향을 띠며 오늘날에 이르고 있다. 동아시아의 인간, 특히 일본인은 예로부터 "식물 신체"를 특징으로 삶을 영위해왔다. 서양의 문장紋章(emblem)들이 맹수를 중심으로 하는 것과 달리 일본의 가문家紋(family emblem)은 식물이 대부분이다. 일본인이 두드러지게 자연과의 일체성을 갖는 근저에는, 춘하추동 사계절의 풍부한 자연, 국토 3분의 2를 산림이 차지하고 있는 것 등에서 알 수 있듯이 식물과의 밀접한 관계성이 자리 잡고 있다.

　우리 집 뒷마당에는 남북을 가로지르는 이세신궁가도伊勢參宮街道에 있던 모토오리 노리나가本居宣長의 고택(마츠자카시)이 있다. 더 가면 이세시 이세신궁이 있다. 전자는 "일본의 야마토정신을 인간이 물으니 아침해에 풍겨오는 산벚나무로다."라고 유명한 노래를 읊었다. 후자의 그 신사에 모신 신은 황실의 조상신으로, 고목신(『고서기』 '진무'와 『일본서기』 '진무천황 즉위 전 기무 5년 6월 18일)이라는 별칭을 가진 아마테라스 오미카미天照大神이다. 모두 식물이 주인공이다. 일본의 옛 이름을 "豊葦原千秋長五百秋瑞穂国" 혹은 "豊葦原瑞穂国"이라고 하였다. 그 의미는 "갈대가 무성하게 우거진 것처럼 언제까지나 신선한 벼 이삭이 여무는 국가"이다. 일본 국민은 "인초人草(민초)" 혹은 "청인초青人草"라고 한다. 일본 개벽신화에서 신들도 "갈대싹葦牙과 같이 싹튼다"(『고사기』-상). 국가와 민족, 최고신을 비롯해 신들을 초목에 비유하는 것도 인간의 마음속에 숨어있는 "녹음과 초목의 생각a green thought in a green shade"이 반영되어 있다고 볼 수 있다.

3. 미키 시게오三木成夫의 〈식물생명론〉

일본인의 생명과 형태

하이데거와 야스퍼스의 스승이였던 호세Jose Ortega y Gasset의 후계자인 스페인 역사철학자 루이스 디에스 델 코랄Luis Díez del Corral(1911~1998)은 "농업을 하는 일본인은 식물이다."라고 말했다. "쌀을 경작하는 자는 보리를 경작하는 사람보다 땅과 더 깊게 관련이 되어 땅에 더욱 예속적이다. 빵을 주식으로 먹는 나라에서는 경작인이 쟁기로 흙을 갈고 씨를 뿌릴 때 대지의 어머니의 마음을 느끼지만, 그 후에 대지는 다시 인간으로부터 관여를 받지 않고 스스로 주역이 된다. 하지만 쌀을 경작하기 위해서는 대지를 풍부하게 만드는 물과 함께 긴 시간에 걸쳐서 아주 친밀하게 지내야 한다. 농민이 그 논에서 다리를 진흙 속 깊이 넣으며 일할 때, 인간이 대지 안에 포함되어 정착해 가는 극점이 출현한다. 그때 인간은 동물이라기보다 오히려 이성을 갖춘 식물이다(『En los templos de Angkor』, 1963)". 일본의 가옥은 토대부터 지붕까지 모든 "나무와 식물재료"로 만들어지고 있다. 코랄이 말한 "이성을 갖춘 식물"이라 함은 직접적으로는 농민을 가리키는데, 일본문화가 식물이라는 주장은 일본인 전체를 가리키는 것이라고 보아도 좋다.

일본 신화도 역시 일본인은 식물이라고 주장하고 있는 것처럼 보인다. 주지하는 바와 같이 『고사기』에서 오미카미天照大神의 3종 신기神器를 받들어 다카마가하라高天原로부터 지상으로 강림한 아마테라스 오미카미의 손자인 호노니니기[12]는 아름다운 후지산의 신인 고노하나사쿠야히메[13]와 못생긴 바위의 신이자 언니인 이와나가히메[14] 자매와 결혼했다. 그들은 산의 신인 오야마츠미노카미[15]의 딸이었다. 미인인 코노하나노사쿠야히메는 벚꽃과 같은 번영을, 추녀인 이와나가히메는 돌과 같은 영생을 각각 상징한다.

그러나 니니기노미코토는 장수하였지만 미인이 아닌 〈이와나가히메=돌〉을 거부하고, 번영을 상징하는 미인인 〈코노하나노사쿠야히메=식물〉을 선택했다. 그렇기 때문에 오야마츠미노카미大山津見神는 이를 원망하여, "천진신의 자녀는 나무꽃인 벚꽃처럼 덧없이 짧을 것입니다"(『고사기』, 상권)라고 저주하고, 이와나가히메도 "그 태어난 아이는 반드시 꽃과 같이 떨어질 것이다(『일본서기』, 신대하神代下·제9단第九段)"라고 저주를 걸었다. 오리구치 시노부折口信夫는 "못생긴

12　天津日高日子番能迩々芸能命 또는 天津彦火瓊瓊杵尊, 아마쯔히타카히코호노니니기노미토토, 줄여서 흔히 "호노니니기"라고 한다. 일본의 조상신이자 태양신인 아마테라스 오오미카미의 손자.

13　木花之佐久夜毘売, 또는 木花之開耶姫, 고노하나사쿠야히메, 단풍잎과 번영을 관장한다.

14　石長比売 또는 磐長姫, 이와나가히메, 돌처럼 영원을 상징한다.

15　大山津見神, 오야마츠미노카미, 농업과 사냥을 관장한다.

여자를 물리치고 아름다운 여자와 결혼하자, 그 미녀 사이에 태어난 자식의 혈통 대대로 이어지는 집안에 저주를 걸었다."라고 해석하였다.

이 이야기는 황조신皇祖神이 아름다움에 대한 대가로 장수를 잃었다고 봐야 할 것인가? 혹은 스스로의 의지로 죽지 않는 저주를 회피한 이야기인 것인가? 이와나가히메를 거부하고 코노하나노사쿠야히메를 아내로 선택한 것은, 추녀=돌·바위처럼 영원한 생명이 아니라 미녀=꽃처럼 짧은 생명을 선택한 것이며, 생명 없이 땅에 파묻힌 광물적 "힘·모습·형태"가 아니라, 천지 수직으로 생생한 식물적 힘·모습·형태를 선택했다는 것을 의미하는가? "청인초"(『고사기』)인 보통의 일본인에게는 어디라도 상관없다.

뛰어난 해부학자이며 사상가로서 사후 널리 알려진 미키 시게오三木成夫(1925~1985)는 인간이 가진 식물신체, 식물생명을 강조했다. 비대화된 뇌를 가지고 눈앞의 욕망과 자극에 휘둘려 사는 "동물생명"과 달리 대지를 딛고 태양을 자신의 심장으로 대우주와 교류·공명하면서 생명을 유지하는 것이 식물생명이다. 동물이면서 이족직립하고 천지 수직인 식물신체를 선택한 인류, 이른바 동물과 식물 각각의 신체·생명을 겸비한 인간이 이제는 전자 〈동물신체·동물생명〉에 압도되고, 후자를 돌아보지도 않는 삶을 영위하고 있다. 식물이라는 것은 우주와 일체를 이루고 있다. 즉 식물의 몸의 연장은 우주 자체다. 그런데 동물이라는 것은 우주를 자신의 몸 안에 집어 넣는다. 이른바 소우주라는 것을 안고 있기 때문에 그 우주에서 어느 정도 분리된다. 말하자면 자연에 대해 자폐적이게 되는 것이다. 그러나 식물은 우주와 한 몸인 동체이기 때문에 모아둘 필요가 없다(『생명과 리듬』, 황소연 옮김, 바다출판사, 2014).

주요 저서 『생명형태학서설-근원현상과 변형』(1992)에서도 이렇게 말하고 있다. 식물은 동물보다 강하게 "우주리듬"에 친화성을 갖는다. 이에 비해 인간은 동물 중에서도 우주리듬과 거리가 가장 멀다. 식물은 "영양-생식"의 삶을 영위하기 위하여 하늘을 향해 몸을 쭉 펴고 뿌리를 지면에 수직으로 내려서 대지를 지향한다. 지구의 구심을 관통하는 역선力線에 훌륭하게 적응한 모습으로, 지구가 가진 "형태 극성"에 맞추어 자신의 자세를 준수하고 있다.

식물이 가진 우주리듬은 봄부터 여름에 걸쳐 무성하게 성장하고 여름부터 가을에 걸쳐 꽃을 피우고 열매를 맺는 양극상, 즉 만물이 무르익는 봄과 모두 시들어가는 겨울이라는 지구가 가진 "운동극성"과 완전히 일치한다. 식물들의 삶은 대자연이 만들어내는 색상, 모양 안에서 시간적, 공간적으로도 완전하게 짜여 있다. 식물은 동물처럼 감각과 운동에 종사하는 장비를 하나도 갖지 않는다. 완전히 "숙면상태"인 그들이 사멸에서 벗어날 수 있는 것은 이처럼 대자연과 밀접하게 연관된 삶을 계속해서 영위해나가는 능력에서 유래한다. 감각적으로 완전히 장님인 식물들이 지구의 중심을 향해 정확하게 뿌리를 내리고, 또한 가을의 도래와 함께 갑자기 잎을 떨어뜨리는 것은, 자신과 우주를 연결하는 유대감의 작용에 의한 "원遠"의 기억의 목소리에 의한 결과로 본다.

한편 동물은 감각-운동의 성능에 의존해 사냥감을 찾기 위해 몸의 중심을 지면에 평행으로 유지하고 어지럽게 방향을 자유자재로 움직이며 다닌다. 그 자세는 지축地軸을 관통하는 역선力線 방향에서 직각으로 방향을 바꾸고, 이에 등지는 것이 된다. 감각-운동의 성능을 발휘하면 할수록 동물은 자연의 리듬에서 떨어져 나간다. 고대의 사람들이 항상 나무를 숭배하고 그들을 지켜왔던 것은 자연과 일체를 이루는 나무와 우주의 대자연·생명의 근원적 행위에 대한 깊은 경외감의 표현이었다.

800만 년 전 옛날, 인류만이 네 발로 걷는 동물신체에서 몸을 일으켜 세워 두발로 천지 수직하는 식물신체를 얻었다. 하늘을 따라 대지에 뿌리를 내리고 사는 식물생명을 생동시키기 위한 불가피하고 본능적인 선택이었을 것이다. 인간의 정신이나 사회가 헤겔이 말한 대로 조용히 공존하는 식물정신에서 서로 분열, 투쟁하는 동물정신으로 이행(진보進步)했다면, 인간신체의 내부와 대조적으로 대우주와 교향·공명하며 살아가고자 하는 식물생명이 조용히 숨 쉬고 있다. 미키가 말하는 식물신체·식물생명론은 노년기에 들어간 인간의 또 다른 삶을 말한다. 확대를 목표로 끊임없이 움직이는 것이 아니라 하늘을 우러러 대우주의 리듬에 맡기고, 밟고 있는 대지에 조용히 몸을 맡기는 삶은 나이 든 사람들에게 어울리는 것이기도 하다.

인간의 서 있는 자세

미키는 해부경험을 바탕으로 독특한 철학을 전개한 요시모토 다카아키吉本隆明나 요로 다케시養老孟司 등의 사상가와 학자들에게 높이 평가되어 단행본도 출판되는 등 이름이 알려졌지만, 일반적으로 아직 무명의 존재이다. 그 프로필과 함께 〈미키형태학〉을 보고자 한다.

그는 1925년 크리스마스이브에 가가와현 마루카메시 산부인과에서 넷째 아들로 태어났다. 오카야마대학의 전신인 6년제 고등학교에 입학하고, 규슈제국대학 공학부 항공학과에 진학했지만 패전으로 항공학과가 폐지되었기 때문에 다음해 도쿄대학 의학부에 입학하여 해부학을 배웠다. 도쿄대 의대 해부학교실 조수에서 시작해 도쿄대 의대 치과대학 해부학교실의 조교수를 거쳐, 도쿄예술대학 교수로 취임했다. 1987년 8월 뇌출혈로 인해 61세의 젊은 나이로 사망했다.

도쿄대학대학원 해부학교실에 입실하여 2년째 우울증을 앓았기에 정신과 의사인 지타니 시치로千谷七郎 도쿄여자대학 교수에게 진료를 받았다. 지타니는 불교를 비롯해 괴테, 독일의 생명 철학자인 루드비히 클라게스(1872~1956) 등의 연구로도 알려져 있었다. 지타니와의 만남을 계기로 미키는 생명의 본질과 인간의 삶과 같은 철학적 문제에 눈을 떴다. 지타니의 소개로 재야 사상가·교육자인 도미나가 한지로富永半次郎(1883~1965)에게 사사받아 원시불교와 노자·공자 등 동양사상, 『고사기』, 『겐지모노가타리源氏物語』, 『바쇼의 문인芭蕉の門人』, 다카라이 기카쿠宝井其角의 하이쿠 등 일본의 고전, 괴테의 문학과 자연과학, 클라게스 철학 등을 연구하고, 자신의 생각을 펼쳐나갔다.

　미키의 해부학이 자연과학 분야를 뛰어넘어 깊은 철학적 성격을 띠고 있는 것도, 젊은 날에 삶의 의미를 탐구하고 인간 존재와 세계에 대한 진지하고 실존적 고뇌를 공부한 덕이 컸다. 요시모토 다카아키를 시작으로 요로 다케시, 나카무라 유이지로中村雄二郎, 무술가의 고노 요시노리甲野善紀 등 당대 최고의 사상가들에게 존경을 받고 있던 미키는, 단순한 해부학자가 아닌 굉장한 사상가였음을 보여준다. 특히 요시모토는 미키의 생명형태학의 통찰력을 오리구치와 마르크스에 견주었으며, 미키와의 만남을 하나의 사건이었다고 말했다. 무엇보다 놀라운 것은 생명체의 발생부터 사람으로의 진화까지의 연속적인 과정이 내장과 신경근육의 발생과 발달에 의해 철저하게 파악되었고, 우주의 리듬과 생물체의 체내리듬이 호응하는 관계에 있다는 인식으로 발전되었다는 것이다. 사람을 포함하여 생물체도 자연의 일부라는 것은 여기에 명시되어 있다(「三木成夫について」, 『海・呼吸・古代形象』, 所収).

　생전에 출판된 저서 "내장의 움직임과 아이의 마음"(1982년 사후에 『내장과 마음』이라고 풀이되어 문고화, 2013)과, 『태아의 세계』(1983)의 두 권 이외에 사후에 출판된 『생명형태의 자연저널 제1권 해부학』(1989),

『바다·호흡·고대형상』(1992),『생활형태학 서설-근원형상의 변형 Metamorphose』,『인간 생명의 탄생』(1996),『인간의 몸-생물사적 고찰』(1997),『생명과 리듬』(2013) 등을 참고로 미키가 말한『생명형태학』을 살펴보자.

　　인간을 포함한 모든 동물의 몸은 코에서 꼬리까지 "감각-운동" 체벽계体壁系의 "동물기관outer tube", 입에서 항문까지 "영양-생식"의 내장계, "식물기관inner tube"이라는 내외 이중 원통형 구조로 만들어져 있다. 원통형 구조의 중심에 있는 것이 내통으로 식물기관=식물축이다. 이것을 근육과 체벽이라는 외통으로 덮고 있는 것이 동물기관=동물축이다. 식물기관은 동물기관에 앞서서 형성된 모든 생물의 〈생명〉의 기본축이다. 비대해진 뇌를 가지고 눈앞의 욕망과 자극에 휘둘려 사는 동물과 달리, 대지를 딛고 태양을 자신의 심장으로 삼아, 대우주와 교류·공명하면서 삶을 유지하는 것이 식물이다. 동물 중 인간만이 신체축을 천지에 수직으로 세워 사는 식물과 같은 자세로 살아있다. 태양과 대기, 물과 흙이라고 하는 조건 하에서 삶을 영위하고 있는 식물은 자연 중 가장 순종하는 존재이다. 식물은 우주와 생명의 기원인 중력에 가장 솔직하게 따라 살았기 때문이다(『生命形態の自然誌』).

지구상에 사는 생물은 모두 중력에 영향을 받는다. 식물만이 하늘과 땅 양방향으로 몸을 수직으로 늘리는, 즉 중력의 방향에 순순히 따르는 자세를 유지한다. 인간도 몸을 직립시키는 것으로 중력의 영향을 약하게 함으로써 중력에 반발하는 삶을 영위하는 다른 동물들과 달리, 중력의 방향에 솔직한 식물적인 신체를 가졌다. 식물과 인간은 하늘과 땅에 수직인 직립신체에서 중력 방향에 대한 솔직함, 이른바 중력에의 동의라는 신체적인 특징을 갖는다.

식물은 태양과 물의 혜택을 받으며 땅과 밀착하여 음식물 본래의 영양생식을 경영한다. 독립영양, 즉 먹이를 다른 존재에 의존하지 않고 살 수 있는 독립성에서 다른 동물과 다르다. 한편, 동물은 먹이를 구하기 위해 몸 축을 대지에 평행하게 유지하여 움직인다. 동물의 감각·운동·섭식의 형태는 항상 수평 방향으로 이동한다. 이에 반해 식물은 몸의 축을 태양이 빛나는 하늘을 향해 곧게 뻗어 어머니인 지구에 깊은 뿌리를 내린다. 그 삶과 식생활 행동과 지향, 생장형태는 수직이 기본이다.

식물이 "영양-생식"의 삶을 영위하기 위해 땅에 깊이 뿌리박고

하늘을 향해 그 몸을 뻗어 버린 그 자세…그것은 생각해 보면

몸의 축을 지면에 수직으로 하여 땅을 향하는, 즉 지구 구심을 관통하는 역선力線에 훌륭하게 적응한 모습이다. 다시 말해 지구가 가진 형태극성에 자신의 자세를 맞추는 것이다(『生命形態の自然誌, 第一巻』).

동물은 그 몸의 축을 지구의 형태극성, 즉 지구의 구심을 관통하는 역선力線에서 직각으로 방향을 바꾸고 이에 등지는 방향으로 부자연스러운 자세를 유지하며 살고 있다. 그것은 씨앗에서 작은 뿌리를 땅에 꽂아 내리는 한편, 어린 싹이 태양이 빛나는 하늘을 향해 수직으로 뻗어가는 식물이 몸의 축, 즉 삶의 형태를 천지와 수직으로 유지하려는 것과는 크게 다르다.

태양을 심장에, 하나는 하늘에서 땅을 향해, 다른 하나는 땅에서 하늘을 향해 끝없이 도는 거대한 순환로, 그것은 마치 모세혈관 부위에 해당한다(『海・呼吸・古代形象』).

먼 옛날 태고의 바다에서 태어난 생명체는 바다에서 육지에 올라오면서 하늘과 땅을 향해 일직선으로 몸을 뻗는다. 식물은 하늘에서 쏟아지는 태양(빛) 아래에서 지상에 존재하는 재료(물·이산화탄소·무기물)들을 바탕으로 성장·생식한다. 식물은 자연의 4대 원소(땅·물·불·바람)를 최대한 활용하기 위해 그 몸을 하늘과 땅을 향해 곧게 뻗어, 매우 효과적이고 무리 없는 자세를 선택했다.

이에 비해 기어 다니는 무리한 자세로 오랜 세월을 보낸 동물은 태고의 시기에 단숨에 일어서는 데 성공했다. 인간의 직립모습은 동물의 진화 정점을 장식하기에 걸맞은 하나의 상징이다. 왜냐하면 직립은 이미 고생대 옛날에 이 몸축을 완성시킨 식물을 보는 것과 같이, 중력의 방향에 따라 가장 순수한 형태이기 때문이다(『生命形態学序説-根原形象とメタモルフォーゼ』).

동물과 식물의 삶의 차이

일본을 대표하는 고전예능 중 하나인 '노能'는 인간의 서 있는 모습을 상징하고 있다. 동물 진화의 정점인 인간의 직립 모습은 지구의 형태극성에 동의한다는 점에서 식물을 닮았기 때문에 서 있는 자세를 기본으로 한다. 한편, 동물적인 움직임은 최대한 억제되어 있다. 이러한 '노'의 표현은 우주와 공명하는 식물을 인간의 서 있는 자세에 투사하는 것이다. '노'에 우주가 내재된 이유가 여기에 있다. 식물이 영양-생식의 삶을 영위하면서 하늘을 향해 그 몸을 뻗어 대지에 깊이 뿌리를 내리는 자세는, 중력의 힘을 거역하지 않는 가장 솔직한 모습, 즉 중력에 대한 동의를 보여준다. 그뿐만이 아니다. 식물은 한편에서 영양-생식의 리듬-봄부터 여름까지 무성한 성장과, 여름부터 가을에 걸쳐 꽃을 피우고 열매를 맺는 양극상과 새순이 나는 봄, 수목이 우거지는 여름, 결실의 가을 그리고 시들어가는 겨울은 전형적인 생활곡선-지구가 가진 "운동극성"과 일치한 삶의 모습, "자연리듬과 생물리듬"의 하모니를 훌륭하게 나타낸다(『生命形態学序説』).

　미키형태학에서 말하는 식물의 "운동극성"은 우주의 리듬에 순종하는 것만을 나타내지 않는다. 식물의 형태극성에 나타난 중력에의 무조건 동의는, 깊이 내려가 있는 지구의 중심에서 무중력이라는 정반대의 힘으로 변환된다. "중력에 대한 동의", 즉 식물의 무조건적이고 근원적이며 절대적인 수동성은 겉으로 드러나지 않는 서 있는 모습 가운데에 척력斥力(두 물체가 서로 밀어내는 힘-역자 주)이라는 물리법칙으로 설명할 수 없는 무한의 부력을 가진 개방성, 해방된 능동의 힘에 대한 가변성을 보장한다.

생명탄생으로부터 38억 년이라는 유구한 흐름 속에서, 지구상의 생물세계는 식물과 동물의 두 방향으로 나눠져 왔다. 식물과 동물의 두 생활상에 분화한 생물의 생명형태이다. 특히 인간의 몸은 몸의 축을 대지에 평행하게 유지하여 움직이는 동물의 몸으로써 눈, 코, 귀의 감각계, 뇌를 중심으로 한 전달계·신경계, 근육·골격의 운동계임과 동시에, 하늘과 땅의 양방향에 직선으로 몸의 축을 뻗는 식물의 몸인 호흡계(소화·호흡), 순환계(혈액·맥관), 배출계(비뇨·생식)라는 동물·식물의 신체를 동시에 가진다. 그리고 수직의 식물신체를 유지하고 사는 동물은 인간뿐이다. 입-항문(음식과 성)은 식물성 기관이 인간을 포함한 모든 동물의 몸 중심을 관통하며, 생명과 존재의 본질적 부분을 형성하고 있다. 동물과는 달리 땅에 깊이 뿌리박고 주위의 변화에도 동요하지 않는다. 우주의 리듬에 온몸을 맡기고 평생을 살아가는 식물은 우주와 한 몸, 동체의 관계로 연결되어 있다. 미키에 따르면 생명체로서의 인간의 존재이상理想은 동물적인 것에 있는 것이 아니라 오히려 식물적인 것에 있다.

식물과 동물의 각각의 삶이 … 즉 한편으로는 대자연 속에 중심을 두고, 충만한 결실의 일생을 보내는 데 비해 다른 하나는 그

냥 미끼라는 좁은 목표에 계속 휘둘린다.…모든 사람이 가진 식물적인 것은, 자연에 대한 갈망과 동물적인 것에 대한 절망으로부터 태어난 것으로 생각된다(『ヒトのからだ-生物史的考察』).

동물에서는 거의 열리지 않았던 "마음의 창"을, 인간은 어느 날 갑자기 일어나 하늘과 직면하여 손에 넣었다. 마음의 창은 이렇게 인간에 이르러 비로소 활짝 열린다. 여기에 열린 인간의 마음은 이웃과 마음을 통하게 하고, 동물들도 마음을 통하게 하여 마침내 식물도 천지만물과 모든 것에 마음을 통하여 공감할 수 있게 되었다. 일본에 사는 사람은 멀리 떨어진 작고 외딴 섬이라는 지리적 조건과 산으로 막혀 자유로운 왕래가 어려운 지형적 조건(소위 "소분지우주"), 또한 농경생활을 기본으로 하는 폐쇄적인 동네사회라는 사회적 조건, 『고사기』와 『일본서기』에 의해 갈대의 싹이 돋아 성장하는 모습에 비유한 고대 일본의 국토와 신들과 함께, 수경재배농업에 의존하여 오랜 역사를 살아왔다. 근대 이전의 일본인은 좋은 의미든 나쁜 의미든 땅에 고착되고 이동이 불가능하여, 하늘과 땅에 몸을 뻗는 식물에 가까워졌다(여기에서의 해방은 마지막 〈부록〉에서 보여줄 일본인의 "여행"이다).

인간의 직립 모습은 동물 진화의 정점, 그 상징이다. 하늘과는 무관하게 몸의 축을 땅에 평행하게 유지하며 살아가는 동물적 삶에서, 몸의 축을 땅에서 수직으로 하늘을 향해 몸을 뻗는 식물적 삶으로 진화했다. 땅에 뿌리를 내리면서 대우주에 열려있는 식물의 수직축과, 땅에 속박되는 것을 선택한 동물의 평행축이다. 대우주에 열려있는 식물의 "원遠"을 본받아 동물의 "근近" 감각이 양극인 몸의 축을 갖춘 곳에 인간 몸의 독자성이 있다.

동물의 두뇌, 식물의 심장

동물기관의 중심에 있는 것이 뇌, 식물성 기관의 중심에 있는 것이 심장이다. 그러나 동물 가운데 인간만이 심장=감정을 뇌=정신의 압도적인 지배에 맡겨두고 있다.

동물적인 몸의 축을 벗어난 인간이 식물처럼 몸을 수직으로 직립시키면서 획득한 것이 거대한 뇌이다. 인간 삶의 중심은 동물의 식물기관 중심인 심장에서 뇌로, 마음에서 논리로 이행한다. 그것은 뇌가 마음의 소리에 귀를 기울이는 삶 중심bio-zentrisch의 생각이 마음=심장의 목소리를 잃는 로고스 중심logozentrisch, 즉 이성(정신중심)

의 사고로 바뀐 것을 의미한다. 그러나 독일의 "삶의 철학자" 루트비히 클라게스(1872~1956)가 말했듯이, 그 존재에 대우주와 강하게 연결되어 있다는 "깊은 유대감"과 생명탄생 이후의 머나먼 기억을 가진 것은 뇌의 지배를 받는 동물이 아니다. 삶을 영위하는 중심인 심장을 가진 식물이다(『生命形態序説-根原形象とメタモルフォーゼ』).

클라게스가 데카르트 이후 인간이 가진 "로고스 중심의 세계상 logozentrische Weltbilder"에 대한 적대시를 감추지 못했다는 지적은, 정신 중심의 세계상 아래에 비시공적(비우주적) 위력인 정신이 인간의 생명을 정신에 대한 "육체와 심정"이라는 상반된 두 극에 분극시켜 버림으로써 인간의 생명을 없애버릴 우려가 나왔기 때문이다(『geist und leben』). 인간의 생명을 진정한 생명답게 하는 것은 우주생명이다. 하지만 그 담당자가 되는 것은 정신이 아니라 "육체와 감정"이다. 클라게스가 말하는 정신/육체와 감정이라는 대립적인 양극은 각각 뇌와 심장에 대응하고 있다. 우주생명의 수용이 가능한 것은, 정신=뇌에 의해 분단되기 이전의 육체와 심정=심장에 지나지 않는다. 우주생명은 심장을 통해서 인간은 우주의 고아孤兒라는 "생의 고립"을 벗어나서 삶의 충실을 도모할 수 있기 때문이다(『Prinzipien der Charakterologie』).

현대인의 특징은 욕망에 사로잡힌 채 오로지 땅을 기어 다니는 동물적인 삶, 오로지 상대방의 먹이를 빼앗는 동물적인 문명에 있다. 이에 대해 하늘을 우러러 땅에 뿌리를 내리는 수직적인 삶, 중력에 몸을 맡기는 조용한 지성, 우주와 공명하는 삶은 식물문명으로의 전환이다. 미키는 해부학의 연구 결과를 통해, 중력에 반발하며 사는 동물과 달리 중력에 순종하며 사는 식물에서 인간 삶의 이상을 본다. 하늘을 향해 그 몸을 뻗는 식물의 자세를 미키는 특히 좋아했다.

광합성을 통해 자급자족 능력을 갖춘 식물이 심어진 상태의 삶을 영위하는 반면, 이 능력이 결여된 동물은 끊임없이 움직이는 초목의 결실을 요구하지 않을 수 없다. 동물의 음식은 식물의 열매이거나 그것을 먹은 동물의 몸이다. 호흡도 식물의 배기가스인 산소에 의해 이루어진다. 동물이 먹이를 획득하는 과정에서 태어나는 것이 대체적인 우열·이해利害의 감정이며, 그것은 당연한 일로서 경쟁·적대로 발전해나간다(『ヒトのからだ-生物史的考察』). 미키의 생명형태학에 있는 식물적인 것들에 대한 애정과 동물적인 것에 대한 기피가 자아를 동물적인 과정의 연장선상에서 파악하는 것과 연결되어 있다는 지적은, 식물과 동물의 삶과 동작·행동방법 등과 관련되어 있다.

먹이를 찾기 위해 몸의 축을 지면에 평행하게 유지하고, 그 콧
등을 낮춘 다음 어지럽게 방향을 바꾸어 가면서 자유자재로 오
가는.… 우리가 평소 눈앞의 일에 일희일비하고 그들에게 흔들
려 요동하는 것은 이러한 동물적인 측면이 "혹사酷使"당한 결과
라고 볼 수 있다(『生命形態学序説』).

동물들은 항상 음식 획득의 숙명을 짊어졌으며, 한정된 생활공
간 속에서 먹이를 찾아 끊임없이 두리번거리며 돌아다니고 있다.
동물이 밤낮으로 먹이를 찾아 달리고, 수영하고, 날아다니며, 땅을
방황하는 반면, 식물은 몸을 하늘과 땅을 향해 느긋하게 뻗어가며
삶-증식-죽음의 리듬을 사계절의 변화에 맡겨 대자연 속에서 자리
를 잡고 비옥한 일생을 보낸다. 식물은 우주와 땅에 몸을 맡기고 유
유자적한 생을 이룬다.

심어둔 채로 스스로 자라는 그들에게는 움직이는 필연성은 처
음부터 없었던 것이다. 산불이 닥쳐도, 감 도둑이 나무를 타고

올라와도 아프지도 가렵지도 않다. 가까이에서 흔들리는 세계를 대신해, 단지 우주의 멀리만이 아닌 공명 세계가 되어갔던 것이다. 지구의 중심에 몸의 축을 두고, 태양계의 운행에 삶의 리듬을 맞춘 식물 본래의 모습일 것이다(『海·呼吸·古代形象』).

미키는 동물적인 방향으로 치우친 현대인을 식물적으로 바꿈으로써 인류 진화의 가능성을 보려고 했다. 여기에서 보는 것은 자기의 이해에만 민감하여 불리·위험을 감지하거나 즉각 피신하려고 하는 동물적인 것들에 대한 기피이다. 동시에 그것은 모든 종류의 자극에 즉시 반응하지 않고 완만하게 반응하는 능력(니체, 『우상의 황혼』, 『이 사람을 보라』)을 가진 식물에 대한 동경이라고 말해도 좋다.

우주와 공명

나의 집 근처에 있는 임제종臨濟宗[16] 동복사파東福寺派의 유명한 사찰 용광사龍光寺에서는 매년 3월 봄의 도래를 알리는 풍물로서, 예부터 시민에게 사랑받는 와불寢釈迦 축제가 열린다. 참배하는 길 양쪽을 떠들썩하게 채우는 200개에 가까운 노점과 벼룩시장을 즐기는

---

16   임제종臨濟宗은 중국의 선종 오가(임제·위앙·조동·운문·법인), 일본 불교에서는 선종의 하나이며, 가마쿠라 불교의 한 종류이다.

많은 참배객들이 있다. 본당의 오른쪽 아래에는 옆으로 누운 석가의 열반(입적=죽음)모습이 그려진 거대한 열반상으로 교토 동복사東福寺(当山의 大本山)의 화승画僧 쵸덴슈兆殿司가 그렸다는 일본 3폭 중 하나인 대열반도大涅槃図가 공개된다. 고바야시 잇사小林一茶(에도시대의 시인, 1763~1827)의 "눈부시게 아름다운 꽃이 핀다고 해서 와불인가?", "가츠라기의 깊은 산속에 와불인가?", 아와노 세이호阿波野青畝의 "추억의 탁세비와 열반상" 등등, 봄의 계절언어로 열반상을 읊는 하이쿠는 많다. 저자의 명성에 비해서는 거의 알려지지 않은 구절이 있다.

해당화의 코골이를 깨달은 열반상[17]

저자는 마츠오 바쇼松尾芭蕉의 가장 뛰어난 문인의 한 사람인 다카라이 기카쿠宝井其角(1661~1707)이다. 다카라이는 22살의 젊은 나이에 이 구절을 채록한 하이쿠선집『虛栗』의 편집자를 맡는 등 조숙한 천재였다. "저녁에 남자다워지는 남자로 태어났도다", "잘린 꿈은 진실인가 거미의 흔적" 등에서 볼 수 있듯이 그야말로 에도 사람다운 대범한 시풍을 특징으로 하지만 〈해당화〉의 구절은 그다지 유명하지 않다. 술꾼이었던 다카라이 특유의 익살로 간주되었는지,

---

17   입적하려고 하는 석가여, 당신은 알고 있었는지, 뜰에 피는 일론一論의 해당화가 내는 그 대단한 코골이 소리를. 그것은 죽음을 모르는 유구무변한 대우주와 공명하는 식물의 은밀한 호흡이며, 여기에 죽음을 초월하는 〈생명〉의 참다운 모습이 있는 것을.

전문가에게 무시 또는 경시되고 말았다.

바쇼의 고향인 미에현 이가산 기슭의 구불구불하고 험난한 박쥐고개의 내리막 끝에 있는 이름난 샘물 "사루비의 온천"은 바쇼의 하이쿠 "첫 가을비에 원숭이도 작은 도롱이를 갖고 싶다."를 따서 명명되었다(노천탕의 한 구석에는 야마구치 세이시山口誓子의 글이 있는 하이쿠 시비가 있다). 주변에 원숭이는 물론 사슴도 출몰한다. 이 하이쿠를 권두문에 써 놓은 사람은 바쇼칠부집『사루미노猿蓑』[18]의 서문에 적혀 있는 것처럼 다카라이다. 다카라이는 사루미노 서문에서 스승 바쇼의 하이쿠의 해학을 "매우 놀라운 환술幻術이다."라고 평했다. 미키 또한 다카라이의 하이쿠에 엄청난 힘을 가진 눈부시게 아찔한 구도가 있는 것을 본다. 인간의 삶의 이상은 살면서 "앉음=돌"화하는 선禪의 세계이면서도, 와불로 보면 열반의 세계도 아니다. 기어다니는 동물자세에서 수직자세로 진화한 결과, "뇌"의 폭주에 제동이 걸리지 않게 된 현대 인류의 세계도 아니다.

다카라이의 "해당화의 코골이"의 하이쿠에 있는 해당화는 봄에 사과를 닮은 다홍색의 아름다운 꽃이 피는 중국 원산·장미과의 낙엽소고목이다. 양귀비가 취해 잠든 후에 아직 졸린 얼굴로 나타난 것을 보고, 현종황제가 "해당화(양귀비)는 아직도 잠이 모자라다."라

---

18   猿蓑, "원숭이 도롱이"라는 의미이며, 저자 마츠오 바쇼의 하이쿠집이 편찬된 뒤 쇼후蕉風(바쇼와 그 문하생들의 시풍詩風)의 대명사가 되었다.─역자 주

고 말한 점에서 "잠자는 꽃"이라고도 부른다. "해당화의 코골이"라는 표현이 사용된 까닭이다. 요염한 미인의 비유로 읊어지는 경우가 많다. 다카라이도 "해당화의 우울함(꿈의 기분)이나 달"의 하이쿠가 있다. 그러나 "해당화의 코골이"의 경우, 요염한 미인의 비유가 아니다. "잠자는 꽃"의 "코골이", 즉 식물의 〈숨〉이 대우주의 리듬과 공명하는 모습에 초점이 맞춰져 있다.

　영원히 잠든 석가의 횡와橫臥 자세, 즉 와불을 해당화의 직립 모습과의 대비로 볼 수도 있다. 횡와 자세는 야마오리 데쓰오山折哲雄의 설명에 따르면, 동양 및 일본문화를 지탱하는 "앉음"의 세계를 상징한다. 한편, 이 구절은 더 깊은 삶의 세계를 누워있는 부처가 아니라 직립하는 식물의 모습 속에서 보고 있다. 일반적으로는 거의 주목받는 일이 없는, 에도 술꾼의 익살과 경시되기 십상인 이 구절을 각별히 사랑해서 해당화를 필명으로 사용했던 해부학자 미키는 다카라이의 하이쿠를 다음과 같이 해독한다.

　　번뇌가 소용돌이치는 피안에서 번뇌가 사라졌다nirvna, nibbana. 이른바 죽음寂滅의 피안을 지향하는 것이다. 그것은 삼국불교의 근간을 관통하는 열반의 정체이지만… 거기에는 "호흡의 리듬"

이, 모든 파도를 그리는 모든 삶의 영위가 순수하게 부정된 "열반공"의 황금가면을 향해, 그 내면의 생명호흡의 고향을 마당의 한 바퀴를 맡기고 말을 거는, 한 동양인의 모습이 있다. 게다가 거기에는 생명호흡의 전형으로, 말하자면 "졸면서" 우주와 공명하는 식물의 은밀한 호흡이 그 비강에 메아리치는 굉장한 코골이로서 그려져 있다. 생명호흡에 이토록 멋진 비유가 또 있겠

는가?(『生命形態の自然誌, 第一巻』).

인간을 포함한 모든 육상 동물의 호흡과는 달리 식물의 "생명호흡"의 고향은 아득한 우주에 있다. 다카라이는 그것을 마당에 피는 한 송이 해당화에 비유하여 말을 걸고 있다. 거기에서는 생명호흡의 전형으로 소리도 없이 우주와 공명하는 식물의 비밀스러운 호흡이, 그 비강에 메아리치는 굉장한 코골이로서 575의 17음 속에 훌륭하게 그려지고 있다.

슈펭글러는 식물을 우연 속에 뿌리를 뻗지 않으면 안 되는 토지의 일부라고 보았다. 자기를 위해 "경계하고, 원하고, 선택하는 것"이 자유롭게 되지 않기 때문에 식물에는 원인과 결과, 모험과 결심

은 존재하지 않는다. 한편 동물은 선택할 수 있기 때문에, 자신 이외의 전 세계에서 속박에서 해방되고 있다. 속박과 자유가 식물적 존재와 동물적 존재를 나누는 가장 확실한 지표이다. 다만 식물이 있는 그대로 전체인 것과 비교해, 동물은 분열적이며 불안정한 어떠한 것이다. 식물은 주기성과 박자의 특징에 대해 "우주적인" 존재이다. 반면 동물은 우주에서 분리되어 있다. 우주에 자신의 위치를 정할 수 있는 의미에서, 동물은 "소우주"는 되어도 우주 자체가 될 수는 없다. 이러한 소우주의 대표자인 인간은 우주에서 분리된 데 따른 존재의 불안과, 거기에 필연적으로 따르는 죽음의 공포가 두려워서 다시 "식물적 존재"로의 회귀를 도모하고자 하는 것이다.

슈펭글러는 식물을 우주적 존재, 동물을 소우주적 존재로서 보고, 우주적인 존재인 식물의 특징적인 순환기관인 "혈액순환과 성性 기관"에 대해, 소우주적 존재인 동물의 특징은 식별기관인 "머리털과 신경"에 있다고 한다. 식물의 특징이 심장인 반면 동물의 특징은 뇌이다. 동물=소우주는 그 자폐성에 의해 우주 그 자체가 될 수는 없다. 거기에 존재부정에 대한 심한 공포와 제외하기 어려운 불안이 생긴다. 이것을 동물의 숙명이라고 했던 슈펭글러가 재차 강조한 것이 "대지"이다. 인간이 농업을 비롯하여 대지에 뿌리를 내릴 때, 인간은 자연과 일체화·식물화한다. 인간은 "정착하는 식물"로 동물의 소우주를 벗어나 대우주와 일체인 우주적 존재로 살 수 있다. 이성을 사용하여 점점 우주적 존재로부터 떨어져 버린 동물로서의 인간이 다시 우주적 존재로서 대지에 서기 위해서는 농업을 하고 식물화해야 한다고 말한다(「세계사적 전망」, 『서구의 몰락 2』, 박광순 옮김, 범우사, 1995). 슈펭글러의 주장을 구마자와 반잔熊沢蕃山이나 안도 쇼에키安藤昌益 등 일본의 농본주의자들은 즐겁게 들었을 것이다.

슈펭글러와 같이 미키도 이렇게 말한다. 식물은 "우주와 일체"로서 "자기의 신체의 연장이 우주 그 자체"이다. 이에 반해 동물은 "우주를 자기의 몸속으로 받아들여 버린다."라고 하는 점에서 소우주적 존재이다. 식물은 "우주와 일심동체"이지만, 동물은 우주에 대해서 자폐적이다(우주와 리듬). 미키가 말하는 것은 침묵의 자세 안쪽에 완만하게 생동하는 영혼을 숨기고, 항상 하늘을 우러러 대지에 서며, 우주의 생체리듬에 조용히 몸을 맡겨 살아가는 식물의 모습이다. 그것은 직립의 모습으로 우주와 맞아떨어지는 뇌의 폭주를 허용하지 않고, 우주와 일심동체의 관계 속에 삶을 영위하려는 동물과는 다른 또 하나의 생명이다. 이러한 생명의 본연의 자세는 늙은 인간에게 어울리는 것이다.

IV. 우선 철학하라, 그리고 죽어라

- 다시 살고 배우기 위한 인간학 -

나치수용소에서는 "먼저 살아라, 그리고 삶에 대해 사색하라 primum vivere deinde philosophari"라는 라틴어 교훈은 쓸모없다. 수용소에서 유효한 것은 오히려 이 교훈과 반대일 것이다. 그것은 "우선 철학하라, 그리고 죽어라primum philosophari deinde mori"라는 교훈이다. 이 이외에는 유효한 건 아무것도 없다. 극적인 의미의 질문을 스스로 밝히는 것, 이것이 비로소 얼굴을 들고 똑바로 앞으로 향해 걸어갈 수 있다. 하나님이 요구하는 순교자의 죽음을 훌륭하게 이룰 수 있는 것이다(빅터 프랭클, 「Group psychotherapeutic experiences in a concentration camp」, Group Psychotherapy, VII(1954): 81-90).

1. 나이 들어 "가르치다" – 구마자와 반잔熊沢蕃山에서 보는 노년철학

2009년 가을 한국에서 유교의 실학修己治人, 経世済民을 테마로 한 실학 박물관(경기도 남양주시 소재)이 오픈했다. 일본을 대표하는 실학자로 전시·소개되고 있는 사람은 구마자와 반잔(1619~1691)과 미우라 바이엔三浦梅園(1723~1789), 이 둘이다. 미우라의 전시 자료는 미우라 연구자인 저자도 회원으로 몸 담고 있는 "일본 동아시아 실학 연구회"의 당시 회장이었던 오가와 하루히사小川晴久 도쿄대학 명예교수가 마련했다. 근세 최대의 실학자인 구마자와의 초상화(시가현 다카시마시·나카에도주기념관 소장) 및 저서『서월경운 산림경제』의 족자(오카야마현 비젠시 반잔蕃山·정락사正楽寺 창고)는 오가와 교수를 통해 실학 박물관에서 의뢰를 받은 내가 전문가의 손을 빌려 사본을 일본에서 보냈다.

서월경운 산림경제鋤月耕雲 山林經濟

이 족자는 오카야마 영주藩主(제후)인 이케다 가문의 대대로 위패가 안치되어, 영주가 38세에 오카야마 번을 치사하고 은거한 시게야마의 마을 구마자와 집터에 인접한 정락사正楽寺가 소장하고 있다. 위 구절은 도겐道元[19]의『영평광록永平広録』의 "산거십오수山居十五首"에 있는 '서월경운'을 모방한 것이다. 아래 구절 산림경제는 중국 명나라와 조선시대의 농림업 논농사법을 의미한다. 이러한 제목으로 책도 출간되어 있다. 구마자와도 동일한 의미로 사용했을지도

19   도겐道元은 카마쿠라 시대 초기 선승이며, 일본 조계종의 개조開祖로서『영평광록永平広録』(전 3권으로 이루어진 불교서적)의 "산거십오수山居十五首"에 있는 서월경운 혹은 "瑩月耕雲(月に瑩き雲に耕し, 달에 맑은 구름으로 일구고)"이다.—역자 주

모른다.

　나는 이를 "달을 일구어 구름을 경작하고, 산림을 일구어 경제를 살린다."라고 읽어야 한다고 생각한다. "산림은 국가의 근본"(『集義外書』1권)임에도 불구하고 구마자와의 눈에는 당시 산림은 인간이 자유롭게 파괴·이용하는 자연의 상징으로 비쳐졌기 때문이다. 인간이 자연을 일방적으로 지배하는 것은 아니다. 우주·세계의 창조에 참여하는 동시에 대자연의 지배에 복종하고 그에 따라야 한다. "달을 일구어 구름을 경작하고", 산림(대자연)을 일구어 경제(경세제민=인간세계의 통합·구제)해야 한다. 이렇게 읽는 것이야말로 구마자와의 실학과 세계인식에 합치한다.

　그것은 자기운동하는 우주의 조화(천지 만물을 생성·천지자연이 만물을 만들고 기르는 기능)의 주체가 되고 객체가 되는 인간의, 정신과 존재의 필연적 이치, 머리 위에 펼쳐지는 하늘로의 신뢰와 땅으로의 복종이라 해석한다. 조화에 동조하고 조화의 지배와 그 필연으로 사는 인간이 하늘을 우러러 땅의 리듬을 따르는 본연의 자세와 삶이 나타내는 것이다.

　구마자와는 각 세대에 걸맞은 삶의 방식으로 "어릴 때는 배우고, 청년일 때는 행동하고, 나이가 들면 가르쳐라"(『集義和書』 제1권)라고 말했다. 그렇다면 늙어서 무엇을 가르쳐야 하는가? 나이 든 사람이 가르쳐야 할 것은 단순한 지식에 머무는 것은 아니다. 인간은 조화의 필연으로 생을 얻은 존재로서 사람들과 함께 만물을 만들고 길러야 한다. 즉 〈하늘〉의 조화의 움직임에 동조하고, 〈대지〉의 삶을 영위하며 지속적인 관계를 갖고, 더 좋은 미래와 새로운 세계를 창출할 책임이 있다. 이를 나이 든 인간의 삶과 이야기로 보여주고 가르쳐야 한다.

자급자족의 경지

"인생 100세 시대"를 맞이하여 최근 주목받고 있는 것이 1989년 스웨덴의 사회학자 랄스 토른스탐Lars Tornstam이 제창한 "노년적 초월gerotranscendence"이라는 노인론이다. 노년이 되면 인간은 자기중심적인 합리적 세계관(물질만능주의·개인주의·역할기대·사회적 평가·사회적 배려 등)으로부터 이탈하여 물건이나 사회적인 것에 연연하지 않는 "집착초월"과 자기중심성이 감소하는 "자아초월"을 거쳐, 일원론적 세계를 벗어나는 "우주적 초월"로 이행하여 최종적으로 깊은 행복감을 맛본다고 한다. 이러한 노년적 초월은 동양 세계에서는 그다지 새로운 것이 아니다. 지상적인 것을 넘어 세속을 벗어나 노는 "은자隱者"를 존중하는 고대 중국의 장자 및 도교의 생사일여死生—如·천인합일관天人合—觀, 유교의 "천지만물일체"의 인仁 설이 있다. 우주적 차원의 초超의식에 쉬어가며 집착초월·자아초월에 의한 지상적인 자타 일체감에 심신을 맡겨 안식하는 것은 마찬가지다.

구마자와와 동시대 사람으로 학구적이며 박학다식으로 알려진 유학자 카이바라 에키켄貝原益軒(1630~1714) 또한 자연과의 일체감이 생기는 일본판 "노년적 초월"을 말했다. 이를 보여주는 것이 그가 80세 때 쓴 교훈서 『낙훈樂訓』이다. 구마자와의 노년철학을 언급하기 전에 먼저 에키켄의 것을 보자.

치쿠젠筑前·후쿠오카 번藩에 유생으로 있던 에키켄은 주자학을 배우고 의학연구에도 몰두하였다. 70세에 은퇴 후 집필활동에 전념하고, 84세에 죽기 전까지 서민의 교훈서, 실용서 등 방대한 저서를 남겼다. "100세는 상수上壽"라는 건강 장수법을 언급한 『양생훈養生訓』(1713)은 특히 유명하여 오늘날에도 애독되고 있다. 죽기 4년 전에 출간한 저서 『낙훈樂訓』(1710)은 고대 중국 이후의 천인합일사상을 받들어, 천지 마음에 순종하고 자연과 친숙하고, 독서친구讀書尙友가 되는 즐거움을 말했다. 에키켄의 "낙樂"은 내용과 분량도 자연과 일체화하는 즐거움에 큰 비중을 둔다.

> 조석朝夕의 눈앞에 가득 찬 천지의 큰 움직임, 일월의 빛나는 불
> 빛, 춘하추동의 변함없는 법칙성, 사계절 경치의 아름다움, 구
> 름과 노을이 길게 뻗은 조석의 변화, 산의 모습, 강물의 흐름,
> 시원한 바람, 이슬비의 촉촉함, 흰 눈꽃의 운치, 어린나무의 성
> 장, 나무들의 무성함, 새와 짐승들, 벌레와 물고기의 생생한 움
> 직임이다. 이러한 만물의 생생한 생명을 맛보는 것은 더할 나
> 위 없는 즐거움이다. 이러한 기대에 마음을 개방시켜 맑은 마
> 음과 마음의 길을 내어 미천한 마음을 씻어 보내는 것이 좋다
> (『낙훈』上).

　누구나 마음속에 있는 천지로부터 받는 태화太和의 기운과 천기
가 싱그럽게 온화해지면 기뻐할 기세를 멈추지 않는 곳으로 천지
를 일체화하는 즐거움이 생긴다. 오감을 작동하여 전신으로 "달꽃
을 음미하고, 산수를 감상하고, 바람을 노래로 읊고, 새를 동경한
다"라는 말은 속세에서 떨어져 나와 마음을 넓게 함으로써 자연을
무한히 받아들이는, 이른바 "무위의 시간"에서 생기는 즐거움이라

고 할 수 있다.

고대 유교의 천인합일사상을 받들어 "천지 뜻에 순종하는"것을 강조하는 에키켄은 서재에 "정관靜觀"이라는 족자를 내걸었다.

한가함은 항상 즐거움이 많다. 바쁜 사람도 가끔 여유를 찾아 마음을 기르는 것이 좋다. 한가하고 조용한 마음이 아니면 재미를 얻기 어렵기 때문이다(『낙훈』上).

정관과 한가함에서 생기는 재미, 그것은 고대 그리스의 철학자 (피타고라스·아낙사고라스·아리스토텔레스 등)가 말한 "관조觀照(theoria)"를 상기시킨다. 하늘의 관조야말로 인간 삶의 목적이라고 생각한 그들처럼, 에키켄도 자연의 모습과 변화, 눈앞에 펼쳐지는 생생히 약동하는 천지를 바라보는 것이 인생의 큰 즐거움이라고 했다.

하루 종일 가만히 꽃을 바라보며 살거나 여름 산의 경치와 높은 봉우리가 하늘에 비치고 구름 밖까지 솟아오른 것을 언제까지나 볼 수 있는 것처럼 마음을 즐겁게 하는 것은 없다(『낙훈』中).

근대 세계가 요구해 온 인간 모델은 "무엇을 이루었는가? 어느 정도 위대하며, 얼마나 벌었는가?"라는 행동가치 · 성과가치를 중시하는 'human doing'형이다. 정관이나 관조가 나타내는 것은 세속적인 보람이나 평생현역, 1억 총활약, 혹은 생산성 등과는 정반대로 주어진 생명 자체를 존중하는 존재 가치인 'human being'형의 마음 사용법이라 할 수 있다. 그저 멍하니 눈앞에 펼쳐진 자연을 바라보며, 나뭇잎이 흔드는 바람의 시원함을 느끼고 하루 종일 느긋하게 마음을 놀게 해주는 〈생명〉을 맛본다. 생명이 출현하는 이런 '무위의 시간'에 마음을 놀게 해주는 즐거움만큼 오늘날 일본 사회가 잃어버린 것은 없다.

노년기 에키켄이 도달한 즐거움의 철학은 기본적으로 천지자연에 감동하는 낙樂을 최고의 가치로 친다. 낙훈樂訓은 마지막에 도연명의 〈귀거래사帰去来辞〉(405)의, "약간의 변화를 틈타 극진함에 돌아가지 않는다는 천명을 즐기고, 또 무엇도 의심치 않으리"라는 구절을 인용한다. 천지자연의 조화에 내 몸을 맡기고, 생명이 끝나기를 조용히 기다리자. 천명을 순순히 받들기를 즐기는 경지에 도달하면 아무런 망설임도 발생하지 않을 것이라는 뜻이다.

에키켄이 언급한 "즐거움"은 일본 고유의 생사관, 풍부한 자연

환경이 낳은 자연과의 일체감과 현세 긍정적 낙천주의로 통하고 있다. 하지만 일반적으로 말해서, 현세 긍정주의는 안분지족安分知足(분수에 편안해하고 만족함을 알다)의 즐거움과 자연 찬양에서 끝나는 것은 아니다. 에키켄의 경우도 현실사회와 정치체제(토쿠가와 정권)에 대한 노골적인 찬양이 반복된다. "지금은 바야흐로 성명聖明의 세상이다"(『大和俗訓』, 自序). "우리 대군(토쿠가와)의 은혜와, 지금 세상의 태평함을 위한 노력을 잊지 말아야 한다(『낙훈』下)". "대군은 큰 부모인 천지에 비유할 수 있다(『初学訓』, 巻之二)". 에키켄과 동시대를 살았던 임제승臨済僧 하쿠인白隠(1685~1768)은 세속 밖 승적의 몸이라고는 말하지만, 농민을 착취하고 호의호식했던 당시의 다이묘들을 비난하고, 참근교대參勤交代(에도 막부가 다이묘大名들을 교대로 일정한 기간씩 에도에 머무르게 한 제도)의 강제로 상징되는 강권정치의 막부에 대해 격렬하게 비판하고 있다(『邊鄙以知吾』, 1754). 한편 에키켄은 현실사회와 정치체제에 만족했다. 정치권력과 사회의 모순, 부조리와 척박하고 불합리한 현실은 시야에 들어오지 않았다.

에도시대부터 메이지 이후, 특히 제2차 세계대전 전, 그리고 오늘에 이르기까지 유학자 또는 유학연구자, 많은 추종자의 대부분이 한 목소리로 말하는 것은 사회에 대한 도덕적 비판이다. 자신을 마치 공자·맹자의 성현 입장에 놓고, 세태와 일반 대중의 사소한 무례를 유학의 규범을 방패삼아 무조건 몰아붙여 설교하려 한다. 그들이 향하는 것은 언제나 자신과 동료 또는 사회의 유명인이나 일반 서민이며, 경제 책임자·권력자들이 아니다.

유학이 가장 크게 비판해야 할 것은 경세經世를 담당하는 수기치인修己治人(유학이 실현하고자 하는 진리구현의 방식)의 체현자, 세상에 모범이 되어야 하는 총리와 정치인들, 사회적 강자·지도층이어야 한다. 유학 규범을 흔들며 위에 아첨하고, 기분이 좋아서 세상비판·세인비판을 하고 있는 유학연구자·신봉자를 간혹 볼 수 있다. 일반 사람들이 군자처럼 뛰어난 행위를 하지 않는 것을 비판하고, 평범한 여성에게 정절을 지켜야 하는 성녀처럼 강요하려 한다. 이걸로 어떻게 도道를 부흥시킬 수 있겠는가?(『集義和書』, 11권) 배우는 자로서의 본분을 잊어버린 유학이 제2차 세계대전 후의 사회에서 신뢰받지 못하고, 불교에 비해 배우는 사람이 결정적으로 적은 것도 당연할 것이다.

가르치고 배우다

에키켄의 노년철학 "즐거움"은 천지일체가 된 자족의 즐거움이지만 개인적인, 즉 자폐적 자기만족의 경지에 그치고 있다. 국가·사회에 참여하고 세상의 부정·부조리를 척결·시정하려는 유교의 비판 정신이 아니라, 헤이안 시대부터 이어져 내려온 불교적인 은둔의 세계에 안주한다. 중년기 이후에 주자학 신봉자가 된 에키켄이 깊이 심취한 왕양명은 "낙樂은 마음의 본체"라고 말했다. 한편 천하인민의 불행을 생각하면 "혼자 눈물을 흘리며 탄식"하는 등 미친 듯이 가슴이 아프다("傳習錄")라며 열렬한 유교 정신을 말하고 있는 에키켄은 사회 본연의 자세와 움직임은 보지도 않고, 오로지 마음 안에 있는 천인일체의 경지, 자연관조의 즐거움이라는 개인적인 즐거움의 세계에서만 사는 것처럼 보인다.

나카에 도주中江藤樹(1608~1648)로부터 양명학을 배운 구마자와 반잔은 영토가 넓은 오카야마 번을 섬기고, 32세에 지행知行 3,000석의 가노[20] 격에 발탁되어 번정藩政을 주도했다. 구민·치수治水·교육 사업에 많은 성과를 올렸는데, 번 내에서 질시당하고 막부로부터 위험인물로 간주되어 38세에 은퇴, 영내의 시게야마 마을(현재 備前

---

20 다이묘大名의 본가가 분가에 대하여, 감녹을 위해 말려 보낸 가노家老(가신家臣들의 우두머리) 사람으로, 집안의 무사를 통솔하며 집안일을 총괄하는 직책이다.─역자 주

市 蕃山)에서 은거하게 되었다. 막부의 감시하에 각지를 전전할 것을 강요받았는데, 전전하는 동안 사색에 침잠하고, 53세에 주요 저서 『집의화서集義和書』를 출판하는 등 72세에 죽을 때까지 책을 계속 발표했다. 경세제민의 유교적 이상주의의 입장에서 도쿠가와 막부의 강권정치의 문제점 · 모순을 정면으로 비판하고, 당시의 경제 사회나 소비문화, 자연파괴에 경종을 울렸다. 특히 68세에 막부정치의 근본적 개혁을 요구했던 경세서 『대학역문』을 저술한 혐의로 기소, 시모후로下総古河에 유폐된 지 4년 만에 병사했다. 반잔은 이상적 정치의 실현을 요구하였으나 항상 좌절하고 떠돌며, 공자 또는 왕양명과 마찬가지로 하늘에서 유교이상을 추구하는 형벌을 부과한 "하늘의 육민戮民(죄지은 백성)"(「莊子」, 대종사 편)으로 살았다.

평생을 통해 유교의 이상주의를 받든 반잔은 "어릴 땐 배우고, 젊을 땐 행동하고, 나이가 들면 가르쳐라"라고 말했다. 니체의 "차라투스트라"의 세 가지 변화에서는, 묵묵히 참고 좇으면서 배우는 젊은 날의 〈낙타〉가, 공격적이고 실행적인 장년기의 〈사자〉가 되었다가, 노년에는 만물을 긍정하고 새로운 창조를 담당하는 〈아기〉가 된다고 말한다. 반잔은 나이 든 인간의 역할과 존재 의의는 가르침에 있다고 했다.

사람이 어릴 땐 배우고, 청년일 땐 행동하고, 나이 들면 가르치는 것은 당연한 일이다. 이에 반하는 사람을 매국노 또는 날강도라고 부른다. 나이가 들어 현역에서 물러나 고향으로 돌아가서 아이들을 가르치고, 하늘에서 내려 주신 생명정신을 낭비하지 않는 것이 불곡不穀[21]이다(『論語小解』, 憲問).

반잔은 "나에게 제자는 한 명도 없다"라며 스승이 되는 것을 극도로 싫어했다. 스승을 자임하다가 마음에 교만과 자기만족이 생겨서, 수기修己의 학문이 아니라 허영과 공리주의적인 "다른 사람을 위해서 하는" 학문이 되는 것을 두려워했다. "스승이 되면 잃을 것이 많다. 단지 언제까지나 타인의 제자로 있는 것이야말로 유익이 있기 때문이다. 스승일 때는 겸허한 본연의 마음을 유지하기 어렵다"(『集義和書』, 제9권). 반잔은 "가르치는 것은 동시에 배우는 것이라는 것이 교육의 본질"이라고 말했다.

학문이란 아랫사람에게서도 많은 것을 배울 수 있다. 아버지로서 행하는 것이 아니라, 비록 어린아이일지라도 배우고, 스승이 되어서 배우는 것이 아니라 억지로라도 제자인 상태로 배울

---

21 불곡은 임금이나 제후諸侯의 자칭自稱. 곡식은 사람을 기르는 물건인데 임금이나 제후는 백성을 잘 기르지 못하니 곡식보다 못하다는 뜻. 곧 임금이 착하지 못함을 자칭하는 말. 또는 자신을 겸손하게 이르는 말.

것이다. 이같이 배우는 사람이야말로 진정한 아버지이며 참 스승이 될 수 있다(『集義和書』, 제3권).

이 말은 그리스도의 "자기무화kenosis", 즉 나를 낮게 비우고 순종하는 종과 같이 있는 것(신약 빌립보서 2:7)과 닮았다. 항상 자신을 앞세우지 않고, 항상 한발 물러서서 상대방을 치켜세우며 배우려고 하는 사람, 이런 사람이야말로 "세상 사람들과 힘을 합쳐 천지조화의 작용에 참여할 수 있다"(『集義和書』, 제4권). 반잔의 "나이 들어 가르치다"의 의미가 여기에서 밝혀진다. 나이 들어 가르친다는 것은 단순히 지식·경험을 연소자에게 전하는 것이 아니다. 가르친다는 것에 대하여 세네카가 "Homines, dum docent, discunt(사람은 가르치는 동안 배우고 있다)"라고 말했듯이, 세상 사람들과 하나가 되어 배우는 것이다.

무엇을 배우는가? 그것은 인간이 인간인 까닭이 "천지와 덕을 따라 천지의 조화를 돕는다"(『中庸小解』, 下)에 있는 것, 즉 만물이 필연적으로 포함되어져 있는 대우주의 법칙과 대지의 삶의 리듬, 천지생생의 "조화의 신의 이치"(『集義和書』, 제4권)를 배우는 것이다. 반잔의 "하늘이 내린 영이 있고, 고로 그 영을 떠올릴 뿐"(『集義外書』, 제7권), 하늘이 주신 영성을 연마, 심화시키는 것이 자신에게 부과된 의무라는 말과 자부심도 여기에서 기인한다.

조화참찬造化參贊의 철학

다른 유생과는 달리 영토가 넓은 번의 가노家老로서 현실정치에 임하다가 암살의 위기·막부에 의한 박해 등 수많은 위기상황을 경험한 반잔이 일관하는 것은, 하늘·땅·사람이라는 삼자일체 관계 속에서, 만물의 영장으로서 인간에게 적극적으로 천지조화의 작용에 참여하여 조력하는 것이 책무로서 부과되어 있다는 강한 신념이다.

> 천지의 덕도 사람에 의해 나타나며, 신명의 권세도 사람에 따라 늘어난다. 다섯 척의 몸, 조화를 도와 천지를 위하고 만물을 기른다(『集義義論聞書』, 3).

사서오경 중 하나인 『중용』의 "천지위언 만물육언天地位焉 萬物育焉"[22]이라는 것은, "천지조화의 움직임에 인간이 가담하여 처음으로 우주의 질서가 제대로 지켜지고, 천지만물을 만들고 기른다(발

---

22 『중용』의 제1장. 하늘과 땅이 제사리를 잡고 만물이 세내로 길러질 것이다.―역자 주

생·성장)"라는 뜻이다. 인간은 조화의 필연에 따라 삶을 얻은 존재로서, 사람들과 함께 만물을 만들고 기르는 〈하늘〉의 조화의 움직임을 도우며, 〈대지〉의 삶을 영위하며 관계를 갖는다. 미약하고 하찮은 것이었다고 하더라도 더 좋은 미래와 새로운 세계를 창출하는 책임의 일단을 가진다. 반잔이 "농사農"의 생활과 실천을 강조하고 "좋고 나쁨好惡 없는 마음"의 필요를 반복하여 말한 것도, 이것이 인간의 조화에 대한 참여와 찬조에 깊이 관여하기 때문이다.

농촌에서의 젊은 시절, 아사 직전의 빈곤을 겪은 반잔의 농업중시론은 무사武士토착론(무사의 농촌거주와 농업종사)으로, 특히 오늘날의 연구자들 사이에서는 현실무시의 우회론 내지는 복고주의라고 비판된다. 그러나 위정자가 솔선하여 농사생활을 영위한다는 주장은 무사의 빈곤을 구원하고 농민의 공납부담을 줄이는 사회정책론이자, 천지조화와 인간의 관계, 인간의 바람직한 본연의 자세·삶을 말하는 것이기도 했다. "천하의 일은 농업보다 위대한 것은 없다"(『孝經小解』, 1). 농업의 가치는 천지의 은혜이고 인간의 역사는 천·지·인 3자 공동이다. "천지인 중 하나만 빠져도 조화의 위육位育은 완전히 이루어지지 않는다"(『中庸小解』, 上). 농업이란 천지자연의 영위에 인간이 힘을 빌려 벼를 키우는 동물과 식물의 〈공명장〉으로 존재한다.

하늘과 땅과 인간이 함께 힘을 합치는 공동체이며, 인간의 조화참여와 찬조의 기본 모델이다.

반잔은 "정부는 인심을 바르게 하는 것을 기본으로 한다. 인심이 잘못될 경우, 조화를 도울 수 없다."라고 말한다(『孝経外伝或問』, 1). 인간이 천지조화를 따르기 위해서는 "인심의 정확성"이 요구된다. 올바른 마음은 무엇인가? 반잔에 따르면 그것은 "좋고 나쁨이 없는 마음"이다. 니시다西田철학적인 자기부정=절대 '무無'와 같이 내적 세계를 닫는 것이 아니라, 반잔이 말하는 것처럼 "좋고 나쁨이 없는 마음은 만물과 사념들이 구체적 장소에서 두 눈을 크게 뜨고, 외부를 직면하면서 내부로 돌아서서 호불호의 감정을 억제하는 것"을 말한다. 자기몰입이라는 막다른 골목, 자폐나 타자부재로 기울어지기 쉬운 비일상적인 자기부정이 아닌, 좋고 나쁜 감정의 회피라는 보다 실천적인 방법을 선택함으로써 좋고 나쁜 감정에 마음이 움직이는 것, 즉 외부에 따라 마음이 여기저기 돌아다니게 됨으로써 존재에 내재하는 생물 고유의 조화작용이 저해되기 때문이다.

스승 나카에 도주는 "좋고 나쁨의 색에 마음이 물들면 버들의 초록색 꽃이 붉게 된다"(「倭歌」)라고 말했다. 좋고 나쁨이 없는 마음은 천지조화의 역사와 우주자연의 질서와 필연성으로 춘하추동, 풍우

한서, 생사순역, 부귀빈천, 복택환난, 장수요절을 긍정하고, 사사로운 지혜를 더하지 않고 있는 그대로 받아들여 누리는 것을 의미한다(『集義和書』, 제3권). 모든 사건, 모든 일에 조금이라도 좋고 나쁜 마음이 생기면 불인不仁이다. 천지조화의 작용을 도울 수 없다(『集義和書』, 제13권). 인간은 좋고 나쁜 마음으로부터 정신적 자유를 얻고, 천지조화의 일을 알고 이를 도울 수 있게 된다.

천지조화의 기능은 무궁무진하다. 그러나 성인이 이를 돕지 않을 때는 조화가 제대로 행해지는 것은 아니다(『集義和書』, 제15권).

천지조화의 작용은 함께하는 인간이 늘어남에 따라 처음으로 완성된다. 조화참찬의 주체에서 가장 중요한 것은 "성인聖人"이다. 그러나 여기서 말하는 성인은 범인을 초월하는 특별한 존재로 볼 필요는 없다. 성인은 좋고 나쁜 마음=인을 깨달은 사람으로, 만인에게 전혀 관계없는 궁극적인 존재가 아니다. 정치의 최고 주권자인 성인은 국민주권 세상인 오늘날에는 민중 자체가 될 것이다. 성인의 덕이 없어도 재주와 슬기로움, 혹은 인류경세의 길에 뜻만 있다면 누구든지 천지조화를 도울 수 있다(『集義和書』, 제15권)는 반잔의 말에 따르면, 조화참여와 창조의 길은 만인에게 열려 있다.

인간에 의한 천지조화의 참여와 참찬裁成輔相은『주역』,『중용』이래의 전통적인 유교의 기본 사상이다. 근세 일본에서는 천직天職 관념과 결합되어 메이지시대 이후 식산殖産흥업의 사상으로 발전해 나갔다. 전후 일본이 기업국가, 기업사회가 된 후, 조화참찬의 사상은 자신의 직업과 회사의 번영 등을 위해 개인적, 현세적 욕망을 버리는 공리주의적인 것으로 왜소화되고, 조화참찬이 가진 본래의 웅대함이 공공성, 우주적 생명과 공동이라는 정신성과 영성을 잃어버리고 말았다.

"서월경운 산림경제鋤月耕雲 山林經濟"의 세계

반잔의 "서월경운 산림경제"는 전술한 바와 같이 당시부터 세간에 잘 알려진 도겐道元의 글, "조월경운모고풍釣月耕雲慕古風"(『永平広録』)에서 가져온 것으로 보인다. 이것은 대우주·천지자연과 일체된 유유자적한 마음을 나타내는 구절이다. 그러나 반잔은 우주적이면서도 동시에 농업적, 지상적, 인간적이다.

천·지·인의 삼자일체가 이루어지는 농업이 인간생활의 기본이라고 반잔은 말한다. "산림은 나라의 근본이다. 국토에 인공물의 논밭만이 있고, 야생 그대로의 산림이 없으면 인간에게도 좋은 일이 아니다. 들판(자연)은 들판의 상태로 두고, 인간이 손대지 않는 것이 좋다"(『集義和書』, 제1권). 산림을 인간이 멋대로 침범하거나 소유해서는 안 된다. 산림은 자연의 상징이다. 여기에는 자연과의 공생보다는 자연에 대한 경외야말로 인간생활経世済民의 기본이며, 인간 문명의 기초라는 인식이 나타나고 있다.

그러나 그것은 극생태주의자Deep ecologist들이 강조하는 인간을 배제한 자연의 절대화=인간 비중심주의non-anthropocentrism, 또는 자연의 근원적인 통합인, 동양 세계에서 말하는 천인합일 사상을 절대적으로 우선시하는 것은 아니다. 왜냐하면 우주의 조화 만물을 만들고 기르는 것이야말로 근본이며, 이것이 제대로 되기 위해서는 인간의 존재가 필수적이기 때문이다.

하늘이 시작되고 땅이 생긴다고 해도, 인간이 이에 함께할 수 없으면 조화가 이루어지는 것은 아니다(『易経小解』, 1권).

세계를 "제3종의 인식cognitio tertii generis" 또는 "영원한 관점 아래에

sub specie aeternitatis"라는 관점으로 인식할 것을 요구한 스피노자. 인간 정신의 본질은 "영명靈明"이며 이는 하늘의 뿌리로서 사그라지지 않는다(『集義和書』, 제9권)라고 한 반잔. 반잔은 스피노자와는 달리 인간의 생득은 물론 사후에도 더 좋은 미래를 전망하고, 다음 세대와 행복한 관계를 지속할 것을 천명하였다. 대우주와 함께 천지만물의 조화를 돕고, 큰 자연의 리듬에 〈생명〉을 맡기고, 다음 세대의 행복과 미래 세계의 번영에 기여한 "서월경운 산림경제"라는 고매하고도 웅대한 정신을 반잔은 종종 말했다.

사후에 만물을 생성하는 음양의 신이 되어, 천하(보천율사普天率土)의 조화를 돕자. 동이·남만南蠻·서융西戎·북적北狄 중 하나를 편애하거나, 100년도 못 가는 국가의 흥폐興廢 등에 집착해서는 안 된다. 천지만물의 근원인 태허太虛에 마음이 귀속되면 12만 9,600년을 1세로 해서, 천지의 수명도 짧다고 느낄 것이다. 일본이라는 작은 나라에서 태어나 겨우 50년의 일생동안 만나는 세상이나 사건에 일희일비하는 것은 어리석다(『集義和書』, 제12권).

평균수명 50년의 에도시대에 에키켄처럼 84세까지 장수한 난蘭학자 스기타 겐파쿠杉田玄白(1733~1817)는 죽기 1년 전, 자신의 장수에 대해서 이렇게 한탄했다. "어릴 때부터 친했던 친구들은 다 죽어버렸다. 세상 돌아가는 이야기를 할 상대도 없다. 모든 일이 외롭고 재미있는 것도 없다. 무리해서 장수를 기원하는 것처럼 쓸모없는 것도 없다. 장수를 원하는 사람들은 늙은이의 고통을 모르는 것이다"(『모질독백耄耋獨語』, 1816). 노년기 특유의 노년적 초월도, 에키켄의 『낙훈』에서 본 천지일체가 생기는 즐거움도, 사후의 미래에 대한 희망도 여기에는 없다.

스기타가 번역한 네덜란드 해부학 책인 『해체신서』(1774)는 일본이 가진 세계질서와 세계관을 천년 이상 지배해온 중국 모델이 서양 모델로 전환되었음을 시사한다. 이는 획기적인 사건이었다. 스기타는 일본 최초로 서구 근대 모델로의 변화를 완수한 지식인이었다. 메이지 이후 서구 근대를 갈구하고, 그 가치관과 생활양식 속에 살아가던 일본인들. 일에만 치우쳐 삶에 지치고, 기나긴 노후를 주체 못하는 현대 일본의 노인들은 200년 전의 스기타의 통곡을 반복하는 것은 아닐까?

미래의 희망

에키켄이 강조한 천인일체의 기쁨과 자연찬양, 독서의 즐거움만으로도 오늘날의 노년철학이 충분히 성립될 수 있다. 그러나 이들은 우리 혼자 충분히 즐거울 수 있다는 자기만족적이고 자폐적인 세계이기도 하다. 현대 일본의 노인들은 정말 행복할 수 있을까? 현대 일본에 사는 노인의 대부분은 아마도 여기에 만족하지 않을 것이다. 유적類的존재[23]라는 수평적인 확대도, 과거-현재-미래라는 수직적 관계도 여기에는 없기 때문이다. 그것으로 인간의 세계는 말할 수 없다.

최근 일본에서는 노년기를 맞이한 유명한 종교인·학자·작가들에 의해, 노후의 외로움을 권장하는 "혼자 철학", "한 분", "극상의 고독", "고독의 권유"라는 고독을 미화시키고 찬미하는 유형의 책이 출판되어 베스트셀러가 되고 있다. 에키켄의 경우도 그렇지만, 그들은 측근들과 책 출판·강연이라는 사회적 행위를 통해 일반적으로 세상과 소통하고 다양한 사회관계를 맺고 있다. 그들은 이 사실을 모르거나 의식적으로 무시하고 있다. 노인의 경우, 외로

---

23 마르크스에서 '유적존재'란 자연적 존재이자 사회적 존재로서의 인간의 보편적 존재방식이다. 그것은 노동과 노동생산물을 통해 확인되고 실현된다. 이러한 점에서 유적존재는 개별적, 개인적 존재방식이 아니라 자연적, 사회적 존재로서 인간의 총체적인 존재방식이다. 포이어바흐의 '유적존재'가 종교분석을 통해 도출한 사랑과 연대감으로 완성되는 유적존재라면, 마르크스의 '유적존재'는 육체를 가진 자연적 인간이 노동을 통해 대상 안에 실현하고 확인할 수 있는, 동물과는 다른 인간만이 가지고 있는 존재방식이라 할 수 있다. ─역자 주

움은 고립과 자폐로 직결된다. 부질없는 이야기 또는 미화된 고독의 권장과 즐거움을 보통 일반노인으로 가장하여 흉내 낼 뿐이다. 주위에 많은 친구, 지인·편집자·관계자·독자들에게 둘러싸인 그들과 달리, 현실에 등장하는 건 "고독지옥"이외엔 아무것도 아니다. 객관적으로 볼 때 결코 "고독"이라는 것이 있을 수 없는 그들이 높은 곳에서 무력한 노인들을 향해 열심히 설교할 뿐이다. "자립"을 지상의 가치라고 믿고 강한 개인을 전제로 하는 의존으로부터의 초월, 자신의 내면세계에 갇히는 자기 미화적, 자아 중심적인 "자기몰입"의 철학에 불과하다. 괴테의 파우스트 박사처럼 고독과 함께 고고하게 살거나, 비대해진 현대적 자아에 고민하는 만프레드 백작인 영국의 시인 조지 고든 바이런의 극시劇詩 "만프레드"(1817)의 주인공처럼 살거나. 만프레드는 산과 골짜기, 바다의 대자연에 몸을 맡기고, 달과 별들을 눈으로 쫓고, 천둥과 떨어지는 낙엽을 바라보고, 가을바람의 속삭임을 듣고 자신만의 즐거움, 자신만의 슬픔, 자신만의 열정, 자신만의 권력을 원하며 혼자 사는 것이 즐거움이었다. 그러나 이들은 사회에서 분리된 하나의 외부인a stranger으로 변해버렸다. 자살도 자기망각도 이루어지지 않고, 자아 지옥이라는 절망 속에서 영원히 살게 된 만프레드의 참을 수 없는 불행은 결코

문학만의 이야기가 아니다.

영국의 철학자 버트런드 러셀Bertrand Russell은 만프레드처럼 자기 내부로 하강하는 자아에 대한 과도한 집착="자기몰입"이야말로 인간을 불행하게 하는 가장 큰 원인이라고 본다. "점차 나는 자기 자신의 단점에 무관심해진다고 배웠다. 점점 관심이 외부의 사물에 집중하게 되었다. 예를 들어, 세계의 상황, 다양한 지식의 분야, 내가 애정을 느끼는 사람들 등이다." 자신에게 깊이 몰두하는 불행한 사람들에게는 외적인 교육이야말로 행복에 이르는 유일한 길이다 (『행복의 정복』, 정광섭 옮김, 동서문화사, 2017).

반잔처럼 세상 사람들과 조화작용에 함께 힘을 모아 인간사회의 행복실현에 도달하고, 조화의 지배를 필연적으로 자각하고 받아들이는 것이 "서월경운 산림경제"의 세계이다. 자신의 즐거움에 갇힌 안분지족의 세계, 자기겸손의 경지의 유일한 목표는 인간 단면에 지나지 않는 진정한 본연의 모습 그 이상은 아니다. "성인은 세간과 함께 논다. 대중과 함께 행하는 큰 길이다(『集義和書』, 제5권)." 마음을 세상에 활짝 열어두어 사람들의 행복과 사회의 안녕을 위해 공존하고, 다른 사람과 힘을 모으고자 하는 행위 속에 더 큰 자기완성이 있다고 본다.

인간 노년기를 어떻게 살다가 죽을 것인가? 반잔의 생각을 정리하면 다음과 같다. "만물의 영장인 인간은 늙어가는 매일이 죽음의 바닥에 가로놓여, 죽음 뒤에도 세대를 위한 더 밝고 좋은 내일을 전망하고, 다른 사람들과 힘을 합쳐서 행복한 미래, 새로운 세계를 만들어내는 일에 참여하는 열정을 절대 잃지 않아야 한다. 사회적 실천에 힘쓸 수 없는 내밀한 정신수준에 머물렀다고 해도 정신의 방향성만은 언제나 그렇게 계속될 것이다." 이것은 동시에 늙어가는 인간이 다음 세대의 젊은이들에게 언어와 몸으로 가르치는 철학이다. 가르치는 특정 대상이 없는 경우에도 이러한 철학을 배우고·알고·체득한 것을 지나가는 사람들에게 말만이 아니라 그 눈빛이나 모습을 통해 보여줄 수 있다.

이렇게 배운 아이들이 부모가 되고 노인이 되면 이것을 가르쳐 줄 차례가 된다. 유년기에는 사람이 되는 길을 배우고, 청년기에는 사회에 공헌하고, 노년기에는 가르치는 것이다. 이렇게 50년이 흐르면 일본은 군자의 나라가 될 것이다(『大学或問』, 下).

세계를 선구하는 "평균수명 100세 시대"를 맞이했으나 기나긴 노후에 혼란스러워 하는 현대 일본의 노인들이지만, 그들의 수척해진 두 어깨에도 국가의 미래라는 무게가 걸려 있다. 나이 듦에도 가볍지 않은 사회적 의미가 담겨있음을 알아야 한다.

2. 〈근대〉와 노년철학

쓸모없는 사람

"더 많이, 더 멀리, 더 넓게"라는 팽창의 원리를 기본으로 하는 근대적 에토스. 그것은 생명의 가치에 종속되며, 생명 가치에 대한 유용한 가치와 도구적 가치가 우선이다. 쓸모가 있다는 것을 생명과 생명력보다 상위에 두는 것은, 삶에 유능한 사람보다 무능한 사람 또는 죽어가는 사람들의 원한ressentiment에[24] 근거한다(막스 셸러, 『Vom Umsturz der Werte』, 1919).

도쿠가와 정권의 성립(1603년)을 계기로 전쟁이 없는 평화로운 사회를 구축한 결과, 17세기 인구 폭발(1,000만 명대~3,000만 명대)과 대 개간開墾의 시대를 맞이했다. 인구 급증으로 새로운 농지개발이 활성화되고, 에도 등과 같은 거대도시도 형성되었다. 산업화와 세속화, 화폐경제의 부흥에 의한 근대의 형성과 함께 특히 전후 일본의 특징인 경제사회가 이 시대에 진행되었다.

당시의 이러한 근대=경제사회에 사는 사람들을 보고 반잔은 다음과 같이 말했다. "어떤 학문이든 사리사욕을 기본으로 하는 사람

---

24   리센트먼트ressentiment란 원한, 증오, 약자의 강자에 대한 복수심으로 울적한 심리 상태를 말한다.

은 논외다. 마음으로부터 진실의 길을 추구하여 학문을 하는 사람은 당신이나 나처럼 지금 세상의 어리석은 사람이다. 태어나면서 지성을 쌓음에 따라 "세상살이에 포함된 사람(세상에서 영달한 사람)"은 "똑똑(어질고 어디서든 쓸모 있는)"하기 때문이다. 그러나 그것은 현실적인 이해라는 계산적인 가치관에 매몰되는 것이며, 인간이 본래 취해야 할 길에서 멀어지는 것이다(『集義和書』, 제1권)."

현세적인 사리사욕이나 세간의 이해利害에 의해 형성되는 사회=게마인샤프트(근대 이익 사회)는 유용가치, 즉 서로 도움이 된다는 이용가치의 결합으로 성립되는 사회이다. 거기에서는 인간은 오직 이용하거나 이용당하는 도구적·자산적인 "쓸모 있는 것"이 되도록 강요받는다. 급격하게 경제사회화 되어버린 당시에 반잔이 무사들에게서 본 것은, 그들이 이용하고 이용당하는 쓸모 있는 것이라는 일종의 역할성, 도구성 노동에 스스로 매몰되는 것이었다. 그 결과, 그들의 모든 존재는 쓸모 있는 것을 위해 소진되어질 것을 강요받았다. 죽을 때까지 써먹다가 쓸모가 없어지면 버리거나 죽여도 된다는 모습은, 마치 오츠마大津馬와도 같다.

동료들과 경쟁하도록 하여 휴일에 출근하는 것도 마다하지 않는다. 그들은 시종, 성 안에 있는 것으로 안심과 만족을 얻고 있다. 그들의 근무 모습은 마치 영주에게 봉사하는 몸종과 같다. 항상 상사의 뜻을 거스르지 않고, 비위 맞추기에 급급해하고 있다. 간부들을 보면 지나치게 일을 해서 그 대부분이 과로사하거나 병에 걸린다. 그들은 마치 오츠마大津馬처럼 시들어서 반죽음을 당하고 있다. 건강하고 똑똑했던 사람도, 노년기에 이르러서도 학문·무예에 아무런 소양도 없다. 일 이외에서는 무능하다. 30대, 40대의 건강히 일할 사람도 스트레스 발산에 전념할 뿐, 무사로서의 당연한 직무를 수행하는 보람도 각오도 없다. 하물며 문무에서 자기 수양과 교양을 쌓을 기력도 없이 무지 무학인 채 일생을 마친다(『夜会記』, 1690년경).

오츠마란 도카이도東海道의 오우미국 오츠 숙소(시가현 오츠시)에 있던 짐 나르는 운반마를 가리킨다. 오츠 숙소로부터 교토 사이에 있는 오사카야마逢坂山는 길이 험해서 말들이 급격히 피폐해지고 수명이 단축됐다. 당시의 무사는 오츠마처럼 단순한 도구로서, "쓸모 있는 것"에 자신의 존재를 몰입시켜 이용당했다가 죽는 존재가 되었다. "도쿠가와의 평화"와 함께 전쟁에서 세운 훈공에 의한 입신의 가능성은 사라지고, 병농분리에 의해 낭인 신세가 될지도 모른다는 불안감에 억눌려, 무사들은 스스로의 존재 가치=쓸모 있음을 주변에 증명해야 했다. 쓸모 있는 것들의 경쟁에서 무사들의 삶은 매우 빈곤해졌고, 당장의 쓸모 가치에 지배된 삶으로 변화하고 말았다.

그러면 인간으로서 풍부하고 진정한 본래적인 삶은 어떻게 해야 될까? 여기에서 반잔은 장자의 무용나무逍遙遊篇인 너도밤나무가 세상의 가치와 규범에 맞지 않기 때문에 목수에게도 쓸모없는 나무라고 한다. 하지만 무용하기 때문에 인간에게 베이지 않고 크게 성장할 수 있었다는 이야기를 본보기로 삼아 삶의 근본부터 다시 보는 것을 권유한다.

깊은 산중의 나무도 그 쓸모 있음으로 인해 도끼로 찍힐 우려가 있다. 한편, 유용한 가치가 없는 나무는 도끼에 찍히는 재난을 당하는 일도 없이 천수를 누릴 수 있다.… 무사로서 쓸모 있다고 말할 수 없는 사람은 무술을 갈고닦아 국가를 제대로 지키면 된다. 평화로울 때에는 학예學藝를 즐기는 마음을 풍요롭게 하여 훌륭한 무사가 되면, 거기에는 어떤 어려운 일도 고민도 생기지 않는다. 한편, 재능 있고 쓸모 있는 사람은 이런저런 역할이 주어지면 죽을 때까지 완수하려 한다. 무사임에도 불구하고 자신이 갈고닦은 "사람을 통치하는 무사의 마음"을 키워나갈 시간도 여유도 없다. 이것으로 어떻게 백성 위에 있는 무사로서의 학문을 습득할 수 있겠는가? 죽을 때까지 무지한 채로 살아간다(『集義和書』, 제13권).

유용가치가 있는 나무일수록 쓸모 있는 곳에서 존재가 위기에 노출된다. 인간이 쓸모 있는 곳에 던져졌을 때 주인의 도구로 사용되다가 죽임을 당하는 오츠마의 신세로 전락되는 위험을 피할 수는 없다. 이에 대해 반잔이 말하는 것은 노장적인 방향으로의 의식전환, 존재변용이다. 반잔의 기본적인 가르침은 수기치인 실학=유학이지만, 한편으로 노자에 깊이 심취했다. 오카야마 번의 유생 유아사 죠잔湯浅常山(1708~1781)이 반잔의 정치론을 노자에 기반한다(『文會雜記』, 부록 2권)고 평했듯이, 그의 저작에는 무용(무로써 용을 행하다)을 비롯해 무, 무위, 무사, 무욕, 어리석음·졸렬함, 겸손·허세, 검소함·약속·손해, 화광동진和光同塵, 하늘 아래의 계곡, 자연 등 노자에서 차용한 것으로 보이는 말이 자주 등장한다.

나는 타인으로부터 신뢰받을 것 같은 뛰어난 덕을 가지고 있지

않다. 국가에서 필요한 인재도 아니다. 아무런 도움도 되지 않

는 쓸모없는 사람에 지나지 않는다. 말하자면 산속의 나무 한

그루, 그곳에 널려있는 한 개의 돌멩이 같은 인간이다(『集義和書』,

제6권).

　반잔의 쓸모없는 사람 또는 산속 한 그루의 나무, 또는 돌멩이라

고 술회한 것이 지나친 겸손과 비체제적인 사상이라고 오인받아

오카야마 번에서 쫓겨난 중년 이후는, 막부에 강요된 은거생활에

대한 자조로 봐서는 안 된다. 노자에게 유래된 거짓 없는 자기 인식

인 "수기修己"의 독특한 궁리라고 봐야 한다.

　막스 베버에 따르면 유학의 무리가 덕의 보상으로 기대하는 것

은 현세에 있어서 장수와 건강과 부이며, 사후에는 후세에 이름을

떨치는 것이다(『유교와 도교』, 문예출판사, 1990). 이에 대해 반잔은 "어리석

은 내 이름이 세상에서 완전히 사라져 버리는 것. 이것이야말로 소

생의 본뜻이며, 더 이상의 기쁨은 없다."라고 비유교적인 무명성에

가치를 찾았다. 쓸모없는 사람과 무명이라는 노장의 자기 인식은,

인간과 사회를 '쓸모 있는 것'으로 일원적으로 내모는 〈근대〉에 반

대하고, 현세적인 유용성에 못 박힌 현실세계에 반대하며 차원이 다른 새로운 천지창조를 기대하는 말이라고 해석된다.

"게슈텔Gestell"적인 세계[25]

인간 중심주의의 서양 근대를 부정적으로 본 하이데거의 눈에 비친 〈근대〉는 인간을 포함한 자연의 모든 존재를 〈유용성〉의 척도로 판단하는 일원적인 사회였다. 그것은 쓸모 있는 곳에만 인간 존재의 가치를 인정하는 세계, 도구적·자원적인 관점에서 모든 것을 쓸모 있는 것으로 보고, 모든 것을 물건화하는 세계라 바꿔 말할 수 있다. 마르크스는 이러한 인간의 물건화 〈상품화·화폐화〉를 물상화物象化·Versachlichung(객관화, 객관적 묘사)라고 했다.

세계를 쓸모 있는 것, 즉 물상화, 용상화해서 지배하에 두고 확대 요구를 기반으로 자기 영속화를 도모하는 〈근대〉는, 인간의 고향인 대지를 자연수탈과 파괴의 위험상태로 황폐화시켰다. 여기에 인간의 삶은 야위어지고 사회경제화 방향으로 일방적으로 왜곡되었다. 현대 과학기술을 필수 반주자로 모든 것을 피조물화로 쓸모 있는 물건화시킨 그리스도교를 연원으로 하는 서양 〈근대〉에 대해, 하

---

25 게슈텔Gestell은 틀, 뼈대, 받침대, 버팀목을 의미한다. 후기의 하이데거가 존재사 내지 존재의 역사적 운명의 관점에서 현대기술의 본질로서 끄집어 낸 존재론적 의미 지평의 구조 전체를 가리키는 개념이다.—역자 주

이데거는 게슈텔Gestell이라는 말을 무기삼아 맞섰다(『Die Frage nach der Technik』, 1954).

근대세계의 본질은 게슈텔이다. 하이데거가 만든 게슈텔이라는 단어는 "유용하게 하는Stellen" "집합·총체Ge"를 의미한다. 인간 본질에 기술적 성질, 즉 자연을 지배하기 위해 작위하고 산정하여 전진하려는 의지에 따라 세계의 모든 존재물을 현실적인 경제 합리적인 가치 판단인 "유용하게 하다"로 판단하는 구조, 그리고 그러한 구조의 집합·총체를 말한다. 기술에 의한 자연지배가 인간의 본질에 뿌리내린 이상, 인간은 게슈텔적 세계를 해결할 수도 회피할 수도 없다. 자연 지배를 당연하게 생각한 인간의 기술이, 물심일원론을 바탕으로 서양의 자연과학·과학기술과 합체하여 서양〈근대〉를 출현시켰다. 만물일체·천인합일적인 동양세계가 서양〈근대〉에 뒤쳐진 이유가 여기에 있다.

근대를 살아가는 인간은 삶 그 자체에 부여된 진정한 풍요로움과는 다른 곳에서 일원적으로 쓸모 있는 물건 속으로 던져져 사용가능한 자재·자원으로 변해버렸다. 인간과 사회가 함께 편리성, 효율성, 속도 등의 경제 합리적인 세계에 일방적으로 몰리고 부추김 당하고 있다. 초자연적인 사리사욕과 세간의 이해에 의해 형성되는 사회를 독일의 사회학자인 페르디난트 퇴니스는 게젤샤프트 (이익사회)라고 명명했다. 실용과 계산이라는 경제 원리, 즉 서로의 이익관심에 의해 결합하여 성립되는 사회이다. 여기에 사는 인간은 서로를 "쓸모 있다"라는 경제 합리주의적인 도구 가치·유용성으로만 평가하고, 평가된다. 인간은 이용하고 이용당한다는 도구적·자재적인 물건화이다. 하지만 존재를 다른 사람에게 맡기고, 다른 사람의 지배에 만족한다면 인간에게 어울리는 삶은 사라져 버린다.

유용한 가치에 의하여 쓸모 있는 것이 되어 물건화되는 인간 존재의 위기에 어떻게 대처해야 하는가? 마르크스는 인간의 탈물건화=탈물상화를, 노동자의 자본가로부터의 해방을 요구했다. 그러나 게슈텔적 세계, 즉 현대 문명에 있어서는 노동자도 자본가도 모두 물건화의 지배로부터 도망칠 수 없다. 인간과 자연을 판단하고 지배하려는 게슈텔의 이른바 일차원적 세계(헤르베르트 마르쿠제)는 도구성, 자재성=유용 물건이라는 일차원적으로 경제 합리적인 가치가 지배하고 인간과 사회를 계속 압도한다.

오늘날의 근대는 "미리 산정할 수 있는 것만이 존재한다."는 수학적인 산정 가능성과 기술 가능성에 지배되는 세계이다. 인간이 자신을 포함한 세계에 현존하는 모든 존재(자연·인간)를 산정가능이라 하며, 확보해야 할 쓸모 있는 것으로 파악하려는 것을 특징으로 한다. 즉 현대사회=서양 〈근대〉는 인간 세계에 쓸모 있는 물건만이 존재한다는 서양 고유의 인간중심주의적 세계관=경제 합리적인 존재관 위에 구축되어 있다. 게다가 이 기술적 세계관은 전 우주적 규모에서 오로지 쓸모 있는 물건으로서의 세계 확보에 광분한 결과, 가장 인간다운 인간성을 위험천만한 것으로 간주했다. 인간성의 뿌리에 기인하는 기술적 성질은 항상 전진하고 상승하려는 힘인 파우스트 정신과 동일하다. 그러나 인간은 지배를 피할 수도 제어할 수도 없다.

쓸모 있다는 일원적 가치에 의해 인간중심주의의 물건이 된 게슈텔로 인해, 세계적으로 밖을 향해 앞으로 돌진하는 사유가 주류를 이루며, 자기 내면을 향해 심사숙고하며 성찰하는 사유는 후경後景으로 물러난다. 항상 타산에 둘러싸여 계산하는 사유는, 기회를 노리고 하나의 기회에서 다음 기회로, 성급하게 날뛰며 가만히 있지 않는다(『Gelassenheit』, 1959).

게슈텔적 세계는 인간을 포함한 모든 것을 유용·무용의 가치로 일원론적 판단을 통해 항상 경제 합리적으로 계산하며, 타산에 둘러싸여 있음을 기본으로 한다. 하이데거는 전 지구를 뒤덮은 게슈텔적 세계=서양(근대)을 구제할 수 있는 것은 서양철학뿐이라고 말한다. 그러나 과연 그럴까?

무용의 가치

하이데거는 게슈텔적 세계에서 기술의 노예로 전락한 인간이 진정한 인간성을 회복하려면 마음이 외부로 향하는 계산하는 사유에서 벗어나, 자기 내면으로 향하는 성찰하는 사유를 깨우쳐야 한다고 말한다. 성찰하는 사유를 하는 근대인은 인간중심주의적인 아집에 작별을 고할 수 있다. 인간이 자기를 떠나 깜빡임 속에 자기를 버리고 던질ent-werfen 때, 내려놓기Gelassenheit를 통해 열리는 세계 속에서 인간은 진정한 자아가 될 수 있다(『Die Technik und die Kehre』, 1953). 내려놓기는 감정과 의욕을 억제하고 자기 내부로 후퇴하는, 성찰하는 사유에 집중하는 태도를 말한다. 무심·무아의 철저함, 자기 방임, 자기부정에 의한 존재 각성이다.

하이데거 철학은 선禪사상과 유사하다고 지적될 때도 있다. 오히려 노장사상이라 하는 것이 맞다. 하이데거의 철학이 인간중심적인 유럽 철학에 대한 혐오를 기초로 한다면, 노자철학이 인간의 이기주의를 부정하고 유럽철학의 합리주의, 이성주의의 정반대에 있다는 점에서도 공통점이 있다. 노자와 기본적인 성격을 가진 것으로 보이는 하이데거가 높이 평가한 것이 장자의 "쓸모없는 나무逍遙遊篇"이다.

어떤 사람이 장자를 비판했다. "내가 알기로 '너도밤나무'라는 거목이 있다. 그러나 세상의 가치·규범에 맞지 않는다. 따라서 길가에 있음에도 불구하고, 목수도 쓸모없는 나무라 무시한다. 당신의 이야기도 이 너도밤나무처럼 크기만 할 뿐 어떤 도움도 되지 않는다." 야유를 받은 장자는 반론한다. 쓸모 있는 물건이라 함은 쓸모 있는 곳에서 오히려 존재파괴·소멸의 위기에 직면한다. 지금 당신은 그 거목이 쓸모없다는 것을 걱정한다. 그것은 본질을 잘못 알고 있다. 이 나무는 쓸모없기 때문에 인간이 베거나 해를 입을 수 있는 존재소멸·걱정이 없다. 왜 쓸모 있음에 집착하는가? 쓸모없는 나무가 하나도 없는 드넓은 대지와 우주의 한가운데에 심어라. 그리고 그 녹음에 아무것도 하지 말고 느긋하게 누워 무위의 시간을 즐기며 지금 삶에 흡족한 평화를 마음껏 즐기는 것이 좋다.

장자의 말은 "쓸모 있다."라고 하는, 현실 세계를 지배하는 가치관=현세적인 경제 합리성에만 마음을 빼앗기고, 거기에 열리는 진정한 자유, 이 세계에 존재한다, 살아있다는 절대적인 가치의 상실을 비판한다. 하이데거는 장자의 쓸모없는 나무의 비유를 "쓸모 있다"라는 경제 합리성에 지배된 서양 〈근대〉=게슈텔적 세계와 비교하고 있다. 1962년의 강연 「전승된 언어와 기술적인 언어」에서 하이데거는 이렇게 말했다.

장자의 쓸모없는 나무가 아닌 실제적인 "성찰하는 사유"로 발표하고, 쓸모없는 것으로 실제 이익을 내지 않는다. 그러나 없어도 사물의 본질을 이해할 수 없다. 또한 없으면 쓸모 있는 것 그 자체도 의미를 잃고, 진정한 의미에서 쓸모없게 된다. 쓸모없는 나무는 유용성의 척도로 평가해서는 안 된다.

> 쓸모없는 것은 그것으로 아무것도 만들어질 수 없다고 하여,
> 그 자체 특유의 위대함과 결정적인 힘을 가진다. 이러한 방법
> 에 쓸모없는 것이 사물의 의미이다.…쓸모없는 것들에 대한
> 통찰력은 어떤 하나의 시야를 연다(『Die Frage nach der Technik』).

세계는 통속적인 관념, 즉 유용성의 관념만을 기준으로 가치를 정해선 안 된다. 근본적으로 다시 생각해야 한다. 인간과 세상의

모든 존재물을 신의 제작물로 본다. 사용할 수 있는 도구관념=물건으로 보는 존재의 이해는 플라톤 등의 고대 그리스 철학과 기독교에 의해 정립되었다. 즉, 모든 존재는 신의 피조물이라는 그리스도교적 발상이 서양〈근대〉를 지배하고 있다. 하이데거는 이러한 존재 이해를 특징으로 하는 서양적 발상이 가능하게 된 것은 그리스도교이며, 그리스도교가 오늘날의 기술·이성주의적 게슈텔 세계를 근저로 지탱하고 있다(『형이상학 입문』, 박휘근 옮김, 문예출판사, 1994)라고 말했다.

"내려놓기"의 정신

하이데거에 의하면 그리스도교와 현대 자연과학이 합체하여 서양〈근대〉, 즉 게슈텔적 세계가 형성되었다(『휠덜린의 송가』, 「게르마니엔」, 「라인 강」, 하이데거 전집 제39권, 최상욱 옮김, 서광사, 2009). 하이데거가 몹시 혐오했던 미국 달러 지폐에 인쇄된 것처럼 "IN GOD WE TRUST=우리는 신을 믿는다"를 국시로 하여, 그리스도교 신앙을 바탕으로 건국된 사상 최대 최강의 기독교 국가, 세계 최첨단을 가는 과학기술 대국이다. 미국은 하이데거에게 있어 게슈텔 그 자체였다.

세계의 모든 종교 가운데 신으로부터 만들어진 인간이 "신의 나라" 창조를 위한 노력으로 기술적·목적론적으로 수행하고자 하는데 그중에 그리스도교만이 근대 자연과학의 기술로 세계=게슈텔과 친화적으로 합체할 수 있었다. 하이데거는 그리스도교가 지탱하는 게슈텔=기술로 세계 극복이라고 하는, 고대 그리스에 뿌리를 갖는 세계관에 대한 대안으로서, 자기 부정적인 내려놓기적 사유, 비경제 합리주의적인 쓸모없는 물건으로서의 예술=예술적 사념에서 그 가능성을 본다. 시대를 지배하는 "계산하는 사유"에 대한 비판, 또는 파우스트적 자아에 힘입은 게슈텔적 현대 문명에 날카로운 비판을 가한 것으로, 하이데거는 이후에 반동 사상가가 될 수도 있었다. 뿐만 아니라 나치에 가담한 커다란 철학적 결함을 갖는다고 해도, 그 철학에서 이어받아야 하는 것도 결코 적지 않다. 하이데거는 말한다. 이러한 세계를 구할 수 있는 것은 철학밖에 없다고.

철학이 뭔가를 본질적으로 묻는 질문 방법이 시대의 방향과 반드시 일치하는 건 아니다. 철학은 언제나 그 시대보다 훨씬 앞쪽에 던져져 있기에, 철학은 자신의 시대를 늘 앞선다. 원초적이기에 연결되어 다시 돌아온다. 어쨌든 철학한다는 것은 언제든지 시대 방향이 아닌 것처럼 지식뿐만 아니라 오히려 반대로 시대를 자신의 척도 하에 두는 것과 같은 지적이다.… 시대 방향이 아닌 것은 언젠가 그 독특한 시대를 갖게 될 것이다(『형이상학 입문』).

정년퇴직 후에 "끝난 사람"이 되면, 카프카가 그린 「변신」(1915)의 주인공 그레고르처럼, 이용가치가 없는 존재로 방해물 취급을 받아 비애를 느끼며 성가신 존재로 취급받아 비극에 치닫는다. 유용가치관의 일원적 지배와 인간의 물건화, 서양 〈근대〉=게슈텔은 필연적으로 발생하고 있다. 이에 대해 근원적으로 성찰하고 반성해야 한다. 하이데거는 인간 본성에 있는 기술적, 파우스트적, 선동적인 게슈텔 세계에 대해 묵상하고, "진정되는Still" 성찰하는 사유에 근거한 내려놓기Gelassenheit의 필요성을 강조했다.

메이지 이후의 일본은 서양 〈근대〉의 길을 의심하지 않고 달렸다. 경제절대·과학만능주의 게슈텔로 세계 번영을 누리고 있다. 한편, 현대 일본에서 본 대로, 게슈텔적 세계는 신자유주의와 합체하여 서양 근대의 〈독〉과 〈어둠〉을 더욱 강화, 심화하면서 노인의 고독·고립, 죽음 등을 더욱 심각하게 했다. 여기에 요구되는 것은 경제와 과학의 압도적 지배하에 인간을 쓸모 있는 물건화하는 게슈텔 세계·구조에서 해방되어 의식의 전환, 새로운 철학을 구축하는 것이다.

하이데거가 말하는 내려놓기Gelassenheit는 서양 근대의 게슈텔적 세계의 정반대에서 인간 존재와 그 삶의 근원으로 향하는 동아시아 세계의 전통 사상 속에 있는 것이다. 자아에 집착하는 파우스트 정신이나 부추김의 에토스로는 서양 근대의 게슈텔적 세계를 정복할 수 없다. 그렇지만 하이데거가 강조하는 묵상하고 안정된 조용한 곳의 "성찰하는 사유思惟"에 바탕을 둔 내려놓기의 책임은 아니다.

글로벌 근대에서 토착적 근대로

앞에서 소개한 바와 같이 경제활동에 쓸모없는 인간을 "폐기된 사람wasted humans"이라고 부른 지그문트 바우만은 근대를 전·후기 두 시기로 나눈다. 전기의 고정화된 근대solid modernity와 후기의 액상화된 근대liquid modernity이다. 전자가 명확한 질서와 탄탄한 조직을 가진 안정된 사회인 반면, 후자는 고정적인 질서 조직이 녹아 액상화한 불안·불명확한 사회이기 때문에 개인의 책임으로 자기 정체성을 획득해야 한다(『액체근대』, 이일수 옮김, 강, 2009).

　바우만과 마찬가지로 폴란드 출신의 사회학자 울리히 벡Ulrich Beck(1944~2015)은 산업혁명에 의해 19세기에 출현한 산업사회를 "제1의 근대"로, 1980년대 이후 신자유주의 경제 세계화에 따른 근대를 "제2의 근대"로 부른다. 이것은 근대화에 의한 근대화 즉, 근대의 급진화=재귀적 근대이며, 거기에서는 인간이 철저하게 개인화된다는 점에서 세계는 위험사회로 변모한다(『Riskante Freiheiten–Gesellschaftliche Individualisierungsprozesse in der Moderne』, 1994). 바우만의 액상화된 근대와 벡의 재귀적 근대는 오늘날 전 세계를 덮어버린 신자유주의 경제 세계화의 별칭이라고 할 수 있다. 이 책에서 다루어 온 서양 근대는 정확하게는 글로벌 근대라 해야 할 것이다. 여기에서는 사회적 연결성이 융해되어 사라진 사람들이 극도로 개인화되어 핵가족마저 해체된 결과, 특히 경제적 능력이 없는 노인은 가족으로부터도 버림받는 위험에 노출된다. 풍요롭고 밝아 보이는 듯한 글로벌 근대가 가지는 〈독〉과 〈어둠〉이다.

　현대를 살아가는 노인은 경제적 번영과 과학기술의 혜택을 누리는 한편, 현대를 상징하는 파우스트적 자아와 사회의 경제화, 혹은 하이데거의 게슈텔적 세계에 내몰린다. 이는 바우만의 액상화 근대와 벡의 재귀적 근대, 즉, 글로벌 근대에 필연적으로 발생하는 비정하고 냉혹한 위험사회의 큰 위협 중 하나다.

글로벌 에이징 시대에 돌입한 오늘날의 세계에서, 노인문제는 인류 공통의 중요 과제가 되고 있다. 인류 생존의 위기에 대처하기 위해 세계 각국의 과학자·경제학자·경영자들이 1968년 로마에서 결성한 민간국제연구조직 "로마클럽"은 1972년 "인류의 위기에 관한 프로젝트"의 연구보고로 유명한 "성장의 한계"를 간행하였다. 여기에서 인류 공통의 문제가 된 것은 인구의 폭발적인 증가와 이에 따라 심각해지는 환경오염이었다.

세 번째 시리즈인 2002년의 "성장의 한계, 인류의 선택"에서도 마찬가지로 세계시스템(특히 인구와 경제)의 기하급수적 성장에 따른 지구와 인류의 위기 상황에 대해 문명과 세계관의 방향 수정과 근본적인 궤도 수정의 필요성을 강조했다. 동시에 이를 대체할 새로운 시각 혹은 지구 규모에서의 패러다임 전환을 일으켜야 한다고 제창했다. 결론 부분에는 특히 이탈리아 경제학자이자 로마 클럽의 창시자, 아우렐리오 페체이(1908~1984)의 저서 『One Hundred Pages for the Future』(1981)을 인용하여 다음을 소개한다.

우리 시대에 어울리는 휴머니즘에 의해 지금까지 손대서는 안 된다고 생각되어 온 원리와 규범에도 더 이상 적용할 수 없는 것, 목적에 부합하지 않는 것을 새로운 것으로 바꾸거나 전환하는 것이 필요하다. 또한 우리 내면의 균형을 정비하기 위한 새로운 가치체계를 정립하고, 삶의 공허함을 채우기 위해 새로운 정신적, 윤리적, 철학적, 사회적, 정치적, 미학적, 예술적 동기의 출현을 촉구해야 한다. 우리가 가진 사랑, 우정, 이해, 유대, 희생정신, 쾌활함을 회복시키고, 그 소질을 통해 다른 생명체와 세계의 형제자매와의 관계를 밀접히 한다면 그것만으로도 얻는 것도 많다는 것을 이해하지 않으면 안 된다(도넬라 H. 메도즈·데니스 L. 메도즈·요르겐 랜더스, 김병순 옮김, 『성장의 한계』, 갈라파고스, 2012).

페체이가 말하는 것은 "우리 내면의 균형을 정비하기 위한 새로운 가치체계"이며, 삶의 공허함을 채우기 새로운 정신적, 윤리적, 철학적, 사회적, 정치적, 미학적, 예술적 동기의 출현, 즉 인류의 정신을 향상시키고, 다른 생명과 사람들에게 사랑과 연대, 공존을 가능하게 하는 새로운 휴머니즘의 발견·창조이다. 새로운 휴머니즘은 현대 문명의 패러다임 전환, 즉 인류의 활동을 지나치게 이끌고 있는 서양 근대의 방향 전환과 근본적인 수정으로 인한 것이다.

서양문명이 고대 아프리카, 서아시아에 기원하고 있음을 지적하는, 서양 중심주의의 재검토와 서양 주류의 현대문명에 대해 이의제기한 마틴 버널의『블랙 아테나』(1987)의 번역가이자, 독보적인 남아프리카 문학 전공자인 기타지마 기신北島義信은 서양 근대에 의한 비서양세계의 지배에 저항하기 위해서는 비서양세계의 각 국가·민족전통·풍습·정신으로 유지해 온 "토착문화"가 필요하다고 하면서 〈토착적 근대indigenous modernity〉라는 새로운 개념을 제시한다.

기타지마가 말하는 토착적 근대란 서양 근대에 내재하는 차별·억압·폭력성과 자타의 이항대립적 파악, 이분법적 생각을 거부하는 세계다. 동시에 서양 근대가 내포하는 자기중심주의와 이기주의의 합리화, 우열, 열등한 자의 분리, 유월한 자에 의한 열등한 자의 동화를 넘어서는 중요성을 보여주는 것으로서, 서양 근대의 대항개념이 될 수 있다(「インド·パキスタン,アフリカ英語文学における『土着』と『近代』」, 栂正行ほか 編,『土着と近代』, 音羽書房鶴見書店, 2015).

현대문명 본연의 자세에 대한 의문이나 경고로서 새로운 휴머니즘으로의 길을 열고, 토착적 근대를 생각하는 재료로서 동아시아 세계가 공유하는 것이 무엇인지 우선적으로 질문될 것이다. 동아시아에 사는 사람들이 공유하는 식물신체·식물생명이 그것이다. 오늘날의 세계를 헤겔의 짐승의 종교적 세계, 즉 동물생명, 동물문명의 극단적 지배에 맡기는 것이 아니라 인간에 내재된 〈동물적인 것〉과 〈식물인 것〉의 상호 공존관계를 되찾아야 한다. 양자의 상호주체·상호매개 관계 속에서 새로운 휴머니즘을 구상하고 〈토착적 근대〉를 모색하는 곳에 희망찬 대안과 새로운 문명의 모습, 보다 친밀한 인류문명의 미래가 열린다고 생각한다.

서양 근대의 혜택을 문화·문명과 개개인의 심신에 충분히 받아온 동아시아 세계, 즉 유건휘 국제일본문화연구센터 부소장이 말하는 동아시아 서양 근대수용공동체는 서양 근대의 〈독〉의 고통과 〈어둠〉 속에서 헤매고 있다. 기타지마의 토착적 근대론은 동아시아가 계속 맛봐왔고 지금도 계속 맛보고 있는 이 쓴 경험을 출발점으로 한다. 서양 근대를 "초월"하는 새로운 철학은 비서양 근대의 토착적인 것을 모색하는 가운데에서 발견되는 것이 아닌가?

아우렐리오 페체이가 말한 "우리 시대에 어울리는 휴머니즘", "우리의 내면 균형을 정비하기 위한 새로운 가치체계"와 혹은 "삶의 공허함을 채우는 새로운 정신적, 윤리적, 철학적, 사회적, 정치적, 미학적, 예술적 동기의 출현"을 토착적인 것 중에서 찾으려는 시도는 노년철학과 방향을 같이한다. 기타지마가 주장하는 토착적 근대는 서양 근대지상주의 가치로 발전, 확대된 "부추김의 에토스"와 파우스트적 정신, 또는 동물적, 남성적, 젊은이들의 세계, 유용성 또는 효율화에 지배된 사회에는 없기 때문이다.

3. 나이 들어 철학하기

인생에 의미는 없다?

어느 오후, 나는 미에현에 사는 노년철학의 멤버이자 서양 근대에 대비되는 토착적 근대를 주장한 키타지마 욧카이치대학 명예교수 등과 함께 멋진 녹나무 가로수로 이어지는 곳에서 하얗고 파란 불빛이 반짝이는 이세만과 욧카이四日시 공업지대의 붉은 굴뚝을 바라볼 수 있는 11층 카페에서 잡담하고 있었다. 나는 노년철학과 관련하여 문득 번뜩이는 아이디어에 대한 동의를 구한 적이 있었다. 대학 시절에 애독한 프랑스 소설가 알베르트 카뮈(1913~1960)의 대표작 중 부조리 살인을 주제로 한 소설 『이방인』에 대한 것이었다.

노인의 "다시 살아가기" 주제들 중 하나로 선정된 것이, 젊은 주인공이 "태양 때문에"로 아랍인을 총살한 『이방인』(1942)이다. 이 소설은 "오늘 엄마가 죽었다"라는 유명한 서두로 시작된다. 양로원에서 사망한 어머니에게 약혼자가 있다는 사실을 탐탁지 않게 생각한 주인공 뫼르소는 사형선고 후 감옥에서 갑자기 어머니의 행동이 의미하는 바를 완전히 이해한다. "어머니는 죽음을 가까이하니 해방감이 느껴지고, 모든 것을 다시 살아가보려고 하는 마음이었던 것이다." 젊은 나이에 남편을 잃고 외롭게 살아온 어머니가 죽음의 앞에서 가졌던 유일한 희망은 인생의 모든 것을 다시 살아보려는 희망이자 의지였다. 교수형 직전 어머니를 이해하고 자신도 모든 것을 다시 살아가려는 기분이 된 것을 느낀 뫼르소는, 처음으로 삶도 죽음도, 선도 악도 모두 무조건 포용하는 이 세계에 마음을 열고 일체화한 형제 같은 친근감을 깨달으며 소설이 끝난다.

양로원이라는 새로운 환경과 사람들 속에서 삶의 의미를 찾아, 인생을 다시 만들어가려는 노력을 해야 한다고 한 뫼르소의 어머니는, 그가 카뮈의 분신인 것처럼 그녀 또한 카뮈의 어머니가 모델이었던 것일까? 카뮈의 어머니 캐서린 헬렌은 카뮈를 출산한 이듬해 전쟁에서 남편을 잃고 30세 이전에 과부가 되었다. 『이방인』은 죽음을 앞둔 노모의 "다시 살아보기"를 복선으로 잘못된 인생관으로 사는 아들에게 "다시 살아볼" 것을 요구하는 소설이 아니었나 싶다.

사는 것, 그리고 죽는 것도, 선도 악도 다 아무래도 좋은 일이라고 생각한 뫼르소의 인생관은 "인생은 살 가치가 없다"라는 말로 집약된다. 죽으면 모든 것이 끝이자 모든 것은 무의 허 무에 귀속되기 때문이다. 뫼르소가 저지른 진정한 죄는 아랍인 살인이 아니다. 그가 저지른 가장 큰 죄악은 "인생은 살 가치가 없다."라고 느끼며, 30세에 죽든 70세에 죽든 큰 차이가 없다는 인생관이다. 그래서 카뮈는 그에게 사형선고를 내리며 소설을 썼다.

『이방인』 반년 후에 간행되었고, 그 철학적 해설서가 되는 에세이 『시지프 신화』(1942)가 말한다.

> 40년의 의식적인 삶과 60년에 걸친 지적인 눈빛이나 부조리한 인간의 눈으로 비치는 것은 (설령 그가 그렇게 원했던 것이라도) 있을 수 없는 것이다.…60세까지 살 수 있을지도 모르는데 40세에 죽어 버리는, 그 때 20년간 차이의 삶과 경험은 더 이상 결코 다른 그 무엇으로써도 바꿀 수 없는 것이다.

자신뿐만 아니라 타인의 삶도 가볍게 여기던 젊은이, 죽음의 앞에서 삶을 측은하게 여겨 인생을 다시 살도록 노력해야 한다는 노인. 전자가 후자를 이해한 지점에서 이야기는 막을 내린다.

28세 때 "인생은 그 자체로 의미는 없다. 하지만 의미가 없기 때문에 살 만하다"^(『시지프 신화』)라고 쓴 카뮈는 60세보다 훨씬 젊었던 46세에 자동차 사고로 죽었다. 그는 노년기를 알지 못하고 죽었다. 80세까지는 아니더라도 적어도 60세까지 살았다면 카뮈는 같은 말을 반복했을까? 아쉬울 따름이다.

노년기의 철학 영원회귀사상

대학의 "철학과 생사관" 강의는 고대 그리스의 소크라테스·플라톤·아리스토텔레스를 비롯하여 스피노자, 헤겔, 니체, 하이데거 등 철학계 거인들의 삶과 죽음에 관한 말을 거론하고 있지만, 유독 "이해할 수 없다"라며 평판이 좋지 않은 사상이 있다. 니체의 근본 사상 "영원회귀"이다. 니체는 이렇게 말하고 있다.

만약 어느 날, 혹은 어느 밤이 되어, 한 악마가 적막하기 짝이 없는 고독 속에 잠겨 있는 자네에게 몰래 다가와 다음과 같이 말한다면 너는 어떻게 할 것인가? 〈네가 현재 살고 있고, 지금까지 살아온 생을 다시 한번, 나아가 수없이 몇 번이고 되살아야만 한다. 거기에는 무엇 하나 새로운 것은 없을 것이다. 일체의 고통과 기쁨, 일체의 사념과 탄식, 너의 생애의 일일이 열거하기 어려운 크고 작은 일들이 다시금 되풀이되어야 한다. 모조리 그대로의 순서로 되돌아오는 것이다〉.… 그리고 모든 일 하나하나에 관해서 행해지는 〈너는 이것을 다시 한번, 또는 수없이 계속 반복되기를 원하느냐?〉라는 질문이 가장 무거운 무게로 너의 행위 위에 가로놓일 것이다(『즐거운 지식』, 곽복록 옮김, 동서문화사, 2016).

인간에게 불행과 재앙을 가져오는 악마가 인간에게 요구한 것은 일상생활의 행동, 그 일상 모든 순간에서 삶을 영원히 반복해서 사는 것이었다. 이러한 삶의 절대 긍정으로 "운명의 사랑amorfati"이라는 단어가 생긴다. 내 몸에 처한 모든 운명의 필연을 전부 긍정한 이것을 사랑할 때, 거기에서 진정한 자유의 세계가 열린다는 것이다. 이를 들은 학생들 대부분은 "같은 날, 같은 일을 영원히 반복할 수 없다. 무리다. 이 사상은 이상하다"라며 의문과 적잖은 의심, 거부 반응을 나타낸다.

영원회귀사상은 아마도 니체 자신도 다루기 어려웠던 사상이 아니었을까? 어쨌든 니체라는 철학자는 초인사상 등이 그 전형적인 예이지만, 자신은 도저히 하지 못할 것 같은 것을 약한 자신에 대한 질타와 격려를 위해 과장되고 과격하게 말하는 버릇이 있었다. "여자에게로 간다면 채찍을 잊지 마라!"(『차라투스트라는 이렇게 말했다』제1부 「늙은 여자와 젊은 여자에 대하여」) 등 위세등등하게, 강경하게 말하면서도 여자에게 늘 흔들리는−예를 들어, 작가 루 살로메와 바그너의 아내 코지마 등에 의해−한심한 구석이 있었다. 버트런드 러셀 등은 니체의 "과대망상" 버릇이 발동할 때, 여자에게 채찍으로 맞는 것은 항상 네(니체) 쪽이라고 농담을 했다(『西洋哲学史』, 1945).

생각해 보면 영원회귀사상은 젊고 한창 일할 사회인을 위한 철학도, 그들이 지향하는 철학도 아니다. 오히려 노동(국민의 권리 의무)이나, 육아(친권자 양육교육 의무)에서 해방되어 여유 있는 시간을 주체 못하는 노년기 인간에 대한 철학이다. 한창 일할 나이인 40대 중반에 정신착란증세를 보여 병원에서 55세로 죽은 니체는, 노년기를 경험하지 않고 세상을 떠났다. 제정신을 유지하고 노년기를 맞이할 수 있었다면, 니체는 영원회귀사상을 진정한 자신의 것으로 할 수 있었을까?

『차라투스트라는 이렇게 말했다』제1부 「세 가지 변화에 대하여」에서 니체는 인간의 정신적 성장의 순서를 이렇게 말하고 있다.

인간은 인내를 따르고, 굴욕을 견디는 낙타에서 강인한 주체의 자기를 주장하고, 세상의 모든 것에 싸움을 거는 사자를 거쳐 마지막으로 순수하고 막힘이 없는 자유의 경지에 놀며, 거기에서 새로운 세계를 열고 새로운 가치를 창조하는 어린아이가 된다. 청년기가 낙타, 장년기가 사자라면 노년기는 다시 돌아가서 아이가 되는 것을 요구받는다. 지금 실제로 체험한, 또는 과거에 체험해 온 모든 것을 "이걸로 됐어!"라고 절대 긍정하는 정신을 니체는 노년기 인간에게 요구한다고 해석할 수 있다. 한가한 시간을 주체 못하는 노인뿐만 아니라 노년기에 접어든 모든 인간에게 요구한다. 과거·현재·미래를 통째로 긍정하고, 자유 무애無碍의 경지에서 놀 수 있는 인간은 완성된다. 여기에 삶은 죽음과 연속한다. 이러한 인간에게 죽음은 존재하지 않는다.

요미우리신문(2018년 4월 1일 조간)의 인생 상담 코너에 다음과 같은 상담이 올라왔다. 내가 사는 미에현에 거주하는 50대 여성의 상담이었다.

"50대 여자. 아무도 믿지 않고 사랑하지 않고 마음을 열지 않고 살아 왔습니다. 슬픔과 후회가 남습니다. 부모가 모두 정신장애가 있었습니다. 태어나자마자 어머니가 자살하고 어린 시절은 지금은 돌아가셨지만 아버지의 발작이 무서웠습니다. 초등학생 때는 할아버지도 자살하여 할머니 손에 자랐습니다. 10대 시절 남학생에게 괴롭힘을 당해 등교거부를 했고, 중퇴하였습니다. 은둔형 외톨이로 지내다가 20대에 취직했지만 직장 유부남에게 성희롱을 받아 퇴직했습니다. 부모에게 버림받고 행복한 가정을 모르기에 결혼할 생각이 없었습니다. 남성에게 공포와 혐오, 불신만이 있어 여성으로서 적극적인 행동은 아무것도 할 수 없었습니다. 결혼하고 아이를 키우는 삶을 살고 싶었습니다. 그러나 우울증에 국민기초생활수급자로서 급여를 받으며 치료를 계속하고 있습니다. 친구도 없습니다. 내 50년은 도대체 무엇이었을까요?"(미에현, S씨)

이 여성은 자신의 인생을 철저한 무의미로 일괄하고 있다. 죽음의 직전, 본인의 인생이 철저히 무의미하다는 것에 절망하며 죽어갔던 톨스토이 소설의 주인공 이반 일리치처럼.

이 여성은 현재 기초수급을 받고 있고 무직, 독신이기에 노동과 육아에서 해방되어 있다. 할 일 없는 공백의 나날과 겪어본 적 없는 외롭고 고독한 미래가 눈앞에 있다. 노년기라 하기엔 조금 이르지만 니체의 영원회귀사상은 여기에 적용될 것이다. 자기의 비참한 과거와 마주하여 외면하지 않고, 이를 직시하는 용기와 각오, 과거를 긍정하는 힘. 이들은 자신 내면의 마음에 생길 수도 있겠지만 지혜로운 사람에게 물어보고, 책을 읽고, 옛 현인들에게 배우고, 명상한다면 언젠가 반드시 나타날 것이다. 그리고 자신의 마음을 향해 작은 목소리로 이렇게 말하는 것이다. "지금의 나는 예전의 약한 내가 아니다. 인생으로 단련된 지혜도 있다. 되돌아보는 것이 무섭고, 수없이 부끄러운 과거가 두 번 다시 반복되더라도 이번에는 이것을 반드시 맞받아치겠다."라고.

이렇게 과거를 "다시 사는" 것이야말로 할 일도 없고 여유 있는 시간을 주체 못하는 노년기에 할 수 있다. 현실 직시를 통해 돌아가신 부모·가족, 친구·지인들을 생각하고, "지금 이렇게 여기에 살아 있다."라고 감사해 하는 날이 있다면 이 또한 좋다. 이 여성과는 대조적으로 화려한 인생의 성공자인 일리치가 인생의 마지막에 깨달은 것도 삶의 철저한 무의미성이다. 이에 대해 나치로 인해 아우슈비츠 강제수용소에 보내져 부모·아내는 죽었으나 기적적으로 살아남은 오스트리아의 정신분석학자 빅터 프랭클(1905~1997)은 일리치를 예로 들며, 인간은 마지막 순간에도 이런 삶의 철저한 무의미성을 깨달을 수 있으며 그 속에 구원이 있다고 말한다.

> 그는 생명의 마지막 시간에 자신을 아득하게 넘어서 성숙하고 내적인 위대함에 도달할 것이며, 그것은 역행으로 그의 지금까지 모든 생활을-그것이 언뜻 보기엔 쓸데없더라도-충만한 의미를 뽑낸다.··· 생명은 실패에서조차 충족시킨다(『죽음의 수용소에서』, 이시형 옮김, 청아출판사, 2005).

영원회귀사상은 젊고 한창 일할 사회인을 위한 철학이 아니다. 오히려 인생을 돌아보는 시간이 풍족한 노년기에 적합하다. 즉 인생을 다시 시작하는 〈어린아이〉로 되돌아가서 비참하거나 실패한 인생을 다시 살고, 다시 배우는 것이 프랭클이 말한, "자신을 아득하게 넘어 성숙하고 내적인 위대함에 도달하는 것"을 가능하게 한다. 이런 것이야말로 니체의 영원회귀사상이 요구한 것은 아니었을까?

격노의 최후

현대를 대표하는 영국의 시인이자 홀로 삶과 죽음, 성적인 근원을 탐구한 것으로 알려진 딜런 토마스(1914~1953)가 병상에 누워있는 아버지를 위해 쓴 시 "저 좋은 밤으로 순순히 들어가지 마세요DO Not Go Gentle Into That Good Night"(1951)는 서양적인 생사관을 보여주는 예시라고 할 수 있다.

저 좋은 밤 속으로 순순히 들어가지 마세요.

노인은 날이 저물수록 불타고 포효해야 하니,

꺼져가는 빛에 분노하고, 분노하세요.

(『저 좋은 밤으로 순순히 들어가지 마세요:딜런 토머스 시선』, 글과글사이, 2020)

데카르트 이후 서양 세계에서 삶과 죽음은 엄연히 이분화되어 서로 대립하고 반발한다. 죽음은 삶의 가장 큰 궁극의 적일 수밖에 없다. 죽음을 "좋은 밤Good Night"이라고 표현하는 이 구절은 범신론적인 영혼의 불멸을 보고 죽음을 무한 긍정하는 의미라는 연구자도 있다. 하지만 이는 삶을 절대 선善으로 보고 죽음을 삶의 적으로 보는 서양 특유의 생사관을 나타낸다. 저항하지 않고 조용히 죽음으로 향하지 말고 분노하라! 불타버려라!라고 외치고 있기 때문이다.

나쓰메 소세키夏目漱石와 함께 메이지를 대표하는 문호 모리 오가이森鷗外(1862~1922)가 최후에 남긴 글은 일본적인 담백한 순응과 담담한 어투로 호평받는다. 에도막부 말기에 태어나 구시대의 전통과 서양교육의 간극에 살았던 군의관 총감 모리가 죽기 사흘 전, 친구에게 쓴 유서가 남아 있다. 일본적인 순응을 관철하는 것으로 유명하다. 현대 문장으로 고치면 다음과 같다.

죽음은 모든 것을 중단시키는 중대 사건이다. 어떠한 국가권력·권위라고 해도 이에 대항하는 것은 불가능하다. 나는 모리 오가이라는 개인으로 죽고 싶다. 국가와 군대에 모두 몸담고 있다고 해도 죽을 때는 모든 외형적 처우를 거부한다. 단순한 개인의 모리로 죽고 싶을 뿐이다. 무덤에는 모리의 무덤이라는 글자 외에 단 한 글자도 새겨서는 안 된다. 궁내성宮內省과 육군 직함·훈장 등을 조각하는 것은 절대 그만뒀으면 좋겠다. 이 말만은 꼭 남겨두고 싶었다. 이것에 관해서는 어떤 사람의 개입도 허용하지 않는다.

죽음에 임하여 모든 지위와 명예 등 세간의 외형, 치장을 벗어던 졌다는 점에 모리의 인간적인 위대함이 있다. 개인으로서의 자각, 즉 서양의 관점에서 보면 근대적 자아(정체성, 아이덴티티)가 확립되었다고 볼 수 있다. 일반적인 해석은 이렇게 될 것이다. 그 중에서도 단순한 개인의 모리로 죽고 싶었을 뿐이다. 무덤에는 "모리의 무덤" 이외의 한 글자도 새겨선 안 된다는 표현에 대한 평가는 매우 높다. 모리는 자신에게 할당된 무대에서 화려하게 연기할 다양한 역할을 받았으며, 태어났을 때와 마찬가지로 단순한 인간 역할을 갖지 못한 인간, 즉 진정한 자아로 돌아가려고 했다. 소속되어 있는 관료조직의 온갖 위선에 대해 마침내 뒤늦게 부정을 발표한 것이다. 부정에 의한 주장에 의해 모리는 "더 큰 자신"의 차원에 접근을 얻었다. 그것은 조용하고 통제된 용인의 태도이다(가토 슈이치加藤周一 외, 『日本人の 死生観』上, 岩波書店, 1977).

이러한 통설에 대해 소수파로부터 이 유서가 모리의 강렬한 허영의 발로라는 설이 있다. 어머니가 시키는 대로 미모만 보고 결혼한 첫 번째 아내와의 불합리한 이혼, 독일에 두고 온 연인 엘리스의 차가운 태도, 논란의 상대를 대하는 고지식하고 비겁한 논리전개, 군의관으로서 3만 명이나 죽음으로 희생시킨 각기병 문제와 책임

회피의 엉터리 사유가 평생 사라지지 않았다. 명예욕이나 콤플렉스 등 이것들을 고려하면 유서를 문언대로 이해하는 것은 상당히 어렵다. 유서는 작위(남작)를 진심으로 바랐던 모리가 작위를 받지 못했던 굴욕에 대비한 자기방어의 산물이었다고 본다(大谷晃一, 『鴎外, 屈辱に死す』, 人文書院, 1983).

이 설과 마찬가지로 자신의 명예욕을 위해 각기세균이론을 고집하여 각기병에 의해 많은 장병들을 죽이고, 조금도 부끄러워하지 않았던 모리를 "돌팔이"라며 엄하게 단죄한 의학연구가 시다 노부오志田信男 도쿄약과대학 명예교수는 죽음의 바닥에 엎드려 있었던 모리가 하카마를 입고 있었던 사실(제자인 나가이 가후永井荷風·코지마 마사지로小島政二郎 등의 증언)에 주목한다. 병상에서 하카마를 입고 있었던 것은 작위 수여를 전언할 사자를 기다리고 있었기 때문이라고 추측한다. 이미 많은 동료들이 작위를 받았으며, 세간에서도 모리의 남작 수여 소문이 극을 달해 신문에서도 곧 수여받을 것이라는 추측 기사도 나왔다. 이러한 상황에서 만일 이대로 작위 수여 없이 죽는다면 체면이 완전히 구겨질 게 아닌가? 최악의 굴욕 상황에서 스스로 명예를 구하기 위해 고안된 것이 이 유서이다(『鴎外はなぜ袴をはいて死んだのか-「非医」鴎外·森林太郎と脚気論争』, 公人の友社, 2009). 구시대의 인간으로

서 용의(예의·작법에 맞는 모습)-형식을 갖추지 않을 때에는 사람의 격식을 차린 말씨나 기품만을 굽어봐야 한다(『知惠袋』, 1898)라고 기록하여 예의범절을 중시한 모리가 사자에 대한 예의를 잃지 않도록 하카마를 입고 기다리고 있었다고 한다면 이러한 설은 충분한 설득력을 가진다.

모리는 생전에 유서를 3번 썼다. 처음에는 1904년 러일전쟁에 종군할 때, 다음은 1918년에, 마지막은 죽기 사흘 전이다. 첫째와 둘째 유서는 유족의 재산분할만 쓰여 있어 임종에 대한 생각과 사상, 감정은 일체 언급하지 않았다. 마지막 유서는 죽음이 진정으로 다가왔다는 절박감이 영향을 주고 있다고도 생각할 수 있는데, 격렬한 어조였던 지금까지와 전혀 다른 성격이어서, 심상치 않은 분노의 감정에 가까운 것이었다. 삶에 대한 철학적, 혹은 조용하고 통제된 용인의 태도와 같이 일본인의 가장 이상적인 심경이 나타났다는 모리의 최후이다. 만약 그것이 명예욕이나 허영심, 분노 등에 유래한 것이라면 이를 조용하고 제어된 용인의 태도라고 하는 것이 합당하다.

딜런 토머스의 시에 있었던 것처럼, 죽음을 앞둔 모리의 최후에 보이는 것은 조용하고 제어된 용인의 태도 등이 아니다. 불타고 포효해야 하는 성난 분노는 없었는가? 60세에 죽은 모리가 필요했던 것은 작위 등이 아니다. "친한 친구여, 당신은 가능한 한 많은 돈을 얻고 싶다든가, 명성과 지위에만 신경 쓰고, 지혜와 진실에 신경 쓰지 않고 자신의 영혼(마음·생명)을 최대한 선하게 가지려는 마음이 없다는 것이 부끄럽지 않은가?"(플라톤,『소크라테스의 변명』).

나이 들어 죽은 모리가 필요했던 것은 위와 같은 소크라테스의 말이었다.

인생의 일요일

젊은 날 헤겔의 『정신현상학』과 만난 후에 철학의 길로 나아가야겠다고 결정한 프랑스 구조주의 철학자 미셸 푸코는 노동이 가치의 척도가 된 19세기 이후의 인간을 "노동하는 인간"이라고 표현했다(『말과 사물』, 1966). 여기에서 인간은 "절박한 죽음에서 탈출"하기 위해 노동함으로써 그 생애를 보내며 닳아 없어져 간다. 그러한 인간은 우주의 무한성·무제한의 시간성에서 결정적으로 소외되는 유한의 존재이다. 현대 사회가 조성해온 노동하는 인간(근대적 주체)는 파도에 쓸린 모래처럼 소멸할 것이다.

노동(경제활동)이 세계의 역사에 모습을 드러낸 것은 인간이 땅에서 자연발생적으로 생긴 것을 양식으로 하고, 또 그 양식으로 너무 많은 날을 살아가기에 부족하다.… 그들이 기획하는 노동은 점점 그 수를 늘려, 더 높은 곳이 요구되어, 어려움과 함께 즉시 열매가 맺는 일이 갈수록 점점 적어질 수밖에 없다. 필요한 생활의 자본이 더 접근하기 어려워지는 것에 비례하여 머리 위로 뻗어나가고 있는 죽음보다 무섭다고 생각되어, 그만큼 노동 밀도를 증가시켜 더욱 생산능력을 획득하기 위한 모든 방법을 구사하지 않을 수 없게 된다.… 인간이 세계의 중심에 몸을 둘수록 자연의 소유 정도를 더욱 강화하지만, 다른 한편으로는 유한성에 의해 더욱 강하게 압박당하고, 자신의 죽음이 한층 가까워지는 것이다(『말과 사물』, 이규현 옮김, 민음사, 2012).

〈노동하는 인간〉에서 근대적 인간의 특징을 본 푸코는, 여기에서 인간은 종언終焉하고 소멸한다고 생각했다. 전후의 고도경제성장기 이후 회사사회, 1억 총 샐러리맨화 된 비지니스로 맺어진 공동체 속에서 현대 일본인은 살아 왔다. 근대 일본에서 노동은 무조건 신성한 것으로 삶에 필수가 되었다. 한편 회사 일에 쫓기며 할당

량에 속박되어 과도한 잔업을 하거나, 회사에서 없어서는 안 될 유용한 인재로 치켜세워주는 "전신회사인간"의 자부심과 비애 속에서 인간다움이 소멸되어가는 것을 어떻게 생각하면 좋을까?

인간은 일상생활에서 매일 노동이나 직업생활 등의 여러 가지 일에 쫓겨 농락당한다. 세상의 〈유용성〉과 〈유용한 가치〉라는 틀에 구속되어 그 안에서 매몰된다. 이러한 세계에서 인간을 해방시켜주는 것이 "생활(삶)의 일요일Sonntag des Lebens"이라는 철학이다. 헤겔은 1818년 10월, 48세에 그토록 바랐던 베를린대학의 철학교수로 초빙되어 취임식 때 한 연설에서 이렇게 말했다.

> 철학과의 교제는 생활의 일요일로 간주되어야 한다. 보통의 시민생활 속에서 인간이 유한한 현실 속으로 몰입하는 외적인 삶의 평일업무, 필요에 직면하고 있는 여러 관심사, 그리고 인간이 일을 그만두고 눈을 지상에서 하늘을 향해, 자신의 본질인 영원성, 매주 신성을 의식하는 일요일, 이 양자로 시간을 나눈 건 가장 훌륭한 제도 중 하나이다. 인간은 일주일을 통해서 일요일을 위해 일하는 것이며, 평일 노동을 위해 일요일이 있는 게 아니다(「Geschichte über Philosophie Lehrer an der Universität Berlin」,

1932).

혜겔은 인간의 이성은 스스로 존재하기 때문에 더 넓고 더 다양한 현실을 필요로 한다고 말한다. 그러나 더 중요한 것은 "정신이 현실의 유한성 속에 침몰한 채로 없는 것"이다. 현실의 유한성에 사로잡혀 살기만 해서는 안 된다. 하늘을 우러러, 눈을 지상에서 하늘을 향해, 자신의 본질의 영원성, 신성을 의식하라.

정년퇴직한 노인의 일상은 매일이 일요일 상태가 된다. 강제성이 있는 공백상태인 "무의 나날들"이 연속된다. 여기 힐티의 『행복론』에서, "인생에서 가장 참기 어려운 것은 악천후의 연속이 아니라 오히려 구름 없는 날의 연속이다"라는 진실을 고한다. 매일 특별히 할 일이 있는 것도 아니다. 자극도 없다. 설레는 사건도 완수해야 될 일도 없다. 평평한 세로 사회의 형성, 시민 사회가 존재하지 않는 현대 일본에서 정년퇴직 직장인은 자기 폐쇄적이 될 수밖에 없다.

근대문명 속에 사는 인간 존재를 하이데거는 "노동하는 동물", 즉 대지의 황폐한 광야를 방황하는 노동생물로 정의한다(「Einführung in die Metaphysik」, 1936~46). 하이데거의 관점에서, 끝없는 진보신앙에 둘러싸인 서양 〈근대〉의 근원은 고대 그리스 이래 특히 절대신神의 영광을 위하여 인간을 포함한 모든 존재물을 유용한 것으로 간주해온 그리스도교 세계관이다. 앞서 말한 바와 같이 모든 가치를 유용성에 두는 근대문명을 하이데거는 게슈텔이라는 말로 표현했다 (『Die Frage nach der Technik』). 그가 여기서 일상성에 매몰되고 허물어진 도구적 존재와 사물적 존재에 만족하는 비非본래적 인간dasein, 즉 노동하는 동물에서 본래적 현존재Dasein로의 전환요청이다. 헤겔은 학생들을 향해, "인간이 눈을 지상에서 하늘을 향해 자신 본질의 영원성, 신성을 의식하는" 필요성을 역설했다. 유한한 현실 속에 몰입하는 존재가 아니라 눈이 하늘을 향해 있는 존재가 되라는 전환요청이다.

노인에게 필요한 것은 지상으로의 관심을 가능한 한 절반으로, 나머지 절반은 눈을 하늘로 향해서 영원한 대우주에 대해 생각하는 것, 즉 지상의 가치를 넘어선 것에 대한 사색이 요청된다. 칼 뢰비트(도호쿠대학에서도 강의한 독일 철학자이며 하이데거의 제자, 1897~1973)는 철학의 필요를 이렇게 말한다.

존재하는 것의 전체에 관한 최고의 지식으로서 철학은 그 시선을 밤하늘의 천계로 향하는 것에 의해, 철학의 역할은 이 눈에 보이는 세계의 숨겨진 진리를 탐구하는 것이지만-지상과 지상적이 되는 일체의 것과, 인간에게 가장 밀접한 환경세계를 초월하는 것이다(『Die theologischen Voraussetzungen der Geschichtsphilosophie』, 1953).

헤겔과 뢰비트의 "하늘을 우러러보라"라는 요청은 2500년 전 고대 그리스의 철학자가 말한 "하늘의 관조theoria" 이래의 전통에 근거했을 것이다. 아리스토텔레스는 말한다. 이 지상의 생물 중에서 가장 고귀한 것은 인간이다. 자연과 신이 우리 인간을 만든 목적은 도대체 무엇인가? 피타고라스(기원전 565~470년경)는 "하늘을 관조하는 것이다"라고 답해, 자신이 세상에 태어난 건 바로 이 때문이라고 단언했다. 아낙사고라스(고대 그리스의 철학자, 기원전 500~428년경) 또한 "사람은 도대체 무엇을 위해 태어나 무엇을 위해 사는가?"라고 물었을 때, "하늘을 관조하고, 그 중 별, 달, 태양을 관찰하는 것이다"(다른 모든 것은 아무 가치가 없다는 의미에서)라고 말한 것으로 전해진다. 그들에 따르면, 사람은 모든 인식을 관조하기 위해 신으로부터 만들어졌다. 관조하는 행동은 무엇보다도 기쁨으로 가득해야 한다(『哲学の勧め(プロ

トレプティクス)』, アリストテレス全集17, 岩波書店, 1972).

그들이 말하는 하늘은 예로부터 영원성과 초월성, 고귀성, 무한 불변의 절대적인 존재라고 하는 신성·성성聖性을 띠는 신앙의 대상이 되었다. 그러나 미르체아 엘리아데에 의하면, 현실 생활에 쫓기다 보면 하늘에 대한 믿음은 평소의 생활과 밀접하게 결합된 일상적인 필요를 지배하는 힘으로 눈을 돌리게 된다고 한다. 생활의 어려움은 천상에서 지상 쪽으로 아무래도 눈을 돌리게 한다. 하늘의 중요함을 발견하는 것은 죽음이 하늘에서 인간을 위협하면서부터다(『종교형태론』, 이은봉 옮김, 한길사, 1996). 하늘을 바라보는 것을 잊고 오로지 지상에 눈을 돌려 회사라는 신神만을 신앙해온 전후의 일본인은, 죽음이 하늘에서 인간을 위협하는 때조차 오로지 지상으로 눈을 돌릴 수밖에 없다.

하늘을 우러러 하늘에 눈을 돌리는 것을 잊어버린 것은 여기에 현대 일본인의, 특히 노인의 큰 불행이 있는 것 같다. 일본인의 삶과 생활에는 헤겔이 말하는 일요일이 없다.

나이듦과 철학

학생으로부터 철학이란 무엇인가라는 질문을 받았을 때, 다음 구절을 소개하곤 했다. 한때 일본인이 그랬던 것처럼, 자연과 하나가 되어서 살아가는 미국 인디언 푸에블로족(미국 남서부에 사는 원주민, 네이티브 아메리칸)에 전해져 내려오는 말이다.

나무가 되면, 아주 기분 좋은 날들이 있다.

모든 방향을 한 번에 바라볼 수 있기 때문이다.

바위가 되는 편이 좋은 것 같은 날들도 있다.

입을 다물고, 아무 것도 보지 않고서.

날에 따라서 할 수 있는 단 하나

그것은 사자처럼 맹렬하게 싸울 수 있다.

그리고 또 독수리가 되는 것도 나쁘지 않을 이유가 있다.

여기서 인생이 너무 힘들게 되었을 때When life becomes too hard here

독수리가 되어 하늘을 비상하고

지구가 얼마나 작은지를 위에서 볼 수 있기 때문이다.

그리하여 그들은 큰 웃음을 지으며 둥지에 다시 돌아온다.

(낸시 우드, 『바람은 내게 춤추라 하네』)

철학은 현재와는 별개로 또 하나의 삶이 될 수 있음을 계시한다. 철학은 주위를 하루 종일 조용히 바라만보는 나무와, 부조리를 견디며 오로지 말없이 존재하기만 하는 바위, 상대방의 약점을 채찍질하고 무서움과 맞서는 사자, 일상 세계를 훨씬 뛰어넘어 우주 끝자락의 높이에서 지상을 내려다보는 독수리가 되는 방법을 가르친다. 인간만이 나무와 바위, 사자, 독수리가 될 수 있다. 삶을 선택할 수 있다.

정부가 제창하는 평생현역사회의 실현, 1억 총 활약사회, 일하는 방식 개혁, 65세에서 70세로의 정년연장 등은 언뜻 보면 노인을 위한 정책이지만, 배후에는 경제성장을 위한 노동력의 필요성이 존재한다. 일을 함으로써 건강을 유지시켜서, 해마다 증가하는 노인의 료비를 조금이라도 절감하려는 정치적 의도도 있다. 진실로 노인만을 생각하는 제언·정책이 아니다. 노년기에 들어간 사람은 "일이 삶의 보람"이라며 언제까지나 일과 노동에 매달려 현대 일본을 지배하는 회사사회, 기업문화에 재진입하는 것을 목표로 해서는 안 된다. 노년기에 일할 수밖에 없는 사람도 결코 적지 않다. 그러나 현실은 노후의 빈곤과 적은 연금을 보충하기 위해 필요하기 때문에 일하러 나올 뿐이다.

일본의 기업·조직에 먼지처럼 달라붙는 갑질이나 성희롱, 강제적인 장시간 노동 등을 감수하며 수십 년 동안의 노동에서 겨우 해방되어 기업사회에서 탈출했거나, 혹은 육아도 졸업하여 심신도 드디어 자유를 얻었다. 그러나 또다시 노동의 장으로 끌려가거나 다시 끌려오는 어리석음에서 벗어나야 한다. 기나긴 노후 "인생 100세 시대"의 도래는 노동과 육아로 인해 잊혀진 인간의 성장, 삶의 행복을 향해 모든 정력을 바치는 시간을 의미하고 있다. 철학을 배우고, 수기 또는 수신修身하는 시간, 인간 형성의 총결산이 바로 노후이다.

여기에 요구되는 것은 종활終活 등이 아니다. 다시 살아가며 다시 배우기 위한 생활生活이다. 만물유전萬物流轉을 말한 고대 그리스 철학자 헤라클레이토스는, 일반적으로 물物은 흐르는 것이며 만물은 "있는" 것이 아니라, 부단히 "되는" 것이라고 말했다. 오스트리아 출신의 이론생물학자 루디비히 폰 베르탈란피 역시 생물의 형태는 '있다sein'기보다는 '완성된다werden'고 했다(『Das biologische Weltbild』, 1949). 옛 현인은 이것을 수기修己·수신修身이라는 말로 나타냈다. 수기·

수신이 요구되는 것은 학교에서 공부하고 놀며 살기 위한 노동과 사랑에 바쁜 소년소녀인 젊은이들이 아니다. 노동과 육아 등의 의무에서 해방되어 시간의 여유가 있는 노년기의 인간들이다. 인생은 완전히 순수한 알몸의 순간이 두 번밖에 없다. 태어났을 때와 죽을 때(시몬 베유, 『중력과 은총』)이다. 막 태어난 갓난아기, 죽어가는 노인 어느 쪽도 모두 한없이 약한 개인으로서 주위 사람들에게 〈생명〉을 어쩔 수 없이 맡기게 된다. 양쪽 모두 가족이나 다른 사람에게 신세 지고 싶지 않고, 짐이 되지 않으려고 안간힘을 써도 신세를 져야 하고 짐이 되는 존재라는 건 변함없다. 노인이 되어도 현대 고유의 높은 자아의식, 프라이드가 이를 방해할수록 갓난아기의 순수를 따라 하거나 치매를 가장하여 흉한 꼴을 보이게 된다.

칸트는 노년철학의 팁이 될 수 있는 명언을 남겼다. "도덕은 본래 우리가 어떻게 해야 자신을 행복하게 할 수 있는지에 대한 가르침이 아니다. 어떻게 해야 행복을 받기에 합당해질 수 있을지에 대한 가르침이다(『실천이성비판』, 1788)." 이를 인용하자면 노년철학은 자신을 행복하게 하고, 어떻게 가족·주변에 짐이 되지 않을 것인가 하는 사상 또는 가르침이 아니다. 노년철학은 가족과 주변에게 돌봄을 받는 게 당연하다는 나약한 자신의 모습을 감수하고, 어떻게 돌봄을 받아 마땅한 존재가 될 수 있는지에 대한 사상, 가르침이다. 그것은 수기, 수신 등의 실질적인 행동을 의미한다.

노년기에 해야 할 일은 철학을 배우는 일이다. 그것은 학자를 위한 학문으로서의 철학 공부가 아니다. 처음 소개에서 밝혔던 말을 재차 반복하게 되는데, 직면하는 현실사회를 앞에 두고 〈강한 개인〉으로 향하기 위해서 인생을 어떻게 살아야 하는가라는 질문이 사춘기의 질문이라면, 노동과 육아에서 해방된 노년기는 〈약한 개인〉의 자각과 타인의 신세를 진다는 각오로 다시 "인생을 어떻게 살 것인가"를 생각하는 시간이다. 현대 세계를 지배하는 경쟁·성장·효율화의 〈비즈니스 문명〉 속에 다시 돌아와서, 아랫세대의 직장, 지위를 뺏을 수밖에 없는 노동 등에서 찾는 게 아니다. 노동은 인간이 활동하고자 하는 선천적 혹은 후천적인 신체적 충동에 유래하는 바가 크다. 그러나 노인의 경우에는 인생을 어떻게 살아야 하는지를 알기 위해 철학을 배우고, 경험 지식을 더해 더 잘 살기 위한 지혜를 갈고닦는다. 또, 다른 사람들과의 관계 속에서 자신의 인간적 성장을 기대하는 〈비즈니스 문명〉과는 다른 삶과 가치를 발견하고, 더 좋은 미래 창조에 참여한다. 이러한 의미에서 "다시 배우는 것" 또는 "다시 살아가는 것"이 필요하다.

스스로를 성숙으로 이끌어 천지만물·영원한 우주에 살아 숨쉬는 〈생명〉을 감수하는 철학의 배움, 즉 철학하는 것이다. 더 잘 살기 위해서, 더 좋은 사회에 대한 희망을 가슴에 품고, 현재에 만족하지 않고 하루하루를 저세상으로 떠나는 그날까지 평생 동안 쉼없이 계속되는 배움이다. 동시에 그것은 자기세계에 닫혀가는 배움이 되어서는 안 된다. 적절하게도 에마누엘 레비나스가 "존재론적 차원에 먼저 서야 윤리적 차원이 존재한다."(『전체성과 무한』)라고 말한 것처럼, 우리를 둘러싼 세계와의 연결 속에서 타인과 함께 더 잘 살기 위해 배워야 할 것이다. 이러한 노인들의 배움 자세가 몇 세대나 반복되어야 인간이 진정으로 살기 좋은 미래를 얻을 수 있다.

약함의 철학

제3회 노년철학회의(2018년 11월)에서 귀국 후에 이전부터 가지고 있던 논문을 재차 다시 읽어야 했다. 논문이라는 것은 대학 시절을 포함해 학자생활을 전혀 경험할 수 없었던 나에게 학문의 길을 열어준 은인 중 한 명인 스웨덴보르그 연구의 일인자 다카하시 가즈오高橋和夫 씨가 몇 년 전에 소개한 적이 있는, 후나키 슈쿠船木祝 삿포

로의과대학 교수가 쓴 「약함의 윤리」이다. 노년철학과 깊은 관계를 가진 고찰이며, 이 책의 결론 부분을 보완·보강하여 부연해주는 뛰어난 논고라 생각되므로, 조금 길지만 꼭 소개하고 싶다. 후나키 는 논문 "약한 입장의 사람들을 지원하는 사회윤리에 대한 고찰(「強さの倫理」と「弱さの倫理」, 『人体科学』25号(1), 2016)"에서 다음과 같이 말하였다.

치매노인·종말기 의료 전문 오오이 겐大井玄 도쿄대학의학부 명예교수는 개인이 원자화된 서양의 아톰(원자)적 자기에 대해 아시아, 아프리카 등 상호의존적이고 협조적인 관계적 자기와 대비해서 서양이 요구하는 개인의 자립을 중시하는 견해와 다른 상호의존적인 견해를 고려하는 것이 사회적 약자의 입장에 놓여있는 사람들을 지원하는 데 중요 과제가 된다고 했다. 마찬가지로 정신병 전문의·의료 철학자인 히라야마 마사미平山正美는 강함만을 강조하고 약함을 멸시하는 사회에 대한 의문과 위기를 표명하고, 현대 세계를 지배하는 힘의 윤리에 대해 약함의 윤리가 요구되어야 한다고 말한다.

미국의 의료윤리학자 대니얼 캘러핸의 『The Troubled Dream of Life』(1993)에서도 현대의 자립지향편중, 즉 의존으로부터 초월이라는 삶의 폐해를 지적한다. 자립independence을 일방적으로 강조하는 사회에서는 오히려 죽음의 공포와 자신을 제어하지 못할지도 모른다는 공포가 만연하게 된다. 자신의 운명을 혼자서 통제하려고 하는 지향을 포기하고, 이전과는 다른 별개의 삶이 필요하다. 인간의 조건은 연약함fragility에 존재한다. 현대 사회는 의존dependence을 두려워하는 풍조가 침투하고, 게다가 자립을 촉진하는 목표설정이 타인의 생활과 부담을 거부하는 풍조를 강화한다. 사람이 일생에서 혼자 할 수 없는 것에 관해 타인에 의존하는 것은 결코 오점이 아니라는 사상을 획득하는 게 중요하다. 동시에 이러한 사상을 가질 수 있도록 평생교육이 필요하다.

후나키는 하이데거에 강한 영향을 받은 독일의 철학자 막스 셸러가 1913년에 발표한 논문 「Zur rehabilitierung der Tugend」을 인용한다. 셸러에 따르면 현대문명을 지배하는 쾌락주의와 자기책임 사상이 사람과 사람과의 관계를 분단하고 인간을 고립화, 고독, 불확실성, 공동체나 전통과 자연으로부터 소외, 우려, 생의 불안으로 인도한다. 거기에서 자기와 자기의 의지만을 의지한 채 자기존중과 비의존형을 획득하기 위해 노력하는 한편, 타인의 불행이나 약점에 무감각하여 둔감해진 긴장형 사회 또한 출현하게 된다. 인간을 고립과 고독에서 구원하고 세계와 타인들과의 관계를 회복하려면 "긴장완화의 길Weg der entspannung"을 취할 수밖에 없다. 이것을 가능하게 하는 것이 타인과의 경쟁에 농락당하는 사고에서 자신의 내면으로 방향 전환하는 태도이며, 자기의 존재에 대한 겸허humilitas한 자세, 스스로 그릇이 작음을 자각하는 태도이다. 자기의 생각이 틀릴 수 있음을 인정하고 정확성, 품위, 공적, 사람의 존경 등을 과감히 해방시키는 것이 중요하다. 특히 고독감과 외로움에 시달리기 쉬운 노인들 사이에서 이러한 약함의 윤리를 적용하기 위해 의료·복지 종사자와 관계자, 시민 사이에서 자유로운 대화와 교류가 가능한 환경 조성도 중요하다.

자립과 자기 결정을 강조하는 강함의 윤리의 지배하에 있는 현대문명에 대해서 후나키가 통찰한 약함의 윤리는 앞서 말한 노인이 되어도 현대 고유의 높은 자아의식, 프라이드에 방해를 받는다. 그럴 때는 갓난아기의 순수를 따라하거나 치매를 가장하고 흉한 꼴을 관철하게 된다는 나의 주장과 겹친다. 경제 분야에 특화된 현대 신자유주의가 우승열패·약육강식의 강함의 윤리를 휘두르듯이, 자립과 자기결정을 강조하고 자기책임론이 판치는 현대 일본에서 후나키가 말하는 약함의 윤리야말로 초고령사회에 있는 현대 일본에 빛을 주는 유력한 철학 중 하나이다. 이는 근대에 필연하는

〈어둠〉과 〈독〉에 맞서는 대항 윤리로 생각된다.

마루야마 마사오의 친한 친구로 알려져 있으며, 일본 근대화에 대해서 고찰한 근대주의자이자 미국의 사회학자 로버트 벨라는 근대의 윤리를 단념한다고 말한 바 있다. 현대를 살아가는 노인들이 오늘날 세계를 주도하는 강함의 윤리가 아니라 윤리 체현자로서 남을 배려하고 양보하는 약한 윤리의식의 철학 수준 숙련이 요구된다.

현대문명이 〈강한 개인〉을 전제로 성립하는 반면, 노인과 어린이는 타인에게 의지하지 않을 수밖에 없는 〈약한 개인〉으로 존재한다. 〈강함〉과 공동보조인 오늘날의 세계가 다양한 모순과 왜곡을 발현시켜 지금에 이르렀다. 여기에 요구되는 건 노인과 어린이에게 공통되는 〈약한 개인〉의 논리, 〈약함〉의 철학이다. 그것은 먼저 노인이 거듭나야 한다. 자각적으로 〈약함〉의 철학을 배우고, 〈약한 개인〉으로 살아가는 주체가 될 수 있는 것은 아이들이 아니라 노인들이기 때문이다.

자기 전개를 하는 존재자에게

프랑스의 사상가 루소는 "인생의 각 시기에는 그것을 움직이는 각각의 역동성이 있다."라고 말했다. 10세 때에는 과자에 움직이고, 20세 때에는 연인에 움직이고, 30세 때에는 쾌락에 움직이고, 40세 때에는 야심에 움직이고, 50세 때에는 탐욕에 움직인다. 어느 때가 되어야 인간은 오직 예지叡智, 즉 사물의 이치를 꿰뚫어 보는 지혜롭고 밝은 마음만을 추구하게 될 것인가?(『에밀』, 1762) 루소에 따른다면 노인이 해야 할 일은 더 잘 살고 더 잘 죽기 위한 지혜, 즉 철학을 배우는 것이다.

부모와 아내를 잃었지만 기적적으로 아우슈비츠 강제수용소에서 생존할 수 있었던 빅터 프랭클은 인간의 궁극적인 문제는 "어떻게 죽어가는지를 아는 그 방법에 있다."라고 지적한다. 철학하기의 진수는 죽음을 이해하는 것. 즉, 어떤 태도로 죽어가야 하는지를 이해하는 것이다(『심리요법과 현대인』, 이봉우 옮김, 분도출판사, 1972). 나치 수용소에서는 "먼저 살아라, 그리고 삶에 대해 사색하라=보기 전에 뛰어라primum vivere deinde philosophari"라는 라틴어 교훈이 쓸모없다. 쓸모 있는 건 이 교훈의 반대다. 그것은 "우선 철학하라, 그리고 죽어라

primum philosophari deinde mori"라는 교훈이다. 이밖에 쓸모 있는 것은 아무것도 없다. 궁극적인 의미의 질문을 스스로 밝힘으로써 비로소 얼굴을 들고 똑바로 앞을 향해 걸어갈 수 있다. 신이 요구하는 순교자의 죽음을 훌륭하게 이룰 수 있다(『밤과 안개』, 1951).

언제 방문해도 불가사의하지 않은 불가피한 죽음, 야스퍼스가 말하는 한계상황에 직면하면서 살아가는 나이 든 인간이 해야 할 일이 철학하기이다. 배움으로서의 철학이자 실천적인 행동이론, 행동 그 자체이어야 한다. 우리 인간은 세상에 태어나 삶을 부여받은 그 날부터 어쩔 수 없이 현실에 직면하도록 강요된다. 이는 끊임없는 도전이며, 혹은 성공에 대한 기쁨, 실패에 대한 좌절, 환희와 고뇌, 혹은 무위의 공허한 날들이 연속한다. 그러나 여기에서는 항상 시선은 수평 방향으로 향한다. 그것은 어디까지나 지상적인 것에 대한 망견望見(멀리 바라보다)이며, "하늘"을 향하는 게 아니다. 영원하며 무궁한 것으로서 하늘은 훨씬 상공의 고지에서 인간들의 일을 비정하고 무관심하게 내려다 볼 뿐이다.

노인 세계의 특징은 노동(생산·경제활동)과 육아(자녀교육의무)로부터의 해방이다. 동시에 그것은 어디까지나 지상적이며, 수평차원의 인과율(성공·실패, 행운·불운)의 질곡으로부터의 탈출이기도 하다. 나이 들어 철학하기는 현전現前의 세계와 과거와 미래라는 국지적·일방향적인 수평적인 인과축에 속박된 눈을 상공으로 전환시켜, 영원하고 무궁한 머리 위의 하늘을 바라보게 해준다. 지상적인 인과나 제약에 얽매이지 않는 자유자재한 존재로서의 마음을 수직방향으로 아득하게 저 멀리 하늘에 발산하는 것을, 공자는 "일흔 살에는 마음에 따르고, 바라는 바를 헤아리지 못한다七十而從心所欲, 不踰矩, 『論語』, 爲政"고 표현한 바 있다. 고대하는 모습을 나타내는 '從'은 '放'이나 '縱'으로 통한다. '縱'는 수직방향의 '세로', 그리고 "바라는 대로"이며, 지상에서 하늘로 향해 해방시킨 명랑한 방념放念을 의미한다. "어떻게 살 것인가"라고 끊임없이 철학하는 것. 이렇게 함으로써 나이 든 인간은 홀연하고 우아하게, 명랑한 방념 속에서 항상 타인과 천지와 함께 있고, 느릿느릿 영원함으로서 스스로 존재 향상을 이룰 수 있다. 이것이 노년철학의 목표이자 이상적인 경지다.

나이 들어 철학하기를 통해 수평차원의 인과율에 고착된 현실 사회에서 작은 세계, 작은 이야기를 초월한 더 열린 큰 세상, 큰 이야기를 자식과 손자의 미래 세대 젊은이들에게 계시할 수 있을 때, 아주 작고 사소했어도 그 사람의 인생은 하나로 완결된 것이 틀림없다.

【부록】 삶과 죽음, 천지왕래로서 바쇼의 여행

그리하여 독수리는 우리 집이 아니라 여행 중 숙소에서 떠나듯
이 세상을 떠난다. 자연은 우리들에게 정착하기 위해서가 아니
라 임시 거처를 위한 여관을 하사한 것이다(마르쿠스 툴리우스 키케
로, 오홍식 옮김, 『노년에 대하여』, 궁리, 2002).

바쇼와 여행

나그네라는 이름으로 불린 때는 첫 가을비가 내리던 때다. 마쓰
오 바쇼(1944~1994)는 죽기 나흘 전에 저 유명한 구절, "방랑에 병들
어 꿈은 마른 들판을 헤매고 돈다."를 말했다. 바쇼는 죽는 그날까
지 여행의 시인이었다. 바쇼라는 사람은 일상에 안주하지 못하고
여행이라는 비정착 · 비일상의 삶을 선택했다. 에도 중기의 국문학
자이자 시인인 우에다 아키나리上田秋成(1734~1809)에게 있어서 천하
태평한 세상에 태어나 1년 내내 미친 듯이 걸은 바쇼는 부자연스
러운 삶을 사는 사민四民(士農工商) 바깥의 유민, 이른바 사회적 병자

와 다름없었다. 그래서 아키나리는 말한다, "결국 배우기만 하는 사람"이라고(紀行文,『去年の枝折』, 1780).

식물에서 수직축·수직신체성에 인간 생명의 이상을 생각한 해부학자인 미키가 진학한 도쿄대학 의학부(해부학교실)의 수년전 선배로서, 동시대 오가와 데이조小川鼎三(1922~1967) 교수에게 해부학을 배운 호소카와 히로시細川宏(1922~1967)가 죽기 1년 전, 암투병 속에서 쓴 시 "수직적 진동"을 보자.

　　　건강한 자의 마음은 수평방향으로 진동

　　　병자의 그것은 수직진동하는 것일까?

　　　육체적 고통에 비례한 진폭의 깊이

　　　(『詩集, 病者·死−細川宏遺稿詩集』, 現代社, 1977)

건강한 자와 강자의 마음이 수평방향으로 흔들리는 반면, 병자와 약자의 마음은 수직방향으로 일정한 주기를 가지고 흔들린다. 호소카와의 시에 대해 정신과 의사인 히라야마 마사미는 이렇게 말하고 있다. "건강할 때는 수평방향, 즉 이웃과 동료, 가족 등 외부세계를 바라보게 된다. 그런데 아프면 수직방향, 즉 자신의 마음에

깊은 눈이 가고, 정신 내부를 깊이 통찰할 수 있다"(『はじまりの死生学』, 春秋社, 2005).

노쇠와 지병을 안고 "그냥 두보杜甫보다 앞서는 것은 나 혼자의 다병多病뿐"이라 말한 바쇼의 여행은 바로 이러한 병자=약자의 여행이기도 했다. 그것은 내면을 향한 수직방향의 하강이자, 머리 위에 펼쳐진 하늘로 향하는 수직방향의 상승, 즉 하늘과 땅에 대한 수직진동이 된다. 일본문화에 깊은 공감을 표시했던 레비스트로스는 일본문화의 특징을 "반대의 것을 이웃에게 견주는 것조차 선호하는 것"이라며 이렇게 말했다.

> 일본문화는 양극단 사이를 흔들리는 놀라운 적응력을 가지고 있다La Culture japonaise possède donc une étonnante aptitude à osciller entre des positions extrêmes(『달의 이면』, 류재화 옮김, 문학과지성사, 2014).

이러한 양극단의 왕래oscille entre des positions extrêmes라는 것을 레비스트로스는 폐쇄성과 개방성을 동시에 "외부에 방출하고 내부로는 틀어박힌다"라는 대립적인 두 가지 태도deux attitudes와 두 리듬double rythme이 모순 없이 공존한다고 했다(『L'anthropologie face aux problèmes du monde moderne』, 1986). 바쇼의 여행은 이러한 양극구조 속에서 성립된다. 그것은 사회적·세속적인 〈성공〉과 〈실패〉의 수평방향 운동이 아니라, 하늘과 땅, 〈의미·충족〉과 〈절망〉의 수직축 왕래운동의 형태를 취한다.

대지의 정령을 억누르는 고대 제사인 진혼鎭魂은 발산과 수렴(영혼 진정)이라는 상반성을 내재하고 있다. 일본의 진혼은 고대 중국의 부주符呪의식인 우보禹步(일본에서는 反閇라고 부름)와 밀접하고, 일체적인 관계에 있다(折口信夫,『日本藝能史六講』, 中央公論社, 1955). 특히 일본의 대지를 토대로 쌓아올린 악령을 달래는 반적反閇은 한편, 만물생성의 주술적인 힘을 활성화하는 행위로 방출하게 되는 등의 모호성을 띤다. 여행과 깊이 관련된 우보反閇는, 고대 중국의 의례보고서에 따르면 여행할 때 여행자는 우선 우보를 세 걸음하고 북두北斗를 향해 주문을 외운다. 신선사상의 이론서(『포박자抱朴子』, 317년)에 "산속을 가려면…우보하며 가고, 세 번 주술하고 가라"(내편 17·登涉)라고 했다. 고대 중국에서 선비·대부·관료의 여행·외출을 위해 행사화·의례화한 우보는 신앙적·주술적인 요소가 농후하다.

북진북두 〈천문〉 신앙을 받드는 도교에서는 이를 주술 의례의 하나로서 "답강보두踏罡步斗"라 칭한다.『포박자』는 "북두칠성을 만들고, 괴수를 닮은 머리를 덮고 북두칠성으로써 이전을 가리킨다."(내편 15·雜応)와 보강지법步罡之法에 따르는 우보를 언급한다(酒井忠夫,『道家·道教史の研究』, 図書刊行会, 2011). 우보反閇 즉 도교의 답강보두란 북두칠성의 손잡이에 해당하는 세 개의 별罡과 그릇에 해당하는 네 개의 별斗=괴魁를 밟고 걷는다는 것이다.

고대 중국의 도교를 원형에 가까운 형태로 계승하고, 일본의 문화·풍습과 깊은 관계가 있는 중국의 소수민족 야오족瑤族은 답강보두를 주칠성나보走七星羅歩라고 부른다. 이것은 헤르메스 트리스메기스투스(헤르메스 사상)이 "위와 같이 그렇게 아래는 같다"(『에메랄드 태블릿』)라고 하는 프랙탈fractal성(임의의 한 부분이 항상 전체의 형태와 상사相似하게 되는 도형), 하늘-지상각의 진리를 말하는 것처럼 하늘에 빛나는 북두칠성을 인간의 몸으로 지상에 재현하는 의식이다. 대지에 깔린 흰 모포 위에 북두칠성 일곱 개의 동전으로 사방정각에 두고 그려, 그 동전을 정해진 보법대로 왼발부터 한 발 한 발 밟으며 진행한다. 천상의 북두칠성을 지상에서 재현하고 발로 이것을 밟고 걷는 것이다. 여기에 인간의 영혼은 산 채로 지상세계에서 수직방향으로 나선형을 그리며 천상세계로 향해, 우주를 비상하며(十文字美信,『澄み透っ

た闇』, 春秋社, 1987) 대지를 밟고 걷는 우보는 우주의 수직세계를 수평방향의 대지에 차원 전위하는 것, 즉 영원히 신적인 천상의 관념 세계를 지상에 명시 가능한 인간세계로 바꾸어 놓는 것이기 때문이다.

우보禹步=反閇는 대지를 밟는 형태에서 일본예능의 기본동작으로 이어진다. 노能나 전통무용·가부키 등 여러 예능을 걷는 예술로 고정되고, 일본예능 기법의 특색인 족박자足拍子의 원류가 되었다고도 한다. 일본 고유의 보행자 문화와 길 문화 속에서 자란 오랜 여행의 독특한 보행법이 답가踏歌(발로 땅바닥을 구르며 장단을 맞추어 노래함)와 발바닥 전체·양발의 발끝을 뒤로 젖히는 일본검술의 독특한 발놀림과도 관계되는 반기反閇와 융합하여 가부키의 육방六方으로 통하는 난바와 같은, 일본 전통의 에너지 절약·대지밀착형의 걷는 예술·발박자로 진화함으로써, 일본인의 여행을 뒷받침하고 촉진하는 동력원이 되었다고 생각한다.

대지로부터의 해방

이세만 쪽 방향으로 미에현 호쿠세이 지방에 있는 나의 집 서쪽은 현대 일본 차륜문화의 성지인 스즈카 서킷으로, 매년 10월에 열리는 사륜자동차 경주의 최고봉 F1레이스에서 구릉지 코스를 페라리, 벤츠, BMW 등 현대 과학의 최고 수준의 결정체인 경주용 자동차가 시속 300km로 굉음과 함께 폭주한다. 한편 논에 인접한 뒤뜰에는 옛날 신궁참배를 하러 참배객들이 밟고 갔던 이세가도(신궁참배가도, 도카이도에서 이세신궁의 내궁까지)가 남북으로 달린다. 멀리 북쪽의 산을 따라 다이묘들도 오갔던 도카이도를 횡단한다. 두 가도는 근세 일본의 길 문화, 즉 서민의 여행을 나타내는 보행자 문화를 상징한다.

이러한 가도를 걸어가며 근세 미에현의 세 명의 위인 마츠오 바쇼(1644~1694), 모토오리 노리나가(1730~1801), 마츠우라 타케시로松浦武四郎(1818~1888) 중에서도 바쇼와 마츠우라는 에도시대에 손에 꼽을 나그네로 유명하다. 에도 말기의 탐험가로 홋카이도北海道라는 별명을 가진 마츠우라는 반잔의 숭배자로, 그가 쓴『효경외전혹문孝経外伝或問』(4권)을 "연성의 보물(훌륭한 보석)"에 비유하여『단벽잔규断壁残圭』라는 제목으로 출판했다. 마츠우라의 집 근처에는 하루에 50리(200km)를 걷는 경이로운 속보법 신족보행술神足歩行術을 도도번사藤堂藩士들에게 가르친 마쓰자카 거상 다케카와 다케사이竹川竹斎(1809~1883)가 있었다.

근세 서민의 여행으로 신궁참배 여행과 여행시인 바쇼의 여행, 두 여행자의 여행의 세계는 크게 다르다. 전자의 여행이 대지를 평행한 충족과 유락을 추구한 집단여행이었던 반면, 후자는 하이쿠의 길을 다하기 위해 천지상하를 왕래하고, 고독하고 고요한 영혼을 품으며 걷는 탈속세의 여행이다.

섬나라라는 고립성, 벼농사를 동반하는 정주성, 협소하고 배타적인 촌락 공동체, 집이라는 폐쇄 공간 등등…이외에도 쇄국령의 실시. 오다織田-도요토미豊臣-도쿠가와德川 삼대에 의한 천하통일 이후 전쟁도 내전도 없는 평화로운 사회에 살며, 근세 일본인의 생활은 필요 이상으로 대지나 장소에 고정되어 있었다. 독일 생물학자 야콥 폰 윅스퀼의 환環세계Umwelt와 하이데거의 세계 내의 존재In-der-Welt-Sein라는 생물학·철학 개념에 비추어볼 때, 근세 일본인은 대지나 위치에 고착, 구속된 식물의 삶에 닮아 있다. 식물은 이동이 불가능하기 때문에 제한과 제약 속에서 일생을 마친다. 헤겔은 그 악명 높은 전쟁 찬양·전쟁 긍정론 속에서, 평화에서는 "유한적 규정성의 고정화", 즉 자기안주의 정태 속에서 인간정신은 골화骨化(석회가 가라앉아서 골조직이 됨)하여 죽음에 이른다고 말했다. 평화에서 시민생활은 더욱 확대하지만, 모든 영역은 자기안주하고, 장기간이 지나면 인간은 침체되어 간다. 그 특수성은 더욱 고정화하고 골화한다. (신체의) 부분이 그 자신에 있어서 경화되면 죽음이 다가온다(『법철학』, 임석진 옮김, 한길사, 2008).

식물적인 생태는 인간의 몸과 마음을 골화시켜 부패시킨다. 이를 방지하기 위해 전쟁이 가장 적합하다고 헤겔은 말한다. 도쿠가와의 평화 아래 풍부해진 서민생활을 배경으로 대단한 인기를 끌었던 이세신궁참배의 여행은 대지와 장소에 대한 고정화로부터의 해방, 즉 국민적 행사로 인한 식물적인 신체성에서 동물적인 신체성의 전환, 변용이 된다. 인간의 동물적인 신체성에 대한 동경을 시인 이바라기 노리코茨木のり子는 이렇게 쓴다.

나무는

항상 기억한다.

여행 가는 날을

한 곳에 뿌리를 내리고

꼼짝하지 않고 서서

(중략)

줄기에 손을 대면

아플 정도로 안다.

나무가 어떻게 여행을 좋아하나

유랑의 추억에

어떻게 몸을 비틀고 있었는지가

(「나무는 여행을 좋아해」, 『처음 가는 마을』, 정수윤 옮김, 봄날의책, 2019)

여행은 식물로서 일본인을 "장소 없음", "장소의 부정"으로 동물의 내발적인 우연에 의해 자발적으로 자신의 위치를 결정할 것(헤겔, 『자연철학』)으로 전환 또는 변용시킨다. 동시에 그곳에 사는 사람들을 전쟁에 몰아내지 않고 국내외의 평화와 정신건강에 크게 공헌했다. 근세 일본여행은 동물신체성의 작용을 나타내는 이상, 직립신체로 하늘을 바라보며 대지를 밟는 곳에서 장소에 고착된 일본인의 식물신체성을 은근히 나타낸다.

여행에 따른 각성

에도 중기, 쇄국 일본 나가사키에 네덜란드 선박의 의사로 1690년에 부임한 독일 외과의이자 박물학자 엥겔베르트 켐퍼(1651~1716)

는 1692년 떠나는 날까지 도카이도東海道를 두 번 왕복하며 놀랐다.

　　　　이 나라의 가도에는 매일 믿을 수 없을 정도로 인간이 있으며,

　　　　…다른 민족과 달리 그들은 매우 여행을 잘한다(『Kaempfer's Japan:

　　Tokugawa Culture Observed』, 1727).

　　유럽 세계 각지를 순회하는 "바로크시대 최대의 여행작가"로 불리는 켐퍼가 본 당시의 일본인은, 신궁참배 단체여행으로 상징되는 것처럼 세계에서 가장 여행을 좋아하는 민족이었다. 녹색으로 수놓은 나무와 멀리 떨어진 산을 감싸는 풍부한 자연은 물론이고, 향기롭고 신적이며 영원한 것이 가득했다. 이러한 자연에 대한 친밀감 속에서, 지루한 일상생활에서 잠시 탈출해서 낯선 산천과 토지의 환락歡樂(기쁘고 즐거움)에서 비일상의 즐거움을 누리는 것은 매우 인간적인 욕망이다. 한편, 이세신궁 참배와 콘피라궁金比羅宮 참배, 시코쿠四國 순례 등의 사찰순례여행, 일편一遍・서행西行・종기宗祇・파초芭蕉・양관良寬 등이 보는 순례여행의 전통 등은 일본인의 여행이 신앙 및 종교성과 깊은 관계가 있음을 말한다. 먼 나라로부터의 여행에서 귀가하는 여행자를 마을 입구에서 맞이하여 잔치하는 민속행사

사카무카さかむか, 境迎え, 酒迎え는 비일상 상태에서 일상생활로 복귀하는 재생의식이었다. 타계를 여행하고 신격을 얻고 돌아온 나그네를 원래의 인간으로 되돌리는 것이다.

이세신궁은 일왕의 사적인 조상신으로, 서민의 신궁참배는 금지되어 있었다. 쇼쿠호織豊(오다와 도요토미)시대의 천하통일에 의해 관문이 철폐되어 여행의 안전이 확보되어, 서민의 신궁참배가 단번에 활성화한다. 1563년에는 이세신궁 외궁外宮, 1585년에는 내궁에서도 식년천궁式年遷宮(구 신전의 신체神體를 옮기는 것)이 부활하고 전국 각지에서 신궁참배가 급증했다. 에도시대 후기인 1830년에는 반년동안 500만 명에 가까운 참배자(당시 추정 전국인구는 약 3,000만 명)가 있었다. 이세가도의 미에·마츠자카에 살았던 모토오리는 어떤 기록에 따르면, 1705년 4월부터 50일간 362만 명의 신궁 참배자가 이세가도를 다녀갔다고 적었다(『玉勝間』).

에도시대에는 서민의 여행 제약이 많아서 신궁참배를 목적으로 하는 믿음의 여행 이외는 여행 기회가 좀처럼 없었다. 이러한 여행을 필두로 서민에게 사랑받은 신궁참배는 "큰 소리로 복숭아 마을에 가는 이세신궁참배"(마츠세 세이세이松瀨靑々)라는 구절에서 알 수 있듯이 신앙과 관광유산을 겸한 즐거운 다른 공간(장소), 일상에서 벗어난 별세계로 가는 유람으로 오늘날의 여행과 다르지 않다. 한편, 성聖스러운 공간과 풍속이 교환하는 사회시스템 혹은 우울한 세상에서 덧없는 세상으로의 변환장치로서의 이세참배는 한동안 장소의 성격을 쓸모없게 하는 결과를 가져왔다. 일본의 장소는 폐쇄성·배타성, 매몰과 구속, 동조와 일체화에서, 봉건적 공동체인 집과 촌락공동체로서의 마을과 동의어이다.

인간과 사물의 존재가 어쩔 수 없이 장소에 의존한다는 니시다西田철학의 매우 일본적인 장소의 논리에서 보듯이, 근세 일본의 여행은 술어적·수동적·식물적인 장소에 고착된 일본인을 일시적이든, 주어적·능동적·동물적인 반反장소적 존재로 몸과 마음을 변화시키는 행위이기도 했다.

멀리 가는 여행에 의한 가까움의 확인, 원거리에 의해 타인이 사는 장소가 주체 형성의 유일한 발판이었다. 한편, 여행은 장소에 고착된 마음, 장소에 낙담한 식물신체를 이동이라는 장소의 쓸모없음을 통해 변형시킨 동물신체를 획득하기 위한 시도로서 존재한다. 미지의 땅과 타향에 대해 동경하는 마음을 정박시켜 경화硬化하는 지루한 일상공간에서 이탈·해방, 혹은 체제나 마을공동체에서 탈락자·비순응자들의 대피소로서의 여행이다. 서양의 마차=차륜문화나 광장문화에 대해 보행자 문화와 길 문화의 오랜 전통을 배경으로, 타향의 풍광에 전신을 노출시키고 하늘을 우러러 땅을 걷는 일본의 노년여행은 하이데거가 말하는 세계 4원Geviert인 대지·하늘·신적인 것·죽을 수밖에 없는 것의 대우주를 구성하고 있는 근원적인 신체로 불러일으키지는 않는다.

고독한 마음의 행방

일본인의 여행은 일본 고유의 지형·역사·풍토와 분리할 수 없다. 프랑스 지리학자 오귀스탱 베르크는 서양의 광장문화나 차륜문화에 대해 일본의 공간적·풍토적 개성은 도로 문화와 보행자 문화에 있다고 보았다. 일본인의 생활권이 거리, 즉 가도街道에 종속하는 한편 "집의 공간이 크게 도로에 넘쳐 나와, 자신의 것으로 하고 있다는 것을 현저하게 볼 수 있다(『Le Japon, gestion de l'espace et changement social』, 1976)."

거리를 생활공간의 연장·확대로 인식함으로써, 도로는 인간적인 것으로 변모한다. 1878년 영국 여성 이사벨라 버드는 인력거를 고용하고 닛코에서 홋카이도까지 1,200마일(1,900km)을 혼자 여행하며, "세계에서 일본만큼, 부인(여성)이 혼자 여행해도 위험하지도 않고, 나쁜 눈으로 바라보지도 않고, 완전히 안전하게 여행할 수 있는 나라는 없다"는 놀라움을 담고 있다(『조선과 그 이웃 나라들』, 신복룡 옮김, 집문당, 2019). 가도의 안전성을 담보로 하는 보행자 문화와 길 문화에 관련하여 베르크는 일본인의 여행은 현재의 움직임, 생성, 진행, 과정을 중시하며, 목적지보다는 그 경로를 중시한다고 말했다. 목적지에 도달하는 것보다는 중간 과정=경로를 중시하는 경향이 일본 고유의 풍토와 심정으로 형성된 민족적인 관습habitus으로 여행하는 특징이 있다.

에도시대 후기 바다 아득한 저편, 보들레르가 말하는 여행인식은 이것과는 달랐다. 그가 쓴 "여행에의 초대"라는 제목의 유명한 시와 "여행"이라는 산문시가 있다. 시(1855년)는 "사랑하는 동생아 / 사랑스런 아들아 / 가자, 둘이서 살기 위해서! / … 거기에 갖춰진 모든 아름다움과 / 영화와 열락과 평온"이라고, 연인과 여행하는 달콤한 꿈을 읊었다(『악의 꽃』, 황현산 옮김, 민음사, 2016). 산문시(1857년)도 "유례가 드문 황금 경계와 사람이 부르는 나라가 있다. 나의 옛 여자친구와 방문하려고 꿈꾸고 있는 나라다. 거기에 모든 아름답고…가면서 호흡하고, 꿈꾸고, 나아가 무궁무진한 감각을 이용하여 시간을

더 끌게 해야 할 나라다(『파리의 우울』, 황현산 옮김, 문학동네, 2015)". 여기에서
는 목적지를 나타내는 '거기'라는 말이 10번 넘게 연발된다.

동시대 휘트먼의 "도로의 노래"(1856년)라는 여행시는 "마음도 가
볍게 도보로 나는 대로로 나간다… 나를 묶으려는 제약을 부드럽
게, 그러나 단호한 의지의 힘으로 벗어 버린다 / … 떠나자, 길은 우
리 앞에 있다."라고 활력을 높여 노래한다(『휘트먼 시선』, 윤명옥 옮김, 지만
지, 2020). 세계일주 여행의 즐거움을 몽상한 시에서 등장하는 "안녕
하세요 세계군"에서는 "내 영혼은 공감하며 결의도 굳게 지구를 빙
글 돌며 마친… / 파도야 우린 너희들과 함께 모든 물가를 손가락
으로 만지작거리기… / 그리고 큰 소리로 외쳤다 / 안녕하세요 세계
군" 아직 보지 못한 신천지의 답파, 미국인다운 내일에 대한 희망
이 넘친다.

보들레르의 경우는 "황금경계"라는 곳의 목적지 이주를 여행이
라고 부른다. 한편 휘트먼은 넘치는 모험과 낙천성, 자아 확대의 매
개자를 여행이라 한다. 19세기 서양을 대표하는 두 시인이 보는 여
행은 기독교적인 성지순례의 여행과는 별도로 서양일반의 여행인
식이라고 볼 수 있다. 세계일주 여행을 꿈꾸며 휘트먼은, "우리들은
너희들과 함께 모든 물가를 손가락으로 만지작거리기"라고 하며

자신을 세계 규모로 확대한다. 여기에서 볼 확대적 자아와 세계답파, 그리고 병렬적 파악에 대해 프랑스령 아프리카 지중해에 접한 알제리에서 태어난 알베르 카뮈는 말한다. "세계의 기복을 손가락으로 완전히 더듬어 보았는데, 그만큼 더 세계가 알도록 해서는 안 될 것이다." 휘트먼적인 낙천적 기분의 여행인식을 일축한다.

카뮈에게 여행은 목적지로 이동이나 이주, 자아확대나 세계답파의 수단이 아니다. 말이 통하지 않는 타향을 여행할 때 문득 막연한 공포에 사로잡히는 일이 있다. 옛날 습관으로 피신하고 싶어지는 욕구가 솟아난다. 그럴 때 우리는 불안정한 기분이 들면서 절망적인 생각 속에서 멍하니 서 있게 된다.

여행의 가치를 매기는 것은 두려움이다. … 그러므로 재미를 추구하는 여행을 한다고 해서는 안 된다. 여행하는 것에 즐거움이란 없다. 오히려 나에게는 고행과 같은 생각이 든다. 만약 교양이라는 말을 우리에게 가장 내밀한 감각, 즉 영원한 감각을 연마하는 것으로 해석한다면, 여행은 그러한 자신의 교양을 위한 것이다(『작가수첩 1』, 김화영 옮김, 책세상, 1998).

여행의 가치는 공포에 있다. 여행은 우리 인간에게 이렇게 말한다. 너는 이 광활한 우주에서 믿을 곳 하나 없고 나약하고 기댈 곳 없는 천애고아에 불과하다고.

이러한 자기 인식과 세계 이해에서 여행은, 죽음이 정해져 있는 인간을 시공을 초월한 신적인 우주로 하나가 되는 "영원의 감각"의 각성으로 이끌고자 한다. 여행의 가치를 인간이 우주에서 절망적으로 기댈 곳이 없다는 공포에서 찾은 카뮈에게, 스즈키 다이세츠鈴木大拙는 말한다. "인간은 소위 살기 퍽퍽한 세상이라는 사실을 당면하고, 그로 인해 마음이 골화되어 있다. 부드러움이 조금도 남지 않는 곳에서 시詩는 멀리 떠난다. 황량한 모래사장에서는 식물이 무성하게 자랄 수 없다." 바쇼의 여행에서 보듯 인간 존재에게 "영원한 단절eternal loneness"의 지각·체험을 제공하는 것이야말로 여행의 진정한 가치라고 할 수 있다.

여행이 용이하고 쾌적하다면 정신적 의미는 상실된다. 이것을 센티멘탈리즘이라고 할지도 모른다. 하지만 여행에 의해 생기는 그 고립과 단절감은 인생의 의미를 반성한다. 인생은 필경 하나의 미지에서 다른 미지의 세계로 가는 여행이기 때문이다.

우리에게 할당된 60년, 70년, 80년이라는 시간은 가능하면 신비의 장막을 열기 위한 것이다. 이 기간은 짧지만, 너무 매끄럽게 달리는 것은 "영원한 단절"이라는 의미를 우리에게서 빼앗아간다(『禅と日本文化』, 北川桃雄 訳, 岩波新書, 1940).

여행은 카뮈에게는 공포, 다이세츠에게는 영원한 단절의 연마였다. 인간 존재의 혈혈단신, 실존의 말없는 고독·단절감. 이것이 여행에 필연적이고 불가피한 것이라고 하면 우주의 고아인 인간구원도 여기에서 생긴다.

"마음이 가난한 자는 복이 있나니. 천국이 저희 것이요"(신약 마태복음 5:3) 여기서 "마음이 가난한"이란 보통 겸손한 사람을 가리킨다. 하지만 동북 기센気仙지방 사투리를 사용한 야마우라하루쓰구山浦玄嗣(『ケセン語訳マタイによる福音書』, イー・ピックス, 2002)의 번역은 재미있다. "의지할 곳 없고, 희망도 없는, 불안한 사람이 행복하다. 하나님 품에 안긴 사람들이다." 일반적인 뜻은 "마음이 가난한"이라고 하는 그리스어 "가난한 사람은 행복하다(호이뿌토호이 토이 뿌네우마티)"는 푸네우마(숨=생명력)에서 뿌토호이(작아지고 움츠러든 사람들), 즉 콧김이 약한 사람을 의미한다. 그것은 "자신이 없고, 돈도 없고, 권력도 없고, 힘도

없고, 희망도 없고, 불안한 사람"을 가리키는 것이라고 한다.

　이상향을 추구하는 보들레르의 여행은 "살아보면 또 괴로운 세상이지만 생각대로 산골마을도 그렇지 않다(요시다 겐코吉田兼好)"는 탄식과 닮아, 영원한, 끝없는 여행의 연속일 수밖에 없다. 자아확대적인 휘트먼의 여행도 마찬가지다. 초자연적인 것으로부터의 이탈 또는 지상적인 것의 정복을 목표로 하는 여행은, 실존의 고독·허무의 심연의 앞에 우뚝 서 있는 인간을 반드시 구원해준다고 할 수는 없다.

　여행으로 인해 생기는 공포, 그것은 인간에게 마음이 가난한 사람, 즉 의지할 곳 없고 희망도 없는 불안한 사람이라는 자기인식을 강요한다. 하늘의 무정과 땅의 어두움을 알게 된 인간이 절망 속에서 "영원한 고립과 단절감의 진실에 봉착하면, 사도 마테오가 말한 구원의 길이 열릴 것이다.

수직 신체성과 죽음

　바쇼는 1687년 11월 "음력 5월 초, 하늘 정취 없는 경치, 내 몸은 바람에 흩어지는 나뭇잎의 형편에 갈 곳 없는 기분으로, 여행자와 내 이름 불리는 첫 가을비 또 산다화山茶花를 숙소로 정하고"라고 하면서 에도를 떠나,『거미의 작은 글씨笈の小文(하이쿠)』의 여행에 나섰다. 바람에 흩어져 헤매는 나뭇잎처럼 바쇼는 산다화가 피어있는 숙소를 향해 걸었다. 매일 여행하고 여행을 떠나며(『奥の細道』) 살아가려는 한 나그네로서, "무능무재"를 맡겨 지상적 가치를 외면하고 배해俳諧의 길을 살아가려 했던 바쇼는 에치고로越後路를 여행하며 1689년 이즈모자키出雲崎에서 푸른 바다 저편에 가라앉는 사도佐渡(지금의 니가타新潟県 관할 섬의 옛 이름)섬의 환상을 보았다.

거친 바다와 사도에 누워 아마의 강

벌써 저물어버린 호쿠리쿠北陸의 하늘, 빛나는 은하는 공중에 매달려 구석까지 맑아지는 파도 소리만이 조용히 울린다. 바쇼는 "영혼을 깎는 덩굴처럼, 창자는 끝이 갈라져, 희미하게 슬프다(『銀河ノ序』)"라고 적었다. 해상 18리 밖, 거기에 있는 것은 귀천원류와 금광 채굴의 낙도, 인간의 희로애락이 중첩하며 깊이 스며든 사도의 어둠 속에 가라앉은 땅이었다. 고개를 들어 넓고 맑은 가을 밤하늘에 걸리는 고색창연한 거대한 은하·은하수를 바라보자, 신체의 안쪽,

영혼의 깊은 곳으로부터 엄숙하게 막연한 생각이 떠오른다.

인간은 하이데거가 말하는 "세계 4원소das Welt-Geviert" 즉, 하늘과 땅, 죽어야 할 것과 신적인 것(『언어로의 도상에서』, 신상희 옮김, 나남출판, 2017)이라 한다. 이는 사자四者 연관, 상반되는 양극이 중합·교차하고 반전하는 세계 속에서 꿈을 자아내는, 어리석으며 덧없는 존재에 불과하다. 자명하고 단순한 이 진실에 몸과 마음을 두어, 유구한 대우주의 삶의 리듬을 몸 밖에서 느끼는 것, 이것이 바쇼가 요구한 여행의 최대일 것이다.

하늘과 땅, 삶과 죽음, 대립하는 양극의 왕래 속을 여행한 바쇼는 상반된 동動과 정靜의 동일함을 행동적, 변증적인 상즉相卽성(하나로 융합되어 구별할 수 없음)의 현실로 나타내고자 하는 지점에 바쇼의 본의가 있었다(가라키 준조唐木順三). 바쇼가 하이쿠의 기본 원리 중 하나를 "합치는 것"(『去来抄』)이라고 표현했듯이, 하이쿠에는 원래 변증법의 논리가 내재한다. 다카오 가에타니高悟帰俗의 "높은 마음을 깨우쳐 속으로 돌아가라"(服部土芳, 『赤冊子』)라는 유명한 말처럼, 바쇼의 여행은 삶과 죽음·하늘과 땅에서 대립하는 양극의 왕래, 이것을 지탱하는 수직적 신체성을 가지고 있었다.

바쇼와 마찬가지로 장자를 배우고, 중국 송학의 선구자 중 한 사람으로 주자에게도 큰 영향을 준 학자 시인 쇼요邵雍(1011~1077)는 우주·조화를 벗하고, 도연명의 은거隱逸(속세의 번거로움에서 벗어남)를 사랑했다. 쇼요는 철학 시집『伊川擊壤集』을 통해 에도시대의 학자·문인들 사이에서 알려진 존재였지만, 바쇼는 이 시집을 읽어 본 적이 없었을까? 나그네(들)를 읊은 시가 있다.

> 손님 있는 줄 모르고, 성깔 있는 피부
>
> 짐은 필요 없고, 단단하여 반드시 필요하다.
>
> 발밑을 짚고. 바위달굴을 찾다.
>
> 얻는 대로 붓을 쓰다
>
> (『伊川擊壤集』, 野日出刀 訳注, 明徳出版社, 1979).

나그네(들)는 다리로 하늘의 뿌리가 있는 대지天根를 밟고 손은 달이 드나드는 하늘 바위굴(달굴)을 찾는다. 하늘과 땅을 오가며 거기서 얻은 감회를 시로 표현했다. 여기에 하늘과 땅을 왕래할 수 있는 것이 시인이고, 시인으로서의 자격이 있다. 여행으로 살아온 바쇼는 바로 여기에 해당한다.

다음 시에서는 도리에 밝은 뛰어난 남자로 태어난 것을 즐기며,

빈천불우貧賤不遇를 한탄하지 않는다. 하늘에서 놀며 대지를 밟고 다니면서 천지 사이의 이것저것과 인간을 처음으로 이해하게 된다. 하늘과 땅을 그저 묵묵히 왕래하는 달굴음月窟吟이라는 구절에서는 달굴과 대지의 중간(양극 사이)을 왕래하는 빈도라 하였다. 거기에 전 우주의 진실이 열린다.

이목 총명한 남자의 몸

홍역부여하여 가난하지 않다.

달굴을 찾음으로써 바로 사물을 안다.

아직 대지를 헤아리지 않으면 어찌 사람을 알 수 있겠는가?

(중략)

대지의 달굴을 한적하게 왕래하면

삼십육궁도 모두 이것이 봄

달굴月窟이라는 단어는 서한의 학자 양웅의 장양부長楊賦에 "서쪽은 월골출(달이 지는 구덩이)을 정초로, 동쪽은 해 뜨는 곳(태양이 나오는 곳)을 흔들다"에 근거한다. 양웅이 공간을 동서의 수평축으로 파악한 반면, 쇼요는 천지의 수직축으로 파악한다. 하늘의 뿌리天根라는 단어는 장자나 노자 등 오래전부터 사용되어 왔지만, 달굴月窟과 하늘의 뿌리 둘 다 사용하는 예는 쇼요 외에 없었다(三浦圀雄,「伊川撃壤集の世界」, 東方学報, 1974).

하늘과 땅, 양극의 왕래来往, 진정한 여행자 또는 지덕이 뛰어난 남성(이목이 총명한 남자 만 해당)을 조건으로 한 쇼요는 저서『황극경세서 皇極経世書』에 이렇게 적는다.

> 움직이는 자의 몸은 가로, 뿌리내리는 자의 몸은 세로, 사람은
> 제대로 가로로 되어야 하며 그 반대가 세로다.

새와 짐승 등 모든 동물의 몸은 타고난 가로 방향이다. 몸이 땅에 평행하므로 활동적인 동動이다. 초목 등 모든 식물의 몸은 타고난 세로 방향이다. 몸은 땅에 수직으로 세우기 때문에 부동靜이다. 동물인 인간의 몸은 본래 수평이어야 하지만 식물처럼 수직이다. 인간은 만물 가운데 가장 존귀하다. 동動(가로)으로 부동(세로)을 겸하기 때문이다.

쇼요의 말을 주자도 인용한다. 사람의 머리가 둥글기 때문에 하늘을 본 따 발 방향(사각)이 되는 땅을 본 따게 된다. 평정하고 단직

(일직선)이다. 금수는 가로로 살아가며 초목의 머리는 돋아나 아래로 향하고 꼬리는 반대 방향인 위로 있다(『주자어류』). 하야시 라잔林羅山 이나 히로세 단소広瀬淡窓, 안도 쇼에키安藤昌益 등도 이를 인용하고 언급하고 있다. 그러나 인간과 식물은 수직적인 신체에 있어서 동류이다.

프랑스 철학자 에마뉘엘 레비나스는 인간의 이러한 강직한 수직 몸을 나쁜 것으로 생각했다. 이것이 인간 고유의 경직된 자아, 이기주의의 원인이기 때문이다. "인간의 이기주의가 순수 자연에서 분리됐다. 그것은 지면에서 위쪽 수직으로 향한 인간의 신체가 높은 곳으로 향하는 방향으로 정해졌기 때문이다." 높이로 향하는 방향은 착각이 아니라 존재론적 생기生起이며, 지워 없앨 수 없는 증언이다. "나는 할 수 있다"라는 말은 이 높이에서 나오는 것이기 때문이다(『전체성과 무한』, 김도형·문성원·손영창 옮김, 그린비, 2018). 데카르트가 말하는 자아의 절대성 "나는 생각한다"의 귀착인 "나는 있다"는 개인주의적인 능동적 주체가 인간의 강직한 수직 신체성에서 유래했다. 레비나스는 인간의 수직적인 신체성으로 인해서 강한 개인이 출현했다고 본다. 하지만 그렇지는 않다. 바쇼의 여행에 봤듯이, 신체의 수직성은 인간에 내재된 나약한 부분을 깨워서 자아를 각성시킨다.

일본인의 여행은 "고대 신도의 진혼(영혼진동·영혼진정)"과 "걷는 예술"인 우보禹步·反閇의 동시 내재에서, 하늘과 땅의 상반된 두 극으로 향하는 두 가지 기능을 갖는다. 진혼에서 밟는 것이 대지이며, 우보가 걷는 것이 하늘이다. 하늘로 향하는 식물축과 대지에 귀속하는 동물축을 겸비한 양극성적인 인간 신체에 의한 천지의 왕래이다. 바쇼 또는 고대 일본인의 여행은 우주와 자연을 인간에 응축시키는 천지의 신체화이자, 그 수직 신체성에서 인간이라는 소우주를 대우주에 한없이 개방하는 거룩한 실천이다.

바쇼처럼 갓笠 하나로 천지에 전신을 노출시키고, 대우주를 신체화하는 일본 고유의 여행이다. 한편 〈근대〉 비행기나 자동차 등의 이동기계에 의해서 반드시 천지와는 관계없는 여행에서는 정도의 차이, 체험의 강약이야 있지만, 낯설은 풍경 한가운데에서, 카뮈와 다이세츠가 말하는 공포나 영원한 단절이라는 실존의 허무, 끝이 없는 적막감에 습격당할 수 있다. 영원한 시공과 비정非情의 반신을 가진 대우주가 반드시 죽는 인간의 신체를 희미한 통증을 수반하며 소리도 없이 빠져나간다. 평소 삶에 숨겨져 있던 죽음이 갑자기 얼굴을 내미는 것이다.

어떠한 여행일지라도, 이들이 진정한 가치를 가지는 것은 카뮈가 공포라 말하고 다이세츠가 고립과 단절감이라고 말했던 것처럼, 신성하고 순진한 죽음이 신체를, 생명을 꿰뚫고 있는 이 순간에 접촉할 수 있는 곳에 있을 것이다. 이를 깨달은 인간은 죽음을 별로 두려워하지 않는다. 죽음을 경험했기 때문이다.

끝으로

노년철학을 말하는 데 있어서 빠뜨릴 수 없는 것은 미래 세대의 젊은이들과의 관계이다. 노년철학이 노인의, 노인에 의한, 노인을 위한 철학이어서는 안 된다. 이것은 향후의 과제가 될 것이다.

이때 힌트가 되는 것이 유교의 근본 원리인 효 사상이 아닌가? 효孝라는 글자는 아시다시피 노인老과 아이子(머리가 크고 손발이 부드러운 영아의 모양)의 합성어이다. 그것은 부자보다는 오히려 노인과 어린아이, 말하자면 조부모와 손자라는 함수 관계성에 가깝다. 효라는 글자는 죽어가는 "노인"과, 삶을 향하는 "손자", 영원한 하늘을 지향하는 노인과 삶을 향해 지상을 바라는 손자라는 서로 상반되는 양극화가 일체화되고, 거기에 상관·보완이라고 하는 관계성이 필연적인 것으로 존재한다. 고전 라틴문학에서 언급된 "puer·senex(노인으로 소년=옹동翁童)"라는 말도 효에 가깝다. 그것은 puer(소년)와 senex(노인)의 결합, "정반대의 조화"를 의미하는 것이라고 한다.

노인은 손자에 의해 새로운 생명을 부여받고, 손자는 조부모에 의해 격려와 삶의 지혜를 배울 수 있다. 노인과 손자의 관계는 천지조화의 생생활발, 우주필연의 리듬, 생명의 순환을 잘 보여준다. 노인과 젊은이의 관계도 효의 철학의 범주에 포함된다.

현재 나는 장녀의 명을 받아 반강제적으로 거의 매일 2세도 안된 손자(남아)를 데리고 한두 시간 동안 근처 큰 공원에 가서 산책하는 것을 일과로 한다. 내 뒤를 갈팡질팡한 걸음걸이로 따라오는 손자를 보고 있으면, 20대 시절에 읽고 몰랐던 니체의 말이 문득 마음에 떠올랐다. 니체는 저속하지 않은 고급스러운 인간의 조건 두 개를 말했다. "귀가 아닌 눈으로 들어라"(『차라투스트라는 이렇게 말했다』), 그리고 "자극에 즉각 반응하지 말고 있을 수 있는 능력, 자극에 대해 완만하게 반응하는 능력"(『우상의 황혼』·『이 사람을 보라』)이 그것이다. 항상 큰 눈을 뜨고 내 말을 듣고, 자극에 대한 반응이 완만한 손자는 이 두 가지를 충족하고 있다. 손자의 행동을 보고 자신의 몸을 돌이켜보며 저속하지 않은 방향으로 교정하는 날들이 계속되고 있다.

그런데 며칠 전, 소문난 베스트셀러인 사토 아이코佐藤愛子(『九十歳, 何がめでたい』, 小学館, 2016)의 책을 읽었다. 93세의 여류작가가 쓴 에세이는 언제나처럼 통쾌하고 재미있었지만 한 가지, 강한 인상을 남기는 흥미로운 에피소드가 있었다.

사토가 지하철 플랫폼에 서 있던 때의 일이라고 한다. 건너편 플랫폼의 가장자리에 허술한 옷차림을 하고 있는, 보기에도 노숙자 모습을 한 노인이 서 있었다. 눈앞에 잡지를 펼친 채 고개를 젖히고, 치아가 없는 입을 크게 벌리고 웃고 있었다. 분명히 그것은 만화 잡지 같았다. 노인은 만화를 보고 크게 웃고 있었다. "참으로 천진난만한, 시름을 잊고 순진한 미소"였다. "참 잘됐네, 그렇게 웃어서"라고 사토는 말하고 싶어졌다. 거기에 기차가 와서 탔다. 노인의 모습은 순식간에 사라져 버렸지만 그녀의 마음은 따뜻하게 만족하고 있었다. 지금도 그 미소는 뇌리에 박혀 있다.

나중에 사토는 이 이야기를 친구에게 전했다. 그러자 친구는, "그렇게 한가한 사람이니까 노숙자가 된 것이다. 성공하는 사람은 만화를 보고 웃거나 하지 않는다."라고 반박했다. 가혹한 현실을 살아가려면 자기 내면의 무엇인가를 억누르고 살아가야 한다. 그래서 사회적으로는 성공한 사람이 될 수 있을지도 모른다. 그러나 성공만을 목표로 한눈도 팔지 않고 일직선으로 걷는 것만으로 괜찮을까? 그것은 어쩌면 인간에게 중요한 무언가를 잃어버리고, 발견하지 못하고, 궁핍한 삶을 살게 되는 것은 아닌가? 이런 생각 때문인지 사토는 말한다. 사회에서 낙오된 그 노인 노숙자야말로 행복을 마음에 가지고 있는 사람일 것이다, 라고.

장자에 "조탁복박雕琢復朴"이라는 유명한 말이 있다. 사회적인 허위허식, 세속의 모든 일체를 잘라내고 자연 그대로의 본래의 모습으로 복귀하는 것을 말한다. 우주의 질서와 필연성을 통째로 긍정하여 새로운 가치를 창조하는 것은 니체가 말한 어린아이에 해당될 것이다. 현대 일본의 노인이 해야 할 것은 철학하는 것이다. 동시에 "복박復朴" 즉 노인 노숙자가 보여준 천진난만한, 어린아이와 같은 웃음을 되찾는 것이다. 다른 사람을 개의치 않고 자기운동하는 존재가 어린아이라고 한다면, 노인에게 요구되는 것은 태연하고 우아하게, 명랑한 방념放念 속에서 항상 다른 사람 및 천지와 함께 흔들흔들하면서, 영원히 자기 개전하는 존재자로서 향상을 이루어 나가는 것이 아닐까?

현대사회가 안고 있는 노인문제는 개인의 문제가 아니라 문명의 방식과 사회 전체에 연결되어 있다. 따라서 문명과 사회의 본연의 자세라는 큰 틀에서 재검토되어야 할 문제이다. 과거 사회주의·자본주의 또는 근대·전근대와 같은 것과는 별개로, 미래 세대의 젊은이들에게 매력적인 새로운 "큰 이야기"를, 다름 아닌 노인들의 손으로 만들어 보여줄 필요가 있다. 이것이야말로 노년철학의 궁극적 목표인 것이다.

"노숙년세대·중장년세대·청소년세대라는 3세대의 화합·상생·공복사회를 목표로"라는 주제로 2019년 3월 7일부터 9일까지 열린 제4회 노년철학 국제회의에서, 나는 "약한 개인과 효의 철학─자기 전개하는 존재자에의 길"이라는 논문을 발표했다. 서양 근대의 특징이며, 현대 문명을 지탱하는 힘의 철학에 대해 노인과 어린이로 상징되는 "약함"의 가치·약한 철학의 필요성을 말했다. 그러자 회의 마지막 날 회의 전체를 총괄 자리에서 주재자 김태창 동양일보 〈동양포럼〉 주간으로부터, "현대 세계가 끊임없이 강함=딱딱함의 문명이며, 약함의 주장은 의미 있는 것이기는 하지만, 이 말은 어딘가 부정적인 인상이 있다. 이것을 부드러움으로 바꾸면 어떠냐?"라는 제안이 있었다. 부드러움 철학, 부드러움 문명으로 이것은 노자의 세계관과 통한다는 일고의 가치가 있을 것이다. 다음 회의의 과제라고 생각했다.

본문에서 언급한 바와 같이 중국 요녕성 출신(전 베이징대학 부교수)의 유건휘 국제일본문화연구센터 부소장은 "서양 근대의 〈독〉과 〈어둠〉"을 말하며, "서양 근대수용공동체"인 한중일 삼국이 이에 맞서 대처해야 할 필요성을 강조했다. 2016년 10월 초, 한국 청주시에서 개최된 한중일 삼국의 철학자·학자·대학원생들에 의한 제2회 〈동양포럼〉 "동아시아의 새로운 미래를 함께 열자–동아시아 활명연대의 제안"(한국 동양일보 주최)에서, 한중일 삼국에서 새로운 동아시아문화공동체를 재구축해야 한다고 제언한 유 씨의 주장에 깊이 공감했다. 이때 포럼 참가자 중 뜻있는 사람들 중심으로 이를 구체적으로 추진하자는 이야기가 나왔다. 동석한 오구라 기조小倉紀蔵 교토대 교수도 이에 동참해 주었다. 오구라 씨의 지론은 원래 "동아시아공동이주"이다. 역사인식과 문화전통 등 미묘하게 다른 한중일 삼국이 통합을 목표로 하는 것이 아니라, 서로의 차이를 대전제로 〈공동共働〉해 나가자는 것이 그 취지이다.

무언가 바쁜 두 사람에 비해 한가해 보인 내가 "동아시아문화공동체" 재구축의 사회자와 추진역할을 맡았지만, 무엇을 어떻게 해야 좋을지 모른 채 생각에 잠겨있을 뿐, 이후 특별한 아무런 행동도 하지 않았다. 한심하지만 실력에 넘치는 것을 일을 경솔하게 떠맡은 합당한 결과라고 반성하고 있다.

단, 한중일 삼국이 "서양 근대수용공동체"로서 함께 경제성장의 그늘에 있는 격차문제와 인구감소문제, 저출산·고령화라는 문제들을 세계 최초로 겪고 있는 현실 앞에, 노인의 삶과 죽음을 고찰하는 노년철학에 참여하게 된 것은 행운이었다. 노인문제를 키워드로 한중일 삼국에서 새로운 "동아시아문화공동체"를 구축할 수 있는 것은 아닐까? 이를 단서로 구체적인 어떤 행동에 나갈 수 있는 것이 아닌가 하는 생각이 들었다.

아무것도 하지 않는다는 빚도 있어, 그 두 사람에게 부탁해서 내가 부회장을 맡고 있는 "일본동아시아실학연구회"의 회장 가타오카 류片岡龍 도호쿠대 교수에게 참여해 달라고 했다. 여기를 거점으로 무엇인가 할 수 있는 것은 아닐까 생각했기 때문이었다. 이 연구회는 1990년부터 중국·한국의 실학학회와 정기적으로 학술대회를 개최하여 의견을 교환하고 있다. 여기에서 노인문제를 다룬다면 나에게 주어진 임무를 조금이라도 수행할 수 있는 것이 아닐까 생각한다.

이 책은 노년회의 1~4회에서 발표한 논고 외에 다음의 두 논문에 가필·수정을 수록했다.

· 후쿠시마와 「윤리」의 재흥-구마자와 반잔과 하이데거의

노장적인 탈Ge-stell에의 길」, (小島康敬 編, 『東アジア世界の「知」と学問』, 勉誠出版, 2014년)

· 일본인 「여행」의 신체론적 고찰(『人体科学』, Vol.23(1), 2014년, 人體科學會)

생각해보면 이 책은 2018년 11월 제3회 노년회의에 참석한 한국 원광대 원불교사상연구원 조성환 씨, 전 동아시아실학연구회 회장(현 고문)의 오가와 하루히사 도쿄대학 명예교수의 추천이 없었으면 결코 쓰는 것은 고사하고, 출판될 수도 없었을 것이다. 두 분에게 깊이 감사드린다. 노년철학의 명명자로서 "공공철학교토포럼" 때부터 교류하면서 항상 가르침을 받아온 김태창 노년철학 주재자에게는 앞으로 더 배워야 할 것이 많다고 생각한다. 화전사花伝社의 히라타 가쓰平田勝 사장에게는 무리한 출판을 들어주신 것에 다시 한번 감사드린다. 편집 담당으로서 보잘 것 없는 내 원고를 읽은 감상을, "문제의 표출방법은 다르지만, 젊은이와 노인세대가 같은 돌파구를 찾고 있다고 강하게 실감"했으며, 최근 많이 출판되고 있는 "늙는 방법" 관련 서적과 달리, 본서는 전혀 새로운 시각을 제공할 수 있는 것 아니냐고 메일로 격려해 준 20대 중반의 젊은 편집자 오자와 마미大澤茉実 씨에게도 깊이 감사드리는 바이다.

마지막으로 사족이라고 해야 할 개인적인 이야기지만, 이 책은 나의 10권째 저서(단독저서)가 된다. 20여 년 전, 받아쓰기 원고에 지쳐서 신문기자를 그만둘 결심을 했었다. 이때 친한 지인이 "그만두고 무엇을 할 생각인가?"라고 물었다. "책을 쓰겠다. 10권은 쓸 수 있을 것이다."라고 대답하니, 지인의 얼굴에 희미하게 냉소가 떠올랐던 기억이 난다. 책을 쓰려고 결심한 것은 1년 전, 이웃 현의 현청 기자클럽에 있었던 때였다. 클럽에 자주 드나들고 있었던 마쓰시타 정경숙松下政経塾[26] 출신으로 자민당 중의원을 목표로 미국에서 돌아온 젊은 여성과 가끔 이야기할 기회가 있었다. 그녀와 무슨 얘기를 했는지는 깜박 잊었지만, 그녀가 "그것이 책이 될 거야"라고 가볍게 해준 말 한마디가 그 후에 책을 쓴 계기가 되었다고 해도 좋다. 은인이다.

선거의 세 가지 요소(지역 기반, 출신, 학력) 중 어느 것도 전혀 가지고 있지 않은 그녀는 선거에서 너무 많이 고전·고생했지만, 몇 년 후 순조롭게 자민당 중의원이 되었다. 2세·3세 등 믿을 수 없는 남성

---

26 일본의 젊은 차세대 리더들을 양성하는 기관으로 마쓰시타 전기산업(주)의 창업자인 고故 마쓰시타 고노스케가 제2의 메이지 유신을 일으킬 젊은 정치적 리더를 키울 목적으로 1979년 설립하였다. 정경숙에서는 일본인 리더로서 기본적인 품격을 갖추기 위해 서예, 검도, 다도, 좌선 등을 의무적으로 가르치나, 상근하는 교수가 없으며 그 외의 본인이 공부하고 싶은 학습 프로그램은 스스로 짜야 한다. —역자 주

의원들을 거들떠보지도 않고, 여성으로서 맨주먹으로 당선된 것은 훌륭하다고 말할 수밖에 없다. 에너지 넘치는 야심가인 그녀는 아베 내각에 중용되어 각료를 여러 번 맡아 당 3역에 발탁되는 등 유력하고 유명한 의원으로서 오늘에 이르고 있다.

10여 년 전, 정치인(자민당)의 지인이 중의원 선거에 나섰을 때, 우리 집 근처의 초등학교 체육관에서 개인연설회의 응원변사로 선정되어, 현의 경계를 넘어야 하는 먼 길인데도 불구하고 그녀가 왔다. 거의 30년 만에 한 개인연설회였지만, 젊은이는 거의 없고 60·70·80대 노인들만 눈에 띄는 행사장이었다. 미국에서 돌아온 지식인에 흔히 있는 열성적인 애국자·강경파의 논객으로 언론에 자주 등장하고, 너무 미숙하다고 할까, 집권당의 오만·어리석음을 느끼게 하는 의원이 되어 있었지만, 그녀 나름의 천하국가론을 듣게 될 거라고 생각했다.

그런데 그녀는 천하국가는커녕 정치 이야기를 거의 하지 않았다. 세상 돌아가는 이야기를 한 후 천천히 양손을 높이 들고, 소리 높여 "여러분, 피곤하시죠? 함께 손장난합시다."라고 외쳤다. 대충 300~400명 이상 모여 있던 노인들 거의 모두가 말하는 대로 순순히 양손을 머리 위에 들고 그녀의 구령과 노래에 맞춰 손장난을 했다. 마치 어린이집 아이들이나 유치원생들이 하는 것처럼 반복해서 몇 번이나. 그것은 장관이었다. 이것이 일본의 선거, 아니 현대 일본의 진정한 모습이자 축소판이라고 생각했다. 과거 맥아더는 "일본인은 열두 살이다"라고 말했다. 그러나 일본인은 더 나아가 어린이집·유치원 수준까지 퇴화해 버렸다. 나는 아연실색한 채로, 비서가 기다리는 검은색 승용차에 당당하게 올라타는 그녀를 배웅할 수밖에 없었다.

늙은 사람이 입에서 위로 씹어서 넘겨야 할 음식은 부드러운 것이 어울린다. 그러나 두뇌놀림은 반드시 부드러운 것이 효과적이지는 않다. 신문이나 주간지, TV의 와이드쇼나 오락 혹은 인터넷, 통속적인 계발서, 손쉬운 신서, 노인 책과 고독 책, 일본예찬론, 특정국가·민족 등에 대한 욕설로 가득 찬 천박한 시국서, 이른바 혐오서적 등은 가독성·이해도·일상적인 내용과 말투·단순함·알기 쉬움의 측면에서 대개 부드러운 것에 속한다. 노인들뿐만 아니라 이러한 독자·시청자는 앞으로도 계속 정치인들에게 손장난할 것을 권유받게 될 것이다. 이것을 굴욕이라고 생각하지 않을 정도로 두뇌도 부드러워질 것이다. 인생의 쓴맛 단맛을 다 겪은 나이에 손을 머리 위로 들어서 마구 비틀고 춤추게 되고, 다음 세대의 당찬

자들의 놀림과 비웃음거리가 될 것이다.

고령을 맞이한 사람들에게 어울리는 표어, 그것은 "입과 위에는 부드러운 것, 두뇌에는 딱딱한 것"이다. 본서는 잡학다식하고 산만해서 조금 부끄럽지만, 현대를 살아가는 일본의 고령자에 대해 딱딱한 것이 될 수 있기를 바라며 썼다. 사물을 깊이 생각하는 것, 즉 철학하기 외에는 손장난의 권유나 어린아이 속임수를 피할 방법이 없다. 철학하기를 통해 다시 한번 "어떻게 살 것인가"를 생각하게 된 이들이 남은 인생을 충실히 살며 더 나은 미래를 만들어가길 바란다.

더 생각
인 문 학 시리즈

인문학의 존재 이유는 세상에 질문을 던지고 존재하는 모든 삶의 의미를 더 깊이 이해하는 데 있습니다.
"더 생각 인문학 시리즈"는 일상의 삶에 중심을 두고 자발적인 개인을 성장시키며 사람의 가치를
고민하고 가치있는 삶의 조건을 생각하는 기회로 다가가고자 합니다.

01
생각이 바뀌는 의자
맹명관 14,000원

10
기억과 증언
통일인문학연구단
13,800원

09
우리의 시간은 공평할까
양승광 13,800원

13
주역으로
조선왕조실록을 읽다
박영규 14,000원

14
한국의 선각자를 찾아서
이상도 15,000원

08
고기가 되고 싶어
태어난 동물은 없습니다
박김수진 15,000원

05
가요 속 통일인문학

04
영화 속 통일인문학
건국대학교
통일인문학연구단
15,000원

11
나, 페미니즘하다
이은용 13,000원

03
아들아 콘돔쓰렴
이은용 13,000원

06
신 인간 과학
한스 페터 뒤르,
클라우스 미하엘
마이어 아비히,
한스 디터 무칠러,
볼프하르트 판넨베르크,
프란츠 M. 부케티츠
여상훈 옮김 15,000원

07
나를 찾아가는 생각연습
안치형 14,000원

02
기억과 기억들
통일인문학연구단
12,800원

12
여자사람친구
박김수진 15,500원

서울특별시 마포구 토정로 222. 한국출판콘텐츠센터 401호 씽크스마트 * 도서출판 사이다 02-323-5609 / 070-8836-8837